ROMPIENDO LAS
BARRERAS

Rompiendo Las
Barreras

Jason Frenn

Peniel

Buenos Aires - Miami - San José - Santiago

www.editorialpeniel.com

Rompiendo las barreras
Jason Frenn

Publicado por:
Editorial Peniel
Boedo 25
Buenos Aires C1206AAA - Argentina
Tel. (54-11) 4981-6034 / 6178
e-mail: info@peniel.com

www.editorialpeniel.com

Impreso en Colombia
Printed in Colombia

Frenn, Jason
Rompiendo las barreras - 1a ed. - Buenos Aires : Peniel, 2006.
ISBN 987-557-104-0
1. Vida Cristiana I. Título CDD 248
240 p. ; 21x14 cm.

Dedicado a:

Una gran mujer que continúa
rompiendo barreras cada día.

Una gran cristiana que prosigue creciendo
hacia la imagen de Cristo incesantemente.

Un gran ejemplo que sigue amando y ayudando
a otros a encontrar la esperanza en Cristo.

Una gran socia que perdura en amarme
incondicionalmente.

Dedicado a mi esposa Cindee,
con todo mi amor, admiración,
respeto y aprecio constante.

$\mathcal{I}$NDICE

RECONOCIMIENTOS

Gracias, Padre celestial, por amarme tanto como para enviar a tu Hijo para que me redimiera de las garras del pecado y de la muerte. Gracias por mostrarme tu corazón, para que pudiera ver lo que significa ser hecho a la imagen de Dios.

Gracias, Jesús, por ser mi mejor amigo y por rescatarme del infierno. Sin ti mi vida sería vacía, fútil y sin significado. Gracias por mostrarme tu sabiduría y perspectiva de la vida. Cuando medito en todo lo que hiciste, quedo asombrado y sin palabras.

Gracias, Espíritu Santo, por soplarme la vida y guiarme por las montañas y los valles de la vida. Eres el gran consolador. Sin ti todos estaríamos sin esperanza. Gracias por darme la fuerza para vivir cada día con sentido y significado. Estoy sumamente agradecido y endeudado por todo lo que hiciste por mí.

Gracias, Cindee, por ser mi ayuda idónea. Cada día doy gracias a Dios por el privilegio de estar casado con una mujer espectacular. Nunca te vi como alguien menos que mi socia e igual en la vida. Tengo un gran respeto y admiración por ti y todo lo que Dios quiso que seas. Eres la mejor amiga que cualquiera deseara tener, y te amo más y más cada día. Gracias por dejar a Dios llevarte más allá de tus expectativas.

Gracias, Celina, por ser una persona excelente. Floreciste en una increíble adolescente. Parece que fue ayer que te tenía en mis brazos por primera vez. Estos quince años fueron los mejores, en gran manera debido a tu presencia en mi vida. Gracias por ser todo lo que eres en Cristo. ¡Tu mamá y yo todavía pensamos que eres nuestro "terroncito de azúcar"! Considero un honor ser tu papá.

Gracias, Chanel, por ser una hija excelente y la persona que eres. Tienes muchísimas cualidades. Estoy convencido de que con la ayuda de Dios no hay nada que no puedas hacer. No hay ninguna barrera que no puedas romper. Gracias por llevarnos a todos como una familia y recordarnos dónde están nuestras prioridades. ¡Tu mamá y yo todavía te consideramos como nuestro especial tesoro! Es un privilegio ser tu papá.

Gracias, Jazmín, por extraer todo lo divertido sepultado dentro de mí. Como un imán, sacas al niño interior para experimentar el gozo de Dios. Traes tanto gozo y deleite al resto de la familia. Dios te dio dones en muchas áreas y te concedió un corazón compasivo para aquellos que lo necesitan. ¡Tu mamá y yo todavía te consideramos nuestra "crema dulce"! Es un total y completo placer ser tu papá.

Gracias, mamá, por ser un ejemplo admirable de lo que significa romper las barreras, vencer la adversidad y alcanzar el máximo potencial. Cuando veo todo lo que llegaste a ser en los últimos diez años, estoy asombrado. Eres una gran madre, una gran persona y una gran hija de Dios. Te amo y te aprecio.

Gracias, papá y Pea Jay, por ser personas excelentes y por abrir su casa a nuestra familia en muchas ocasiones. Cuando todo estaba por el suelo, siempre estaban ustedes para ayudar a limpiarlo todo. Papá, gracias por humillarte y abrir tu corazón al cambio. Demostraste tener un corazón amable y moldeable. Eso me impresiona. Los amo y aprecio.

Gracias, Steve Larson, por editar este libro en inglés y por trabajar tantas horas extras, siendo la voz de la razón y la claridad. Sin ti, esta obra nunca hubiera llegado a la imprenta. Eres un cuñado extraordinario, es un privilegio tenerte en nuestra familia. No tengo dudas de que alcanzarás tu máximo potencial, no importa los retos que enfrentes. ¡Te veo clavándolos! Gracias, Laura, por prestarme a Steve durante los tiempos de estrés. Gracias a los dos por ser personas distinguidas que demostraron, vez tras vez, lo que significa romper las barreras.

Gracias, Gerardo Bogantes, por otra traducción al español con excelencia. No me sorprenderá verte trabajando para las Naciones Unidas o, más bien, predicando en tus cruzadas. Dios te ungió con la habilidad de comunicarte en ambos idiomas, y no vislumbras aún todo lo que Dios tiene por delante.

Gracias, Alessandra De Franco, por corregir el texto en español. Debido a tus talentos, el lector tiene una imagen más clara de lo que estoy tratando de decir. Gracias por esforzarte tanto como para que este libro sea todo lo que puede ser para aquellas personas que desean romper las barreras. Sin ti, este libro no sería la mitad de lo que es. Te apreciamos y amamos, a ti y a Manuel.

Gracias a mis queridos suegros, Ricardo y Juanita Larson, por ser los padres de una de las personas más finas y cultas que conocí en mi vida, Cindee, y por su gran amistad. Me abrieron su casa, me bendijeron, amaron y aceptaron. Soy un hombre verdaderamente afortunado, y muy enriquecido por su influencia en mi vida. Gracias por todas las palabras amables que me animaron y por inspirar mucho de lo que creo y hago. Los amo y aprecio.

Gracias a Don y Maxine por creer en el llamado de Dios para nuestras vidas. Se mantuvieron fieles durante muchos años y fueron grandes ejemplos de lo que significa servir al Señor. Gracias por ser socios maravillosos y por contarnos su historia. Sin ti, Don, no estaríamos donde estamos hoy en las misiones. Gracias por dejarte usar por Dios. Los amamos y apreciamos enormemente.

Gracias a Steve y Karen Rutledge por acercarse al ministerio en el momento preciso. Son más que familia, son nuestros amigos. Estoy asombrado cada vez que pienso en las grandes cosas que Dios está haciendo en sus vidas. Son ejemplos perfectos de lo que se requiere para romper las barreras. Cindee y yo atesoramos la relación y la amistad que tenemos con ustedes. Fueron grandes amigos durante muchos años y creemos que lo mejor está por venir. Los amamos y apreciamos.

Gracias a Rebeca Ruiz por ayudar a este ministerio a alcanzar todo lo que hizo en los últimos tres años. Lo ayudaste a crecer hasta alcanzar de diez a quince mil personas cada noche. Dios te bendijo con una gracia especial para organizar cruzadas que tocan ciudades y naciones enteras. Eres parte de nuestra familia y una bendición del Señor para todos los que te conocemos. Te amamos y apreciamos.

Gracias a José, Adriana, Walter, Vera, Arturo, Nela, Marco, Nydia y todo el equipo de voluntarios de "Hay esperanza en Jesús". Lo dije muchas veces: tenemos el privilegio de trabajar con un grupo maravilloso en América latina. ¡Los amamos y apreciamos!

Gracias a Raúl Vargas por enseñarme lo que significa ser un pastor de verdad. Cuando me fijo en el diccionario, bajo la definición de pastor aparece tu cara en la columna izquierda. Gracias por tantos años maravillosos de confraternidad ministerial. Desarrollamos una relación especial como misionero, evangelista y pastor. Gracias por el apoyo durante estos diez años y por trabajar mano a mano conmigo. Te amamos y apreciamos.

En mayo de 2004 me pidieron que hablara en un cumpleaños de quince, una fiesta muy especial en Latinoamérica para una adolescente que celebra ese momento tan emotivo en su vida. Es un tiempo lleno de significado que se pasa con los seres queridos y se enfoca en la transición de niña a mujer de la homenajeada. Es un evento formal donde los jóvenes y los hombres llevan puesto trajes, y las jovencitas y las mujeres lucen vestidos de gala. La fiesta se llevó a cabo en el hotel Marriott, en Costa Rica, en el salón de conferencias más distinguido del lugar. Mis tres hijas, así como sus compañeros de clase y maestros, fueron invitados a la celebración.

La madre de la adolescente agasajada me pidió que preparara un pequeño mensaje para los invitados. Quería que fuera simple, pero profundo. Me dijo:

-Quiero que enseñes algo que ayude a mi hija y a sus amigos por el resto de sus vidas. Quiero que sea algo que ellos puedan atesorar hasta que lleguen a ser abuelos.

Sonreí y le pregunté:

-¿Cuánto tiempo quieres que dure?

-Toma siete minutos -me contestó.

Pensé: "Bueno, es un pedido fuerte para siete minutos, pero haré mi mejor esfuerzo".

Me senté en mi cuarto del hotel y pensé lo que diría con el tiempo que se me concedió. Me pregunté: "Si yo pudiera regresar en el tiempo y hablar con Jason Frenn como un quinceañero, ¿qué le diría?"

Primero, le diría que hiciera de los atributos del corazón de Dios el Padre los suyos propios. El ser una persona de Dios es una de las cosas más grandes que cualquiera puede llegar a ser en la vida. La segunda cosa que le diría es que buscara la sabiduría del Hijo de Dios. El ser bueno es un gran logro, pero no es suficientemente. Yo era una buena persona en mi corazón, pero tomé decisiones malas. Después de abrazar el corazón de Dios y descubrir su sabiduría, haría énfasis en la disciplina del Espíritu. La disciplina de Dios nos ayuda a poner en acción la sabiduría divina, basada en los valores de Dios. Esto nos da la fuerza para hacer lo que sabemos que es bueno y sabio.

Juntos, estos tres conceptos ayudarán a cualquier persona a superar la adversidad más profunda y alcanzar su máximo potencial. Poco sabía, a medida que estaba sentado en el cuarto del hotel preparando mi homilía, que estos tres puntos eventualmente se desarrollarían en mi segundo libro.

Las páginas del libro que sostienes en tus manos contienen poderosas y profundas visiones e historias dinámicas de personas que construyeron sus vidas sobre estos tres pilares; personas que superaron dificultades increíbles, gran adversidad y oposición directa, hasta llegar a ser efectivos y triunfantes. Algunos pasaron de la pobreza total a la independencia financiera. Otros salieron de la adicción a las drogas y la delincuencia a una vida de libertad en Cristo. Muchos superaron la enfermedad, la depresión y la ansiedad, para llegar a ser unas de las personas más realizadas que conozco. Creo que tienes gran potencial para superar grandes adversidades y alcanzar todo lo que Dios te destinó a ser. Creo, sin una sombra de duda, que el poner en acción los principios expuestos en este libro te permitirá alcanzar tu máximo potencial y, como resultado, tu vida se llenará de propósito y significado.

JASON FRENN

INTRODUCCIÓN

¿ERES QUIÉN QUIERES SER?

Era una cálida y seca tarde de verano de agosto de 1987. Estaba por comenzar mi último año en la Universidad de California del sur y sentía que el futuro sería muy próspero. Mientras estaba sentado en un sillón viejo y desgastado en mi cuarto ponderando las posibilidades, comencé a repasar mi travesía académica. Recordé el día en que entré al *campus* universitario por primera vez, hacía tres años. Era un joven idealista de diecisiete años enfocado en mi misión en la vida. Inicié mi carrera con énfasis en Estudios Bíblicos, ya que quería estar en el ministerio a tiempo completo. No importaba si me convertía en pastor, evangelista o misionero, mientras tanto llegara a ser uno de los tres. No obstante, después de mi primer año la fantasía de mi vida ministerial viviendo en el sur de California comenzó a enfrentar una cruda realidad.

Mis sueños de servir en el ministerio en el Condado Orange fueron despertados rudamente por la realidad del alto costo de vida. Cada vez que sacaba mi camioneta Chevy Luv azul de la universidad, era rodeado por autos BMW, Mercedes Benz y Porsche. La prosperidad y las riquezas estaban por todas partes, y las propiedades comenzaban a subir a cifras astronómicas. En esos días, la casa promedio de tres dormitorios y dos baños costaba U$$ 250.000. Está de más decir que cuando empecé a averiguar cuál era el sueldo promedio para los ministros en esa área, la respuesta fue más que deprimente.

En mi segundo año estuve muy cerca de trasladarme a la Universidad de California Irvine, y cambiar el énfasis de mis estudios hacia las ciencias informáticas. Pero en lugar de eso, decidí quedarme y cambié mi énfasis a historia y ciencias políticas. Después de un año y medio de estudios diligentes, tristemente descubrí que no tenía mucho más dinero en la enseñanza ni podía trabajar para el gobierno.

Hacia el fin de mi penúltimo año decidí ampliar mis horizontes. Iba a extender mis estudios haciéndome tan diversificado como me fuera posible. Así que empecé tomando clases de negocios, ciencias sociales y religión. Estaba en camino de obtener un bachillerato en historia y ciencias políticas con un énfasis menor en religión y negocios.

Obviamente, esquivé mis prioridades ministeriales. Servir al Señor se convirtió en un sueño distante. Mi llamado se trasformó en un débil recuerdo, mientras me enfocaba en el "éxito". Como consecuencia, tomé decisiones que contradecían mis valores cristianos. Comencé a vivir para mí mismo y en lo que podría adquirir. Me volví materialista y centrado casi completamente en lograr "estatus". En resumen, le di la espalda al llamado que Dios había puesto en mi vida. Sin embargo, lo más lamentable de todo era que no advertí que me estaba quedando ciego rápidamente.

En tanto que estaba sentado en ese añejo cuarto meditando en los pasos que había tomado, una sonrisa se asomó en mi rostro. La semana anterior había conseguido un trabajo muy lucrativo. Me había convertido en un agente de ventas en una compañía internacional de mensajería ganando más de US$ 25.000 al año, al tiempo que seguía estudiando a tiempo completo. Me compré todo un vestuario nuevo, incluyendo varios trajes de US$ 400. Un año antes había cambiado mi antigua camioneta Chevy Luv azul por un Honda CRX. "No está mal para comenzar", pensé. Había trabajado hasta estar en una posición económica donde ya podía vender el CRX y comprar el automóvil de mis sueños. Me dije a mí mismo: "Voy a dejar de soñar acerca de esto y voy a comenzar a hacer algo al respecto".

Me levanté de ese viejo sillón de pana y caminé hacia el departamento de mi vecino. Lo invité a acompañarme a ver los Mustangs en el concesionario Ford en la ciudad vecina de Santa Ana. Él aceptó amablemente.

Eran como las 23:30 y la agencia de autos estaba ubicada en una parte peligrosa de la ciudad. Durante la década de 1980, ciertas secciones de Santa Ana tenían serios problemas con actividad de pandillas y violencia. Pero debido a que la mayoría de lotes de autos dejan sus luces encendidas durante toda la noche, no sentimos que sería peligroso. Además, estaba familiarizado con el vecindario pues, varios años antes, había trabajado en la tienda Sears de repuestos y servicio ubicada a media cuadra de la agencia de autos. Así que ingresamos en mi auto deportivo, que tenía un año de viejo, y nos dirigimos por la autopista.

Llegamos a las afueras de Santa Ana y nos dirigimos hacia el corazón de la ciudad. Doblamos a la izquierda por los oscuros cien metros de la calle trasera. Recordé un atajo que llevaba por un callejón a dos cuadras de la agencia. Desafortunadamente, casi no había alumbrado público en la calle y la visibilidad era pobre. De pronto, dos figuras emergieron del lado derecho de la calle. Nosotros estábamos como a cuarenta metros de distancia. No estando seguro de cuáles eran sus intenciones, desaceleré el vehículo y continué con cautela. Uno de ellos caminó por en medio del callejón y levantó sus manos en alto, indicándonos detener el vehículo.

Desaceleré, y como a veinte kilómetros por hora nos acercamos. Los faros del automóvil nos dieron una visión mucho mejor. Pude ver que él tenía un corte en su frente y que su ropa estaba rasgada. Los dos parecían como si hubieran salido de una batalla brutal. Todo indicaba señales de un trato de droga que había salido mal. No tuve un buen sentimiento al respecto, así que aceleré y los esquivé. Al llegar al final del callejón, miré en el espejo retrovisor cómo el hombre agitaba su puño furiosamente y me gritaba. Doblé a la derecha continuando por varias cuadras y volví a doblar a la derecha nuevamente. Varios cientos de metros subiendo por la calle estaba la agencia en donde nos estacionamos. Por este tiempo, aquellas personas estaban a varias cuadras de distancia y completamente fuera de mi vista y mi mente.

Salimos del automóvil y observamos el lote de autos. ¡Ahí estaba! Mis ojos lo descubrieron inmediatamente. Era la creación más impresionante que jamás había visto hecha por una compañía automotriz. Sentía como si necesitara pedirle un momento de silencio a mi amigo. Ahí, estacionado en una rampa, estaba un Mustang GT convertible color negro. Parecía estar "levantado y exaltado". Estaba seguro de que escuchaba ángeles cantando en el fondo. Toda la luz parecía estar enfocada en él. Aunque en ese momento estaba convencido de que no necesitaba iluminación alguna. Parecía emitir su propio resplandor celestial. Parecía una pantera negra dormida; poderosa, pero descansando.

Caminamos hacia el automóvil en cámara lenta. Debo admitir que su poder era seductor. Tenía su interior revestido en cuero negro, ventanillas y puertas eléctricas, un sistema de sonido de seis parlantes, neumáticos de treinta y dos centímetros de perfil bajo y una transmisión de cinco velocidades. Miré el precio en la etiqueta donde se leía: US$ 14.500. Pensé: "Yo puedo pagar esto". Miré a mi amigo y le dije: "Channing, este es un buen día". Él cabeceó afirmativamente.

Entonces, un pensamiento cruzó mi mente: esta era la culminación de mi búsqueda del éxito. Este era un momento determinante en mi vida e ilustraba perfectamente en lo que me había convertido como un ser humano. Nunca olvidaré las palabras. Me dije a mí mismo: "Jason, si tú compras este auto, ¡habrás logrado el éxito en la vida!"

El tiempo se detuvo. El mundo se congeló por unos breves instantes. Fue entonces que la mano de Dios se empezó a mover.

Mientras estaba babeando por el auto de mis sueños, dos individuos llegaron caminando por detrás de mi CRX. Probablemente no es demasiado difícil adivinar. Las dos personas que dejé en medio del callejón varias cuadras atrás, llegaron caminando hasta el lote de autos. Pensé: "¿Cómo pudieron seguirnos? ¡Los dejamos medio kilómetro atrás!"

Sin decir una palabra, hice contacto visual con mi amigo como diciéndole: "¡No digas ni una palabra! Tal vez no noten que estamos aquí". ¡Qué pensamiento tan ridículo! ¡Como si fuera posible no notar a dos tipos blancos al lado de un Mustang en medio de un lote totalmente iluminado!

Los automóviles hacen ruidos interesantes cuando se apagan. Cuando el motor empezó a enfriarse, mi automóvil hizo un sonido tintineante. Acercándose a mi vehículo, ellos se dieron cuenta de que mi auto acababa de ser estacionado y -por supuesto- lo reconocieron como el que los dejó en medio del callejón.

Empezaron a revisar a través del lote de autos, buscando al dueño del vehículo. De repente, uno de ellos nos divisó. Mi corazón se detuvo. Sin vacilación, los dos sujetos rápidamente atravesaron el laberinto de autos que nos separaban hasta estar a dos metros y medio de distancia. Era una pareja de negros que lucía haber estado hace poco en una pelea de pandillas. La frente del hombre estaba cortada y la sangre cubría parte de su rostro. Ella parecía asolada. La ropa de ambos estaba rasgada. Obviamente, habían estado en alguna clase de altercado. El hombre enojado levantó su voz y dijo:

-Oigan, ¿por qué no se detuvieron cuando los necesitamos?

Mi amigo y yo nos quedamos helados. Inmediatamente pensé: "Es mejor que sea honesto con él y le diga la verdad. Porque si saca una pistola y nos dispara, es mejor morir como un hombre honesto, que como un mentiroso". Además, en ese momento no estaba listo para morir. No estaba preparado para encontrarme con mi Hacedor. Me había alejado de Dios.

Después de unos pocos segundos, respondí:

-No nos detuvimos en el callejón porque tuvimos miedo.

Esa era la verdad y me pareció que era lo correcto decir.

Él me miró fijamente a los ojos, como para buscar la verdad que reposaba en el fondo de mi alma. Nunca pestañeó. Entonces dejó de mirarnos, abrió su boca y luego de una pausa, dijo:

-Puedo entender eso.

En un esfuerzo por recobrar su compostura extendió su mano para presentarse, como si estuviéramos en una reunión social. Con un tono controlado, dijo:

-Mi nombre es Juan.

Miré la palma de su mano abierta y di un paso hacia atrás. Pensé: "No hay manera alguna de que vaya a estrechar la mano de este hombre y pretender que somos amigos". Cuando él vio que vacilaba, explotó.

-¡Escucha!... -gritó-. Puedes revisarme o darme golpecitos en la cabeza, si lo deseas. No tengo revolver ni cuchillo. Solo necesito su ayuda. ¡¿Ahora, me vas a ayudar o no?!

Mi amigo y yo estábamos más que inquietos o temerosos. Estábamos lidiando con quien parecía ser un miembro de una pandilla que acababa de perder una pelea y estaba enojado. Buscábamos alguna manera de tranquilizarlo.

Mi voz crujió cuando respondí a su pregunta:

-¿Qué tipo de ayuda necesitan?

-Necesito algo de dinero para pagar mi alquiler y recoger a mis gemelas de la niñera.

Mi amigo interrumpió y dijo:

-Nos encantaría ayudarlos. ¿Dónde viven?

Él apuntó hacia un viejo y derruido motel cruzando la calle. Nosotros caminamos hacia un cajero automático en la esquina, donde mi amigo retiró algo de dinero. A medida que entramos al estacionamiento, no podía creer lo que veía. "¿Cómo le podían cobrar dinero a la gente por quedarse en semejante pocilga infestada de ratas?", pensé. Había aproximadamente diez habitaciones en total. El yeso estaba cayéndose de las paredes. El edificio no había sido pintado en más de quince años. El olor era rancio y el techo en algunas habitaciones había desaparecido.

Permanecí de pie en la entrada de la habitación, mientras mi amigo iba con Juan a la oficina del empleado nocturno para pagar la estadía de una noche. Asomé la cabeza a través de la puerta y vi el interior de su habitación. Tenía una cocina muy modesta, una cama pequeña y un baño diminuto. Observé enormes agujeros de rata en las paredes y un alfombrado apestoso, mohoso y viejo, que había perdido su color original unos diez años antes de nuestro arribo. Los armarios estaban desiertos y la cocina estaba vacía. Mi corazón se extendió a ellos. Sabía que estaban viviendo en una situación difícil. Obviamente, no tenían trabajo.

No obstante, era la medianoche y me estaba poniendo ansioso. Buscaba una oportunidad para salir y volver a casa. Channing les dio algo de dinero adicional para comida y otras necesidades imprevistas. Entonces dije:

-Bueno, nosotros necesitamos volver a la universidad.

-Espera un minuto -dijo Juan-. Ustedes todavía tienen que llevarme a recoger a nuestras gemelas.

La última cosa que quería hacer era ser el chofer privado de este tipo en Santa Ana, en una noche de viernes. ¿Quién querría dar un paseo en uno de los barrios más peligrosos del sur de California, a medianoche, a mitad de agosto? Además, no parecía ser lo correcto. Era demasiado arriesgado, y extremadamente peligroso. Pero él insistió.

-¿Tienes niños?

-No.

-Bueno, cuando los tengas, entenderás que no puedes abandonarlos. Por favor, ayúdame. Llévame para que las pueda traer para que estén en casa con su madre.

Dudé por un segundo y miré hacia abajo. Entonces acepté renuentemente. "Además, mi amigo está conmigo", pensé. "No puede ser tan peligroso." Así que entramos en el CRX, que tenía asientos solo para dos personas. Debido a que no había lugar para que Juan se sentara, tuvo que ubicarse encima del freno de mano e ir apretujado entre Channing y yo. Conduje fuera del estacionamiento y nos dirigimos al norte por la Main Street. A tan solo dos cuadras de iniciada nuestra travesía, entramos a una parte aún más peligrosa de la ciudad, donde había mucha actividad pandillera.

Estaba oscuro dentro del automóvil y el alumbrado público era escaso. Luché para ver -con mi visión periférica- lo que nuestro pasajero estaba haciendo con sus manos, que estaban escondidas en su regazo. Entonces, rompiendo el silencio, dijo:

-Hombre, te voy a decir algo.

Pensé: "Oh Señor, debí aceptar su oferta… Lo debí revisar en el lote de autos".

-Dios los va a bendecir por lo que hicieron esta noche.

-¿Perdón? -le contesté.

-Tú me oíste. Dios los va a bendecir por lo que hicieron.

Entonces se volvió a mí y dijo:

-Mi mamá era misionera en África. Ella les predicó el evangelio a muchas personas y dependía de Dios para todo lo que tenía. Si una cosa aprendí de su ejemplo, es que no puedes servir a Dios y al dinero. Amarás a uno y odiarás al otro, o despreciarás a uno y adorarás al otro. Nadie puede servir a dos señores. Prefiero vivir como un hombre pobre y luchar día a día dependiendo de Dios para mis provisiones diarias, que vivir en la carrera de ratas de la cual nuestra sociedad lucha por ser parte. Sí, el Señor los bendecirá por lo que ustedes hicieron por nosotros esta noche.

Después de dejarlos en el motel, mi amigo y yo regresamos a la universidad. A medida que pasábamos por la agencia de autos, noté que el Mustang no se veía tan tentador como antes. No estaba "levantado y exaltado". No tenía ese resplandor celestial.

Cuando llegamos al campus universitario, cada uno se fue por su camino. Una vez más, me encontré sentado en el viejo sillón. Esta vez empecé a meditar en algo más significativo. En lugar de fantasear sobre el dinero y cómo lograr el "estatus" social deseado, me pregunté a mí mismo qué era lo verdaderamente importante. Me obligué a ver más allá del vacío del materialismo y hacerme la pregunta que, tarde o temprano, todos nos hacemos: "¿Por qué estoy aquí?"

¿Lo ves? Comprendí algo después de esa experiencia en esa noche de agosto. Examiné mis pasos de nuevo, pero esta vez empecé después de mi decimoquinto cumpleaños. Cuando tenía quince años conocí a alguien muy importante. Él me ayudó a atravesar uno de los momentos más difíciles de mi vida. Creyó en mí cuando nadie más lo hizo. Me ayudó cuando nadie más podía. Y me dio esperanza cuando no la había. Su nombre es Jesús, y vino a mí cuando la vida parecía no tener sentido alguno. Después de dos años fui a la universidad para prepararme para servirlo en el ministerio a tiempo completo. Pero debido a las presiones del mundo, perdí mi enfoque, mi dirección. Extravié el camino y me encontré viviendo detrás de barrotes. Irónicamente, en mi búsqueda de libertad financiera y riqueza material, me convertí en un esclavo. Me encontré atrapado...

Le di la espalda a la única persona que me dio vida y sentido. Allí, en mi dormitorio, en agosto de 1987, pedí que me perdonara por haber caminado lejos de Él. Oré una oración sencilla: "Señor, ayúdame a poner mi vida en orden". Y eso fue exactamente lo que hizo.

Recobré mi dirección. Encontré mi razón divina para vivir. Mi camino se puso claro. Mi visión se enfocó una vez más. Diecisiete años después, realicé más de cincuenta cruzadas y ministré en más de once países. Tengo treinta y ocho años y estoy muy agradecido por todo lo que Dios me permitió ver y hacer. Ahora, ¿y qué de ti?

CAPÍTULO 1

LAS PREGUNTAS DE LA VIDA

¿POR QUÉ?

Las tres preguntas fundamentales en la vida empiezan con un: "¿Por qué?", "¿qué?" y "¿cómo?" Por todo el mundo las personas se preguntan: "¿Por qué estoy aquí?" Casi hasta suena cliché. Pero estoy seguro que tú te preguntaste eso una o dos veces. Sé que lo hice. A medida que pensamos en eso, quizás la pregunta más importante es: "¿Hemos encontrado una respuesta?"

¿Sabes por qué estás aquí? ¿Tiene tu vida un propósito? Personalmente, pienso que lo tiene. Eso es lo que me motivó a escribir este libro para ti. Estoy convencido de que hay un gran propósito detrás de la creación de tu vida. Tú eres único y nadie es como tú.

"Tú, mi amigo, naciste un ganador. De los millones de espermatozoides que se dirigieron hacia el óvulo en el útero de tu madre, ganaste la carrera. Tú entraste primero y fuiste declarado el ganador. No es que los otros espermatozoides no eran importantes, pero tenías un propósito divino. Y todavía tienes ese propósito trascendente hoy.

Así que permíteme ayudarte a descubrir la respuesta a la pregunta: "¿Por qué estoy aquí?" Primeramente, afirmaré que tú no fuiste colocado aquí por error. Tu vida no es un accidente ni existes debido a alguna oportunidad del azar evolutivo. Fuiste colocado aquí basado en un plan. Estás en la Tierra por una razón.

Creo que tienes un propósito divino de enorme valor eterno. Esta es una verdad fundamental, ya seas consciente o no del hecho. Alguien quiso que nacieras y esa persona deseó que tuvieras una vida significante y llena de sentido. Ese alguien es Dios. Sí, creo en Dios. Y, más importante, Él cree en ti. Por consiguiente, tú tienes un propósito trascendente porque Dios te creó. Él te quiso y destinó para que estuvieras aquí.

La Biblia declara que Dios creó a la humanidad para que tuviera relación con Él. Es parte de su gran propósito para nosotros. Su deseo de comunicarse con nosotros continúa cada día. Es decir, Dios quiere tener una relación significativa con nosotros, y por eso nos dio la vida. Hoy Él quiere que oremos, adoremos, meditemos y estudiemos. Quiere que caminemos, aprendamos y nos comuniquemos con Él.

¿QUÉ?

¿Luchaste con la pregunta: "¿Qué estoy haciendo con mi vida?" Yo lo hice. Una incertidumbre nos acecha cuando sentimos que estamos logrando muy poco en algo que realmente tenga valor duradero. Viene en un momento cuando tenemos un sentimiento de desconexión con un propósito mayor o divino para nuestras vidas. Podemos sentir como que nuestra vida no va a ninguna parte. Tarde o temprano, es una sensación divagante que todo el mundo siente.

¿Te sentiste alguna vez desconectado del propósito de Dios para tu vida? ¿Sientes que estás logrando poco que tenga valor eterno? ¿Tienes alguna dirección? ¿Qué haces con tu vida?

Este libro tiene el propósito de ayudarte a contestar esas preguntas. Te ayudará a vencer las barreras que te detienen y alcanzar tu máximo potencial, que es algo que solo puedes lograr cuando te das cuenta del propósito de Dios para tu vida. Este libro no está diseñado para indicarte cuál es tu propósito. Más bien, te ayudará a vencer las barreras que te detienen para alcanzar lo que Dios te destinó a ser.

Si esos desafíos rebotan dentro de tu cabeza, quiero que sepas que estuve en tus zapatos. Sé cómo te sientes. Muchas veces fui de compras para encontrar los secretos del éxito de la vida. Anhelé descubrir la pepita de oro que me liberaría de las barreras que me impidieron alcanzar mi mayor potencial. Miré los comerciales trasmitidos tarde en la noche, en busca de respuestas con la tarjeta del crédito en mano, buscando a alguien que podría guiarme. Como muchos, di una ojeada a través de las páginas de libros de autoayuda, buscando intensamente el elemento perdido que me había eludido durante años. Asistí a seminarios y conferencias, y hablé con lo mejor de lo mejor. Después de años de observar, estudiar y consultar a los mejores en sus campos, llegué a un descubrimiento asombroso. Te explicaré este descubrimiento. Pero primero debemos discernir qué barreras nos detienen.

EL GRAN... ¿QUÉ?

El enfoque de este escrito es ayudarte a superar las barreras que te rodean; esas barreras que te mantienen atrapado. ¿Qué área de tu vida necesita experimentar un rompimiento? Si pudieras declararlo en una frase, ¿cuál sería el obstáculo más grande que afrontas? ¿Es algo que desafíe tu salud o peso? ¿Es algo que desafíe tu familia, carrera o finanzas? Cuando te ves en el espejo, ¿te gusta lo que ves? ¿Estás cautivo, caminando en círculos, o simplemente te sientes insatisfecho? Hasta que no identifiquemos esas áreas que parecen estar paralizadas, encontrar la solución será difícil. Por lo tanto, excava profundamente. Busca en tu alma. Pregúntate: "¿Cuáles son mis barreras?"

En algunos casos podemos confundirnos acerca de las barreras que nos detienen. Podríamos quedar desorientados y no percatarnos de qué es lo que está impidiéndonos avanzar. Muchas veces llegamos a una encrucijada en nuestras vidas. Nos encontramos en medio de una gran intersección. Las señales no están claras. Las direcciones están confusas. No somos capaces de ver más allá de la primera curva en cada tramo del camino que nos lleva fuera del pueblo. El mapa que sostenemos es viejo. Aún más, es pleno mediodía. No hay sombra alguna. El norte es imposible de descifrar. Así que nos lamemos el dedo y lo sostenemos en alto, solo para encontrar que no hay brisa alguna. ¿Y ahora, qué?

En tal situación, lo sabio es preguntarle a las personas que estuvieron allí, a aquellos que caminaron por el mismo trayecto. Leer este libro es un paso en el camino de la sabiduría. Estuve ahí. Y los miles de aquellos estuvieron allí también. Las páginas siguientes contienen historias de vida, las cuales fueron incluidas para ayudarte. Su objetivo no es solo que abraces el propósito divino, sino que también identifiques tus barreras y desarrolles la fuerza necesaria para sobrepasarlas permanentemente.

¿CÓMO?

Ah, esa es la pregunta que todos quieren se les responda. "¿Cómo rompo las barreras?" "¿Cómo me convierto en todo lo que fui destinado a ser?" Querido amigo, tengo muy buenas noticias para ti. Este libro puede ayudarte a encontrar las respuestas que buscas, darte soluciones prácticas y formar hábitos proactivos, que crearán una vida llena de sentido y propósito. Como resultado, te convertirás en todo lo que fuiste destinado a ser.

Algunas de las respuestas que descubras puede que no sean las que quisieras oír. Tal vez ni te hagan cosquillas. Sin embargo, encontrarás respuestas y soluciones reales. Descubrirás la verdadera esencia de una vida llena de sentido y propósito, que rompe las barreras y funciona a su máxima capacidad. Lo que descubrirás en las páginas de este libro cambiará tu vida.

Aquí hay un resumen para que puedas romper las barreras que te detienen, con directrices que debes seguir. Estas deben guardarse, y no pueden ser cambiadas, esquivadas o rotas. No podemos tomar atajos ni caminos alrededor de ellas. Nadie debería leer este libro como si fuera una receta de tres pasos, que intenta hacernos las personas más exitosas en la faz de la Tierra en treinta días.

Estos principios están basadas en la certeza de que Dios nos creó con un propósito, que es nuestra razón de ser. El enfoque primario del libro tiene como intención darte tres pilares para edificar el carácter, la sabiduría y la disciplina. Estos pilares sustentan una vida bendecida y significante, una existencia que alcanza su mayor potencial. Estos pilares te ayudarán a romper barreras, no importa cuán grandes o difíciles sean. Sobrepasarás todo obstáculo y te dirigirás a un nuevo mundo lleno de significado, sentido y potencialidad.

Estos tres pilares trabajan juntos y nos dan lo necesario para romper barreras. Reitero, no deben ser vistos como un programa de tres pasos. En cambio, intenta verlo como un círculo que no tiene inicio ni fin. Cada elemento está invisiblemente conectado al otro. Si solo abrazamos dos de los tres, dejaremos un agujero que nos impedirá alcanzar la plenitud.

El primer y más importante pilar es la creación de un corazón íntegro, lleno de virtud y decencia. En esencia, es hacer propio el carácter de Dios Padre. Esto nos da la brújula moral que necesitamos. Nos da la misión correcta.

Segundo, la sabiduría de Dios nos da la habilidad para asegurarnos de que más allá de ser buenas personas, estamos tomando buenas decisiones en armonía con nuestra misión. Con sabiduría divina basada en la mente de Cristo, juzgamos cada decisión que tomamos a la luz de nuestra misión divina. Muchas personas son buenas; pocas son buenas y sabias.

Tercero, la disciplina de Dios viene del Espíritu Santo y es la fuerza necesaria para poner en práctica las buenas decisiones basadas en el carácter de Dios. Las personas pueden ser buenas y pueden saber el curso de acción correcto a tomar. Sin embargo, pocos tienen la energía y la disciplina para llevarlo a cabo.

Todos estos componentes trabajan para darnos lo que llamo una vida llena de sentido y propósito; y esto es un proceso que dura toda la vida. Una vida llena de sentido y propósito no está envuelta en el materialismo, la superficialidad o el falso sentido del éxito. Convertirnos en todo lo que fuimos destinados a ser significa que podemos trabajar y funcionar al nivel más alto de nuestra capacidad, en armonía con el propósito de Dios para nuestras vidas. A medida que cumplimos el propósito divino y vivimos en el círculo del carácter, la sabiduría y la fuerza de Dios, no podremos evitar romper las barreras que nos retienen.

ASÍ QUE... ¿QUÉ HAY AQUÍ PARA MÍ?

En este momento te imagino examinando la introducción de este libro en una librería. Tal vez estás esperando viajar en un aeropuerto y te detuviste en una tienda de libros. Quizás un amigo te lo dio. Ahí estás después de pasar rápidamente a través de las primeras páginas preguntándote: "Así que... ¿qué hay aquí para mí?" Ahora tengo tu atención. Este es el tiempo cuando decides si vale la pena o no continuar. Te preguntas: "¿Qué tiene este libro para ofrecer que millones de volúmenes no lo hacen?" ¡Qué gran pregunta! Es la correcta para hacerse. Ahora me toca a mí responder.

En los últimos ocho años hablé a cientos de miles de personas. Aconsejé a miles, oré por decenas de miles, estuve en dos continentes y viajé a once países. Durante los últimos catorce años viví en Centroamérica y viajé extensamente a lo largo de la región que una vez fue rasgada por desastres naturales y guerras civiles. Mis ojos vieron milagros. Vi a Dios restaurar vidas y a personas levantarse de las cenizas de la ruina total y sobrepasar sus más grandes sueños. ¿Cómo? Ellos se unieron con Aquél que los creó con un propósito y destino.

Ellos le pidieron que formara en su interior un corazón como el de Dios, para vivir una vida recta. Aunque algunos nunca estudiaron más allá del séptimo grado, pidieron a Dios su sabiduría y habilidad para anticiparse más allá de las curvas del camino. Al mismo tiempo, pidieron su disciplina y fuerza para ser personas piadosas y sabias.

Vi miles de vidas transformadas. En más de cincuenta reuniones masivas, públicas y evangelísticas -cubiertas por la prensa secular- nunca vi fallar a estos principios. Sin tomar en cuenta tu origen étnico, género, estado socioeconómico o nivel educativo, seguir estos principios te hará cosechar beneficios inimaginables.

Si te parece que otras personas se te están adelantando y que sus vidas están moviéndose en la dirección correcta, probablemente, sentirás como que tu vida no va a ninguna parte. Tal vez sientes que otros parecen más felices y más realizados que tú. Tu vida podría parecer estar plagada por patrones monótonos y sin sentido que te mantienen inmóvil. Si este es el caso, necesitas un poco de ayuda. Necesitas una mano. Y quiero ofrecer esa mano de ayuda.

Mi deseo es que te conviertas en todo lo que Dios te destinó a ser. Quiero que alcances tu mayor potencial sobrepasando todos los sueños, las aspiraciones y las expectativas. Quiero que encuentres verdadero significado y propósito. ¡Tus mejores días están por delante y los beneficios serán inmensurables! Más importante, aún, es que descubras el poder de una relación con Dios que te libertará de las cadenas que te mantuvieron atado. ¡Este libro es la llave a una nueva vida, que te ayudará a alcanzar tu mayor potencial! ¡Eso es lo que hay aquí para ti!

El cambio viene cuando el *"status quo"* se vuelve inaceptable. En otras palabras, cambiamos porque el dolor de quedarnos iguales es mayor que el dolor del cambio en sí mismo. Tienes que tomar una decisión. ¿Estás listo para el cambio? ¿Estás listo para romper las barreras? ¿Estás listo para romper esas cadenas que te mantienen atado? ¿Estás listo para movilizarte hacia el mayor potencial de tu vida? Confío en que tu respuesta es un absoluto "sí". Puedes ser quien Dios quiere que seas. Puedes romper las barreras, vencer la adversidad y alcanzar tu máximo potencial.

Imagina por un momento que Dios se te aparece como un amigo, te da un cheque en blanco que vale por una vida distinta, y te dice:

"Escoge cualquier vida que quieras, con tal de que sea buena, y yo la bendeciré. ¿Qué quieres hacer con tu vida?" ¿Qué escogerías? Si pudieras ser y hacer cualquier cosa que tu corazón deseara, ¿qué harías? ¿Qué serías?

Sueña por un momento. Pregúntate: "Si pudiera hacer algo que no fuera moralmente cuestionable, ¿qué haría?" Podrías responder diciendo que te gustaría ser un periodista especializado en turismo, que visita un hotel cinco estrellas para conocer los servicios que ofrece, sus restaurantes y sus áreas de recreación. Después de tu estadía de cortesía de tres días, tienes que escribir un artículo completo para una revista de viajes. Luego, recibes un cheque por US$ 10.000. Tal vez preferirías ser un artista con un estudio en Nueva York, donde las personas vinieran de diferentes partes del mundo para ver tus trabajos. Quizás desearías ser un escritor que vive rodeado de montañas o a la orilla del mar, con más de veinte millones de copias en circulación de tu último libro. O tal vez quisieras ser el Presidente de la Corte Suprema de Justicia de tu país.

¿Serías un conferencista? ¿Quisieras ser un profesor? ¿O un jugador profesional de fútbol en tu equipo favorito? ¿Quieres ser un médico que ayuda a eliminar el cáncer? Quizás siempre quisiste ser consejero, evangelista de cruzadas, madre, padre o ama de casa.

Dios te dice: "Escoge lo que sea". Es tu sueño, y Dios te respaldará. No hay respuesta correcta o incorrecta. No hay respuesta más espiritual que otra. Cualquier sueño es aceptable. Cualquier deseo es suficientemente bueno. ¿Cuál sería tu respuesta? Vamos, amigo. ¡Deja volar tu imaginación! ¿Cuál es tu respuesta a la pregunta de Dios?

Toma un momento y completa el espacio en blanco con tu respuesta:

_____

_____

_____

_____

_____

Ahora, ¿qué te impide cumplir ese sueño? ¿Crees que Dios se opondría? Si es así, ¿por qué lo crees? ¿Es el tiempo o la falta de educación un factor determinante? ¿Está tu compromiso con tu familia impidiéndote realizar tu sueño? He descubierto que la mayoría de las veces, el elemento que nos obstaculiza lograr lo que queremos es justamente la persona que vemos cuando nos miramos al espejo.

Algunos sienten que Dios obliga a las personas a vivir una vida indeseable. Creo que nos diseñó con deseos y sueños. Él desea que muchos de esos anhelos se cumplan. Si buscamos primero el Reino de Dios y su justicia, los deseos del reino estarán en nuestros corazones, porque Dios los puso allí. De modo que si puso tales deseos y sueños en tu corazón, entonces, ¿no querría Él que fueran cumplidos?

A medida que reunimos todas las armas que mencionamos para romper las barreras y superar la adversidad, permíteme agregar este último elemento a nuestro arsenal. Soñemos con las posibilidades de lo que Dios tiene para nosotros. Creo que todos los sueños son posibles. Sobre todo aquellos que Él puso en tu corazón. Piense en Adán, quien le puso nombre a cada animal sobre el planeta. Piense en Noé, que construyó un arca a trescientos doce kilómetros de cualquier océano o manto de agua. Después de ciento veinte años de arduo trabajo, de algún modo logró introducir una pareja de cada animal terrestre. Piensa en Moisés, a quien Dios usó para traer diez terribles plagas contra una superpotencia, guió a más de tres millones de personas durante más de cuarenta años por el desierto, golpeó una roca de la que salió agua suficiente como para que bebiera toda la nación de Israel, vio la cara de Dios y partió el mar Rojo.

Dios está de tu lado y desea que cumplas los sueños y los propósitos que puso en tu corazón. Así que suéñalo. Pídele a Dios que te ayude a verlo. Visualízalo y habla con Él sobre ello. Parte de la disciplina del Espíritu es ir tras los sueños que Él quiere que alcances.

CAPÍTULO 2

¡DETENTE!

Mientras manejaba solo por un camino de tierra una noche muy tarde, el misionero Richard Larson seguía a un camión grande. Los dos vehículos atravesaban una de las más altas y peligrosas montañas de Centroamérica, conocida como el Cerro de la Muerte. En total oscuridad, su única guía eran las luces traseras que lo guiaban a quince metros de distancia. Lluvias fuertes combinadas con olas intermitentes de niebla espesa empeoraban aún más la travesía. De todas formas, el camión era una escolta sólida que le mostraba el camino por kilómetros. De pronto y sin advertencia, las luces traseras desaparecieron. Después de unos pocos segundos reaparecieron. Un tanto extrañado, continuó durante varios segundos, cuando, de repente, oyó una voz que le dijo: "¡Detente!"

Inmediatamente, pisó el freno. Detenido en el lugar preciso donde las luces del camión momentáneamente desaparecieron, se asombró por lo que vio. Su vehículo se detuvo a muy poco metros de un precipicio. El camino entero había desaparecido. Las fuertes lluvias tropicales habían golpeado las montañas causando un derrumbe impresionante. Una sección de quince metros de camino desapareció en un inmenso barranco que continuaba abajo en una pendiente de cuarenta y cinco grados por varios cientos de metros. Aparentemente, el camionero viró velozmente a la izquierda donde una sección más vieja del camino permanecía firme. Por unos breves instantes las luces del camión desaparecieron de la vista de Larson. Si no hubiera sido por la misteriosa voz que el misionero escuchó esa noche, su vida habría sido alterada para siempre.

Richard y Janice Larson todavía son misioneros y lograron más de lo que las páginas de este libro podrían contener. Su hija mayor, Melodee, junto con su marido Larry, son misioneros en la ciudad de México. Durante más de quince años hicieron un gran impacto en ese país. El hijo mayor de los Larson, Mark, es el vicepresidente de una compañía de transporte que conduce a celebridades de todo tipo. Él tuvo el privilegio de conducir al Presidente de los Estados Unidos, George W. Bush, en las campañas previas a las dos elecciones presidenciales.

Cindee es su tercera hija. Es una ministra ordenada, presbítera general, evangelista de cruzadas infantiles, madre de tres niños y mi esposa. Steve es el hijo menor. Él se graduó con diploma en leyes en la Universidad Cristiana Davis, entre los mejores de su clase. Actualmente trabaja como interno en la Corte del Circuito Federal de Apelaciones en Washington DC; oye casos que vienen de todo el país.

¿Qué hubiera pasado con las vidas arriba mencionadas si Richard Larson nunca hubiera escuchado la voz que le decía que se detuviera? ¿Cómo hubieran sido afectadas o alteradas? ¿Qué podría pasar con tu vida o con los que amas si no prestaras atención a las señales en tu camino? Quizás Dios está intentando atraer tu atención. Tal vez te está diciendo que te detengas. ¿Por qué? Porque quiere darte una misión clara y no tiene el deseo que te descarriles. Dios quiere que tu dirección sea tan clara como el cristal, y no tiene deseo alguno que choques o caigas en un barranco. Por consiguiente, es indispensable que nosotros escojamos el rumbo divino; que hagamos de su rumbo, el nuestro. Cuando este tipo de tiempos de cambio se presenta, debemos tomar ventaja de ello. Quizás ese tiempo sea ahora.

¡YA VIENE EL DOMINGO!

Nosotros empezamos el proceso de cambio con la certeza de que ante la adversidad y el desafío, Dios quiere lo mejor para nuestras vidas. Esto no quiere decir que desea para nosotros lo que es más fácil. Él quiere que tengamos vidas desafiantes, en las que aprendamos y crezcamos. Cuando miro a mis hijas, a quienes amo profundamente, nunca esperé u oré para que ellas tengan una vida fácil. Eso produciría pereza y una vida dependiente. En cambio, quiero que ellas enfrenten y conquisten los retos de su niñez que las prepararán para su vida adulta. Por favor, no me malentiendas. No quiero que pasen dolor ni experimenten angustia. Sin embargo, ciertos niveles de resistencia son necesarios para el crecimiento. Al igual que cuando un músculo crece al levantar pesas, nosotros crecemos como resultado de enfrentar los desafíos.

De la misma manera Dios quiere que nosotros, que somos sus hijos, seamos todo lo que podamos ser. La única forma en que podemos alcanzar nuestro potencial es rompiendo las barreras. Estas, por definición, son desafíos. Son resistencia. Puesto que creemos que Dios quiere lo mejor para nosotros, creemos que quiere que obtengamos la victoria sobre ellas. No hay victoria alguna a menos que haya una batalla previa. Las vidas fáciles no tienen batallas, ni tampoco victorias. Son lo que son: *"status quo"*, sin sentido y aburridas.

Rompiendo las barreras no es para débiles ni miedosos. Cada vez que planeemos ser todo lo que podemos ser o queramos alcanzar nuestro máximo potencial, enfrentaremos retos y adversidades. Cómo nos conduzcamos a través de tales dificultades determinará si llegamos a alcanzar o no nuestro potencial. En otras palabras, en la mayoría de los casos el problema no es nuestro mayor reto. Lo que determina si nos movemos más allá de él o no, es cómo lo enfrentamos a la luz del amor de Dios hacia nosotros.

Nunca olvidaré el día que mi hija vino a casa de la escuela con treinta y nueve grados de temperatura. Al principio, la mayoría de los padres no entran en pánico cuando sus niños tienen fiebre. Los niños se enferman, eso es parte de la vida. Así que le dimos Tylenol, pero la fiebre no disminuyó. Mi esposa la llevó en automóvil a una clínica en el centro de la ciudad de San José, Costa Rica. Allí le dijeron que nuestra hija tenía una infección urinaria, junto con *"streptococcus"*. Afirmaron que con algunos antibióticos ella estaría bien. El fin de semana pasó, pero la fiebre nunca estuvo por debajo de los treinta y ocho grados.

En ese momento empezamos a preocuparnos. Ella sentía dolor en todo el cuerpo. Su garganta estaba hinchada y le dolía intensamente. Además, experimentaba ardor cuando iba al baño. Innecesario es decir que sentíamos que algo había sido mal diagnosticado, y decidimos llevarla nuevamente a la clínica.

Allí le practicaron unas pruebas de sangre, probaron su nivel de anticuerpos y examinaron su cuerpecito de once años. Los resultados eran más que desalentadores. Aparentemente, tenía apendicitis. Encima de una garganta hinchada y una infección urinaria, tendría que ser sometida a una apendectomía de emergencia en medio de la noche. Mi corazón se hundió.

Después de acostar a nuestras otras dos hijas en la cama, les expliqué que tenía que estar con Celina y mamita en la clínica. Les dije que su hermana necesitaba nuestras oraciones, porque iba a ser operada. Las hijas de nuestro pastor vivían al frente de nuestra casa, cruzando la calle. A ellas les pedí que cuidaran a nuestras niñas durante la operación. Ambas aceptaron muy amablemente.

Conduje hasta la clínica y llegué aproximadamente a las 21:30. No me molesta tener una operación en una clínica en Centroamérica; estar ahí sin la familia, sí. El pariente más cercano vivía a más de cinco mil kilómetros de distancia y, debido a la urgencia de la operación, nadie podía volar y estar a nuestro lado a tiempo.

Entré a la sala de emergencias donde los doctores habían concluido su diagnóstico. Pedí unos momentos para estar en privado con mi hija. Cerré la cortina, puse mis manos en sus pequeñas mejillas y contemplé sus preciosos ojos. Nunca olvidaré la última cosa que le dije.

-Celina, quiero que sepas que te amo.

Ella afirmó con su cabeza nerviosamente.

-¡El Señor también te ama!

Una vez más, lo afirmó cabeceando.

-Celina, tú eres una buena niña... eres una persona especial. Todo estará bien. Vas a estar bien.

Apreté sus manos, coloqué mi mejilla contra la suya y oré por ella. La besé en la frente, y dije:

-Te veré cuando salgas.

La operación estaba prevista para comenzar a las 23:00. Mientras estábamos sentados en la sala de espera, se nos unió otra pareja de misioneros. Hasta el día de hoy, agradezco al Señor su presencia. Ellos nos divirtieron, mientras intercambiábamos historias misioneras "de horror".

Aproximadamente a la 1:00, el doctor salió y dijo:

-La operación salió bien. Ella está en la sala de recuperación. Sr. Frenn, usted puede ir a su casa y descansar un poco.

Miré a mi esposa y le dije:

-Si te sientes cómoda, me iré a casa para estar con nuestras hijas.

-Estaré bien. Ve a casa y descansa un poco -dijo Cindee.

Mi esposa se quedó en la clínica para estar con nuestra hija hasta el día siguiente.

Aproximadamente a las 03:30 recibí una llamada telefónica. Era mi esposa. Estaba llorando, se percibía un profundo pesar en su voz. Dijo:

Cuando los Musculos Crescen es:
porque isimos pesas? No fue fa-
cil el desafío.

Para que el Amor Cresca   tienen
que tener vi-
cios y batallas y Venciendo
las batallas el Amor hecha Ra
íses fuertes

3edimmISb@Hotmail.com

-Jason, necesito saber si Celina tiene algún antecedente de problemas respiratorios.

-No, ¿por qué?

-El doctor salió y estoy sola. Celina está teniendo dificultades para respirar, sus pulmones se están llenando de líquido y sus riñones no funcionan. Por favor, ora. ¡Necesitamos un milagro! Alguien viene. Tengo que colgar.

Ninguna palabra puede describir cómo me sentía. Casi cualquier esfuerzo por explicar mis sentimientos quedaría corto ante la realidad del momento. Era como si me hubieran arrancado el corazón y los pulmones del pecho, mientras alguien me pegaba justo en la cara con un bate de béisbol. Habría hecho cualquier cosa para tomar su lugar.

Usualmente, cuando somos confrontados con una tragedia, empezamos a buscar a las personas más cercanas a nuestros afectos. Y para empeorar las cosas, eran las 03:30.

Intenté llamar a varios familiares para que oraran. No hubo respuesta, ni esperaba que la hubiera. Llamé a varios amigos en Costa Rica. Otra vez, no hubo respuesta. No importaba a quién llamara, solo conseguía comunicarme con el contestador telefónico. Me encontraba atrapado en mi casa. No había lugar adónde ir ni quién pudiera ayudar. No sabía con quién más hablar. Mi esposa estaba abandonada en la clínica. No tenía apoyo, ninguna persona con quién hablar ni lugar adónde ir. La única cosa que nos conectaba era un teléfono celular. Tenía un automóvil, pero mis hijas estaban ya dormidas.

Caminé hacia el dormitorio de mi hija Celina. Su cama estaba tendida con sus ositos de peluche bien alineados. Me arrodillé al lado de su cama e hice otra llamada. Esta vez, llamé al Señor. Él es alguien a quien siempre puedo llamar. No importa cuántas veces llamemos ni qué hora del día sea, siempre nos contesta. Nunca falla. Cuando llamamos al Señor, nunca nos atiende la voz del contestador.

No soy un sensacionalista ni saco las cosas fuera de proporción. Aun así, sentí como que el Señor mismo se arrodillaba justo a mi lado y empezaba a interceder por mi hija. Eso es lo que La Biblia afirma en Romanos 8:34: "… *Cristo Jesús es quien murió; todavía más, quien resucitó y está a la derecha de Dios, intercediendo por nosotros*". ¡Qué gran privilegio ir al Señor en tiempos de necesidad! Jesús intercede por nosotros. Creo firmemente que en ese momento de crisis, puso su brazo alrededor de mí y juntos oramos por mi hija. Aunque no podía ver nada con mis ojos físicos, algo pasó en esos quince minutos de oración intensa.

Hacia el final, una paz indescriptible se apoderó de mí. Ahí fue cuando mi esposa me llamó por segunda vez.

-Celina todavía está teniendo dificultades para respirar, pero está más estable. La están llevando a una habitación privada -dijo.

En aquel momento di un pequeño suspiro de alivio. No, todavía no estábamos fuera del bosque. Pero la palabra "estable" me animaba. Logré dormir por hora y media. A la primera señal de luz, estaba despierto y fuera de la cama. Después de colocar a mis hijas en el ómnibus escolar, me dirigí hacia la clínica.

Entré en la habitación y vi una imagen para la cual no estaba preparado. Contra la pared estaban de pie Paul y Karla Weis, nuestros directores de área. Los dos tenían lágrimas en sus ojos. Contra la otra pared estaba mi esposa. Todos estaban mirando fijamente el pequeño cuerpo que yacía en la cama.

Cada tubo imaginable estaba conectado a su cuerpo. Los médicos le habían colocado un catéter y una sonda de alimentación intravenosa. Una paleta sobre las yemas de sus dedos medía los niveles de oxígeno y muchos cables y pantallas monitoreaban su corazón, mientras le daban un cóctel de antibióticos para combatir su bronconeumonía. Celina se veía tan blanca como un fantasma. Me quebré y lloré.

Caminé hacia su cama con lágrimas rodando por mi rostro. Repetí su nombre por unos segundos y acaricié su cabello mojado. Su piel estaba húmeda y sin color. Se esforzaba en cada respiro. Su pecho se expandía y contraía con una frecuencia de treinta respiraciones por minuto. Entonces, extendí mis manos sobre ella y lo único que pude susurrar fue: "Jesús, oh Jesús". No pregunté: "¿Por qué?"; simplemente, dije: "Jesús".

A medida que el día transcurría los amigos comenzaron a llegar. Muchos parientes llamaron, y se corrió la voz a través de una red de oración, que nuestra hija necesitaba la ayuda de Dios. Personas por todo el mundo empezaron a orar por ella. Esa fue una mañana crucial, Cindee y yo estamos eternamente agradecidos con aquellos que oraron con nosotros en el transcurso de esas difíciles ocho horas. Aunque no estaban presentes, permanecían con nosotros en espíritu.

Aproximadamente a las 10:00, el médico de la familia que no estuvo presente durante la operación, entró a la habitación. Con honda preocupación, dijo:

-Realmente no sé qué decir, pero pienso que algo salió mal cuando le suministraron líquido durante la intervención. Obviamente, no hubo control y ella casi se ahoga.

A primera hora de la tarde los dos cirujanos entraron. Uno dijo:

-Primero, quisiera agradecerle a ustedes por lo bien que manejaron la situación. La mayoría de los padres pierde el control en ese momento. Muchos comienzan a gritar y amenazar con presentar demandas judiciales por mala praxis. Pero ustedes manejaron bien esta tormenta.

-Dígame doctor, ¿qué salió mal? ¿Cómo no detectaron que estaba desarrollando una neumonía?

-Normalmente revisamos eso, pero desafortunadamente, no lo hicimos. No tenemos respuesta alguna. Realmente lo sentimos.

-Está estable porque Dios intervino. Eso es lo único importante ahora.

Esa noche mi esposa se fue a casa para descansar. Me quedé en la clínica con nuestra hija, mirando fijamente, por varias horas, su pequeño cuerpo, mientras se esforzaba en cada respiro.

Aproximadamente a las 07:00, los médicos le quitaron el catéter, junto con todos los tubos con la excepción del monitor de oxígeno y la sonda de alimentación intravenosa. El tiempo había llegado para que fuera al baño por su propia cuenta. Ella, obstinadamente, dijo:

-No quiero ir al baño.

-Amor, tú necesitas intentarlo. Además, los doctores dicen que necesitas que la sangre circule de nuevo.

Ella agitó su cabeza en señal de frustración y dijo:

-Lo que sea.

Tomó aproximadamente cinco laboriosos minutos prepararla para el viaje de cinco metros. Estaba muy dolorida. Con cada paso que daba emitía un gemido justificado. Cuando llegó al baño, se volvió y dijo en un tono agresivo:

-¡Nunca hubiera venido a esta clínica! ¡Mírame!

Lleno de tristeza y pesar, miré hacia abajo y expresé algo de mi corazón. Le dije:

-Preciosa, lo siento mucho. Estoy seguro de que si nosotros nunca nos hubiéramos convertido en misioneros, tú no estarías en este enredo. Me pregunto si nosotros nunca hubiéramos puesto un pie en un avión como misioneros y mudado de casa, quizá esto nunca te hubiera pasado.

-Oh papi, no digas eso. Amo ser una misionera. Amo a este país. Odio esta clínica, pero amo la tarea misionera -contestó confiadamente.

En cinco segundos mi hija me recordó las prioridades de la vida. Alineó mi punto de vista. De pronto obtuve toda una nueva perspectiva en medio de la tormenta. Encontré el rumbo de Dios nuevamente.

Aprendí una lección importante. En lugar de evitar el dolor a toda costa, descubrí la importancia de encontrar nuevas formas para afrontarlo. El dolor es inevitable y siempre será una parte de la vida. Cómo enfrentemos la barrera, sin embargo, determinará si la rompemos o no. No hay mejor manera de enfrentar los desafíos que hacerlo con Dios. Él no quiere que tengamos una vida fácil, pero sí una vida llena de sentido y propósito. Esto implica que el crecimiento siempre será parte del proceso. Significa que deben romperse barreras. ¡Ellas deben ser superadas! Dios quiere que las atravesemos, no que las evitemos.

Bill Brooke, un misionero retirado con más de cuarenta y cinco años de servicio en América Latina, entró a la habitación. Era un hombre que experimentó muchas victorias, rompió muchas barreras y vivió muchas pruebas. Como un ministro que ayudó a comenzar el trabajo misionero en Costa Rica, logró un potencial que muy pocos alcanzan. Él tenía una manera muy particular de incomodar a nuestras tres hijas. Decía: "Oigan, ustedes tres son los muchachos más feos que jamás haya visto". Se referiría a Celina como "Charlie". De todos los visitantes de esa semana, fue el único que la hizo reír. Justo antes de salir de la habitación, se volvió a mí y me dijo:

-Jason, sé que te debes sentir como "Viernes de Pascua". Pero solo recuerda, ¡ya viene el "Domingo"!

Las personas continuaron viniendo durante los cuatro días que Celina estuvo en la clínica. En cuatro días sus pulmones estaban limpios de todo el fluido. Los médicos dijeron que ellos nunca habían visto una recuperación tan milagrosa, de un caso tan severo de neumonía. Sí, era un milagro. Sus pulmones habían experimentado sanidad. De hecho, su recuperación era milagrosa. Durante esos días y con mucha oración, la mano del Señor trajo sanidad a su cuerpo. Hubo otras victorias aparte de una sanidad física, vista por el ojo humano. Quizás la más prominente fue el cambio de perspectiva en cómo nos acercamos a las dificultades.

La verdad es que no quisiera volver a ver a ninguna de mis hijas en esa condición. No se lo deseo a nadie. Sin embargo, comprendí una simple verdad a raíz de esa dificultad. Sin esa experiencia no sería quién soy hoy. Celina no sería quién es ella hoy. Mi perspectiva de servir al Señor en un país extranjero no sería lo que es hoy. Comprendí que Dios no quiere que la vida sea fácil. Quiere que la vida sea significante. Quiere que nos movamos más allá de las barreras y lleguemos a ser todo lo que podemos alcanzar. Él quiere que aprendamos el arte de romper las barreras.

Hoy nuestra hija es una adolescente bien integrada, que está grandemente dedicada al Señor. Sirve alegremente en el ministerio y no guarda ningún resentimiento o enojo. Años después, puedo afirmar que la única consecuencia negativa que vino como resultado de su tiempo difícil en la clínica es una cicatriz de cinco centímetros, por donde los médicos le extrajeron su apéndice.

A través de todo esto, espero que no pienses que estoy pronosticando un desastre para tu vida. Al contrario, quiero verte bendecido con una vida llena de significado. Lo que estoy intentando decirte es que cuando te encaminas hacia tu máximo potencial, comienzas a encontrar barreras. Espera obstáculos, dolores de crecimiento y tiempos de dolor. Cómo afrontes tales adversidades, determinará si llegarás a alcanzar o no el gran destino que tienes por delante. Venga lo que viniere, ya llega el "Domingo" para ti. No hay obstáculo demasiado grande ni barrera demasiado fuerte. No hay tropiezo demasiado duro ni día de sufrimiento demasiado largo. No importa cuán intenso sea el sentimiento de que hoy es "Viernes de Pascua", ya viene el "Domingo". *De Resurreción*

Creo que un nuevo amanecer te espera. No importa que tu hijo esté enfermo o que tu matrimonio esté en dificultades. Quizás tu ascenso de puesto esté fuera de alcance. Quizás tu casa de ensueño es inalcanzable y demasiado costosa. No importa cuál sea la barrera o el obstáculo que estás enfrentando, ¡ya viene tu "Domingo"! ¿Por qué creo esto? ¡Porque tú eres la niña de sus ojos!

LA NIÑA DE SUS OJOS

Hay tres pasos para prepararnos a fin de enfrentar las barreras, sin importar cuáles sean. El primero es abrazar esta simple verdad: Dios te ama y quiere lo mejor para tu vida. ¿Por qué? Porque tú eres su hijo. Fuiste creado a su imagen. ¿Qué padre en el mundo quiere lo peor para su hijo? ¿Qué padre desea que sus amados sufran o se estanquen? ¿Qué padre anhela que su hijo se convierta en un perdedor? Como padres queremos que nuestros niños crezcan, sean saludables y alcancen su máximo potencial. Eso es lo que La Biblia dice acerca de ti en Gálatas 3:26: *"Pues por la fe en Cristo Jesús todos ustedes son hijos de Dios"*. En Deuteronomio 23:5 se afirma: *"Pero el Señor su Dios no escuchó a Balaam, sino que convirtió su maldición en una bendición para ustedes, porque los ama"*. En Juan 16:27 Jesús declara: *"Porque el Padre mismo los ama. Los ama porque ustedes me aman a mí, y porque han creído que he venido de Dios"*. En Zacarías 2:8 dice: *"El Señor todopoderoso me ha enviado con este mensaje contra las naciones que los saquearon a ustedes: Cualquiera que toca a mi pueblo, toca a la niña de mis ojos"*.

Mi esposa y yo tenemos tres hijas encantadoras. Cada una es única. Cada una es especial. Cada una es maravillosa. No me malentiendas. Estoy seguro que ellas no son perfectas. Pero cuando las miro, mi corazón no puede sino derretirse. Cuando me miran con sus grandes ojos y su expresión inocente, no son menos que la niña de mis ojos. ¿Por qué? Porque ellas son mis hijas. Son parte de mí y contienen parte de mi código genético. Un vínculo poderoso existe entre nosotros. Ahora bien, si mis hijas son conscientes o no de que llevan parte de mi ADN y de que fueron formadas a mi imagen, no hay diferencia alguna. Hay una unión que nadie puede borrar. Ese es un hecho irrefutable. Lo mismo es cierto con respecto a Dios y nosotros.

En Génesis 1:26, leemos: *"Entonces dijo: Ahora hagamos al hombre a nuestra imagen. Él tendrá poder sobre los peces, las aves, los animales domésticos y los salvajes, y sobre los que se arrastran por el suelo"*. Nosotros fuimos creados a su imagen. Parte de nuestro código genético viene de Dios. Debido a ese vínculo, nos ama. Nosotros somos sus hijos. Por lo tanto, nos ama y quiere que crezcamos y lleguemos a florecer. Somos su descendencia, y del mismo modo en que un niño que alcanza su potencial es un reflejo positivo de sus padres, lo mismo es verdad en nuestra relación con Dios. A medida que rompemos las barreras, somos un reflejo positivo de nuestro Padre celestial. Por consiguiente, quiere que avancemos más allá de los desafíos que nos impiden cumplir su plan divino para nuestra vida. Él quiere que *rompamos las barreras*.

Mencioné en el capítulo anterior que Dios te colocó aquí por una razón y te creó con un propósito. Su intención fue que tuvieras una vida llena de propósito y significado. Una existencia con dirección divina. No obstante, hoy, muchas personas enfrentan un obstáculo mayor, la falta de dirección. Así que... ¿cómo descubrimos el plan divino que está lleno de sentido y significado? Necesitamos una brújula, algo que pueda orientarnos en la dirección correcta. Necesitamos que alguien nos muestre el camino. Solo una persona proclamó ser el camino. Su nombre es Jesús.

No puedes navegar con una brújula rota

El segundo paso al prepararnos para *romper las barreras*, sin tener en cuenta lo que estas sean, es tomar la dirección correcta. No hay nada peor para un navegante que tener las coordenadas equivocadas. Aun peor, imagínate, es tener el mapa equivocado. Nuestra habilidad de navegar a través de las turbulencias de la vida es indispensable, pero nosotros normalmente lo hacemos sin los instrumentos apropiados. Por lo tanto, necesitamos una brújula. Debe ser exacta y fiable. Debe ser a prueba de errores. ¿Por qué? Porque nuestras vidas dependen de ella.

Hace unos años mi esposa y yo obtuvimos nuestra licencia certificada de buceo. Como buzos, debemos poder bucear en visibilidad cero, a través de fuertes corrientes, así como en la noche. Podrías preguntarte si eso es posible. Lo es, con tal que tengas una brújula correctamente alineada. Una buena brújula puede guiarte a través de las tormentas más turbulentas, un terreno traicionero y unas condiciones brumosas. Siempre apuntará al norte.

La Biblia es una de las brújulas mayores de la vida. Es el dispositivo guía más fiable de la historia mundial. Ningún libro ayudó a más personas como esta obra maestra inspirada por Dios. Es el manual de instrucciones de la vida. Contiene las leyes espirituales inspiradas por Dios y las pautas que nos ayudan a vivir vidas saludables y piadosas. También ella siempre nos señala el norte.

Dentro de La Biblia, la figura central del Nuevo Testamento es Cristo. Muchos de los profetas del Antiguo Testamento predijeron su venida. La última noche que estuvo con sus discípulos, Jesús les declaró: "... Yo soy el camino, la verdad y la vida. Solamente por mí se puede llegar al Padre" (Juan 14:6). La única manera de llegar al cielo es a través de Él. Es la puerta, conoce el camino y puede mostrártelo. En resumen, es la brújula perfecta.

En mis viajes alrededor del mundo, aconsejé a muchas personas. Descubrí que muchas están intentando navegar a través de la vida con una brújula rota. El modo en que ven el mundo está distorsionado. Están confundidos y desorientados. Su brújula los lleva de un lado a otro o en círculos. Debido a su estado de impotencia, comienzan a sentirse perdidos, desvalidos y vulnerables.

En algunos casos me confesaron que desearían no haber sido concebidos. Innumerables personas maldicen el día en que nacieron. O quizás, envidien las vidas de otras personas. Cuando se miran al espejo, no les agrada lo que ven. No se sienten satisfechos con la forma en que se desarrollaron como personas.

Sus sensaciones parecen tener varias cosas en común. Tienen sentimientos de impotencia, esclavitud, depresión, alienación y soledad. Estos estados anímicos empiezan a burbujear, sobre todo cuando el día va terminando. Cuando todo está en silencio y nadie más está despierto, ahí es cuando el dolor llega a ser aplastante y la angustia comienza a cubrirnos.

Si observamos el techo, sentimos que no hay salida alguna. Deseamos que la noche dure indefinidamente, para no tener que enfrentar otro día.

Pensamientos de acabar con todo o escapar para siempre comienzan a permear nuestras mentes. Hablarnos a nosotros mismos de forma negativa comienza a tomar el control y golpear nuestra cabeza. En un momento así, necesitamos alivio. En medio de la tormenta, buscamos dirección. Tarde o temprano todos necesitamos una brújula... todos necesitamos ayuda. Tarde o temprano todos nosotros necesitamos a Dios.

Cuando pensamos que la vida no tiene propósito alguno y que no vale la pena seguir viviendo, Dios entra en la escena y ofrece ser nuestra brújula. Cuando la turbulencia de la vida nos agobia, hace que su amor resplandezca sobre nosotros y aparta las nubes. Justo cuando pensabas que no valías nada, Dios te dice que vales el precio de la muerte de su Hijo.

Entrégale tu vida a Cristo. Permítele ser la brújula que necesitas. Apropiate de las herramientas que precisas para manejar tu vida. Si aceptas la oferta que Dios te hace, la luz brillará de nuevo. Saldrás del túnel. Las nubes comenzarán a desaparecer y la turbulencia menguará. Tú *romperás las barreras*. Recuerda, una vida con propósito está conectada a la misión correcta. Conocer a Cristo nos da la perspectiva correcta.

ERES EL ÚNICO QUE PUEDE IR AL BAÑO POR SÍ MISMO

El tercer paso al prepararnos para *romper las barreras*, sin tener en cuenta lo que ellas pueden ser, es tomar la responsabilidad personal en nuestras manos. Aquí es donde la mayoría de las personas falla en su búsqueda por romper las barreras. En lugar de aceptar su responsabilidad, la mayoría prefiere culpar a otros por sus problemas. Nos hemos convertido en una sociedad que lanza culpas. Por ejemplo, durante una elección, cada partido político culpa al otro de las condiciones inaceptables de la nación. Los niños culpan a sus padres por criarlos de manera muy estricta. Los padres culpan a las escuelas por la educación pobre que dan a sus hijos. Los maestros culpan al Ministerio de Educación por la falta de fondos. Los ciudadanos culpan al gobierno. Los gobiernos culpan a otros gobiernos. Y tarde o temprano, todo el mundo culpa a Dios. Nos convertimos en un mundo que elude las responsabilidades como si fuera una enfermedad.

Veamos otro ejemplo: estar con sobrepeso. ¿Cuántas personas culpan a las comidas que consumen por estar pesaditos? La respuesta es: innumerables personas. No debemos culpar a la comida por nuestro sobrepeso. La comida no lucha por entrar a nuestra boca ni nos llama desde los estantes del supermercado suplicando ser consumida. Nosotros somos culpables de llenar nuestras bocas buscando placeres culinarios. En la actualidad, la razón detrás del aumento de peso es bastante simple. En la mayoría de los casos lo causa un solo factor: la falta de autodisciplina para cuidar apropiadamente nuestro cuerpo. En otras palabras, las personas tienen sobrepeso porque ellas escogen tenerlo, no porque las obligan.

Lo mismo puede decirse de aquellos que están "enterrados" en deudas. Las personas pueden culpar a su patrón por no pagarles "lo que ellos valen". O pueden culpar a su cónyuge porque creen que es comprador compulsivo. En lugar de ser responsables y vivir dentro de un presupuesto, echan la culpa a otros por sus problemas financieros. En su fracaso por salir adelante, culpan a las tasas de interés, a los mercados financieros o incluso al presidente del país. Los seres humanos constantemente estamos buscando "chivos expiatorios" para justificar nuestra inhabilidad en alcanzar nuestras metas financieras.

El matrimonio no está exento del juego de reproches. Muchas ocasiones escuché a esposas quejarse de no estar satisfechas porque sus maridos no las hacen felices. Presuponen que sus maridos existen solo para ese propósito en la vida. Cuando en realidad, la esposa es la responsable de su propia felicidad. Ninguno de los votos matrimoniales que leí señalan que un cónyuge existe para hacer feliz al otro. En cambio, se supone que ellos se amen y se atesoren el uno al otro. Al fin y al cabo, cada persona en un matrimonio es responsable de su propia felicidad.

Sin embargo, siempre hay dos lados en una misma moneda. Los maridos contraatacan culpando a sus esposas de consumirse en otros deberes y papeles. Los hombres reclaman que son desatendidos y como resultado usan esto como una excusa para actividades extramaritales. En lugar de ser parte del juego de reproches, los cónyuges deben reconocer que no pueden depender del otro para su propia felicidad. En cambio, deben invertir más amor y cuidado el uno en el otro. Si hacen esto, les ayudará a cumplir lo prometido en sus votos matrimoniales.

Es asombroso cómo nuestra sociedad culpa a los padres por los errores que sus hijos cometen cuando estos se convierten en adultos. Si alguien resulta ser un infractor de la ley o una amenaza para la sociedad, la primera cosa que hacemos es apuntar hacia los padres. ¡Es verdad! Los padres llevan mucha de la carga, y los niños deben ser guiados. Podemos ver la importancia de nutrir y guiar a los niños en su desarrollo hacia la madurez. Sin embargo, mientras están crecidos, ellos son responsables de sus propias decisiones y acciones. Muchos vienen de malos hogares y resultan ser personas extraordinarias. Otros vienen de hogares grandiosos y resultan ser personas horrendas. En última instancia, el individuo que comete el daño es el responsable. Si alguien es criado en un hogar donde había violencia, abandono o abuso, esto no significa que esa persona repetirá inexorablemente la misma conducta cuando sea adulto. Si lo hace, es porque escoge hacerlo. En otras palabras, las personas son responsables de sus propias acciones, no sus padres.

La misma tensión existe en el lugar de trabajo, donde podemos ver a nuestro jefe como alguien que existe con el único propósito de pararse frente a nosotros y decir "no" a toda petición que hagamos. O quizás creemos que la razón por la que no conseguimos la promoción o el aumento de salario es porque nuestros colegas nos sabotean. Puede ser que sintamos que nunca conseguimos una oportunidad, y que consistentemente nos pasan por alto al otorgar las promociones. A nuestro parecer, se favorece a nuestros compañeros de trabajo, mientras que nosotros permanecemos atascados en un ciclo sin sentido y sin salida.

Al final del día, podemos hacernos la pregunta: "¿Estoy alcanzando mi máximo potencial?" Si la respuesta es "no", normalmente es seguida por la palabra "porque…" con alguien o algo como objetivo central del reproche.

Bien, tengo algunas noticias. Si queremos alcanzar todo lo que fuimos destinados a ser, necesitamos dejar de culpar a otros por nuestra condición. Debemos asumir la responsabilidad por nuestras propias vidas. Piensa en esto por un momento. ¿Podría alguien entrar a un baño y "aliviarse" en tu lugar? ¡No! Tú eres el único que puede ir al baño por sí mismo. Si necesitas ir, debes levantarte del sillón y caminar. Nadie más puede ir por ti. Nadie más irá por ti. Lo mismo es verdad en las siguientes áreas.

Si vas a casarte con alguien, nadie más puede casarse con esa persona en nombre tuyo. Nadie puede beber agua por ti. Nadie puede perder peso por ti. Nadie puede fortalecer músculos para tu cuerpo, en tu lugar. Nadie puede comer saludablemente para que tu cuerpo reciba la nutrición adecuada. Nadie puede estudiar para que tu cerebro se llene de información. ¿Puede alguien respirar por otra persona? ¿Puede alguien ejercitarse por alguien más? ¿Puede alguien dormir por otra persona? ¡No! Solo nosotros podemos hacer estas cosas por nosotros mismos. Estos son solo unos ejemplos en un mundo lleno de millones de escenarios. Por consiguiente, si quieres romper las barreras y convertirte en todo lo que fuiste destinado a ser, deja de culpar a otros por tu falta de progreso. Asume la responsabilidad por tu vida. Sé responsable por las decisiones que hiciste.

Veo las cosas de esta manera, nuestra vida es la suma de las decisiones que hemos hecho hasta este momento. Somos el resultado directo de las decisiones que hicimos a lo largo de nuestras vidas. Por consiguiente, somos responsables de nuestra condición actual, de nuestras propias vidas.

No puedo creer lo que escucho

En diciembre de 2003 recibí una llamada de Arturo, mi coordinador de cruzadas en ese momento. Me dijo que había hablado con un joven que quería verme y contarme su testimonio. Le pregunté a Arturo si sabía algo de este joven. Él contestó:

-Todo lo que sé es que querrás oírlo.

El día fijado un joven de veinte años entró en nuestras oficinas para grabar una entrevista en video. Cuando entré en el área de la recepción, noté que estaba sentando con una mujer. Me volví a ella y dije:

-Ah, usted debe ser su madre.

Ella nunca respondió. En cambio el joven contestó:

-No, ella es mi prometida.

Rápidamente me disculpé por mi ignorancia, mientras los miembros de mi personal se sonrojaban en veinte tonos de rojo diferentes y escondían sus rostros en sus escritorios. Algunos casi se mueren de risa silenciosa. "Oh, bien", pensé. "Todos cometemos errores de vez en cuando." Estreché la mano de ambos y los llevé a nuestra sala de grabaciones ubicada en el segundo piso.

Su testimonio descrito en este libro se parafraseó y condensó. La entrevista duró más de una hora. Lo invité a sentarse en una silla, mientras nuestro sonidista conectaba el micrófono y preparaba el enlace de audio. Revisé la cámara e hice unos ajustes a la iluminación. Empezamos a grabar. Recuerdo que él estaba transpirando, en parte porque nunca había sido entrevistado frente a las cámaras. Le pasé una toalla para que pudiera secar su frente. Mientras pensaba sobre lo que mi coordinador de cruzadas me había dicho, noté al joven respirando profundo. Más tarde comprendí que Arturo tenía razón. Lo que estaba a punto de oír llegó a tener uno de los impactos más poderosos en mi vida. Hasta el momento, considero que el ministerio fue afortunado al haber grabado su testimonio en video.

Me devolvió la toalla y cabeceó como para decir que estaba listo. Le dije que me hablara solo a mí y que yo estaría sentado al lado de la cámara. De esa manera, él hablaría a un ser humano y no a un aparato. Le dije:

-Si estás listo, empecemos.

Inicié la cuenta regresiva en tres, lo señalé y le dije:

-Estás al aire.

-Oh, ¿dónde quiere usted que empiece?

-Por qué no empezar desde el vientre de tu madre.

Él se rió y dijo:

"Muy bien, empezaré desde allí. Mientras mi madre estaba embarazada de mí, mi abuela observaba las horrendas escenas de mi padre pegándole a mi madre. La verdad es que nunca conocí a mi padre. Cuando él descubrió que mi mamá estaba embarazada, la abusó físicamente. Él no quería que yo naciera. Como resultado, mi cuerpo sobrellevó daños físicos durante mi desarrollo fetal. Varias veces él le pegó a ella, al punto que mi abuela pensaba que yo estaba muerto. Durante el embarazo mis padres maldijeron el día que fui concebido, y eventualmente me rechazaron. Por esa razón, nunca conocí a mis padres.

"De niño fui molestado y abusado. Empecé a consumir drogas a una edad muy temprana. Descubrí quiénes eran los distribuidores y comencé a comprar. Un día empecé a vender drogas. Pero desde el principio desarrollé un gran problema. Me convertí en mi mayor cliente y no tenía forma de pagar mis deudas. Así que me volví a la prostitución. Durante mi adolescencia temprana comencé a prostituirme en las calles de San José, Costa Rica. Hacía trabajos de noche, poniéndome a disposición de cualquier ser humano que deseara favores sexuales. Usted puede imaginar lo que semejante estilo de vida mezclado con drogas y alcohol podría hacer a una mente tan joven.

"Entonces, un día oí hablar de una cruzada que se llevaría a cabo en mi pueblo. Era una cruzada organizada por Jason Frenn. Durante las pocas semanas antes del evento, leí los volantes y carteles. Miré mientras preparaban el terreno con una topadora y removían toneladas de basura y escombros. Finalmente, la primera noche llegó. Porque vivía cerca del lugar, decidí ir. En el transcurso de las cinco noches del evento, asistí varias noches y decidí darle mi corazón a Cristo. Después de la cruzada intenté dejar atrás mi vieja vida y empezar una nueva. Pero durante los nueve meses que fui a la iglesia, sentía como que no encajaba. Nunca me sentí aceptado.

"Aunque mi vida experimentó un gran cambio, este solo duró un año. Entonces empecé a caer en los viejos hábitos. Una vez más, me volví a las drogas y todos los modelos destructivos que había abrazado antes.

"A los 17 años me fui a vivir con una muchacha soltera que tenía dos niños. La amaba y pensé que las cosas iban a cambiar para mí. Pero un día llegué a casa y la encontré en la cama con otro hombre. No sabía qué hacer o cómo controlar mis emociones. Exploté y me enfurecí. Grité tan fuerte y me enojé tanto que una vecina me denunció a la policía; dijo que yo estaba abusando físicamente de mi pareja y de los niños.

"Las autoridades me dijeron que debía irme del lugar y apartarme indefinidamente. Eso empeoró las cosas. No solo estaba herido, sino que estaba obligado a mantenerme lejos. Tenía un desprecio profundo por esa vecina y empecé a idear una manera para dañarla. Entonces, una noche, mirando el programa de MacGyver, vi cómo comenzaba un fuego al provocar un cortocircuito eléctrico. Sin embargo, lo hizo de tal manera que no parecía ser un incendio provocado. Parecía un accidente. Así que ideé un plan justo como el que vi en la televisión.

"Una noche esperé hasta que todos se durmieran en la casa de la vecina. Entonces comencé el fuego igual como lo vi en el programa. Una vez que la llama empezó a subir por el marco de madera que sostenía el techo, me deslicé astutamente a la calle de enfrente para ver el resultado de mi plan. Cuando la llama empezó a consumir la casa, pude oír los gritos viniendo de distintos cuartos de la vivienda. Las personas gritaban, rogando ser rescatadas de las llamas de la muerte. Por algún milagro, lograron abrir una de las puertas, y todos escaparon. Algunos tenían quemaduras de tercer grado. Afortunadamente, nadie murió."

Ahora, debo admitir que mientras escuchaba su experiencia, me sentía extremadamente incómodo. Pensé: "No puedo creer lo que estoy escuchando". Ciertamente mi presión sanguínea subió significativamente mientras empezaba a transpirar profusamente. Con cara de jugador de póker, tomé la toalla y sequé el sudor de mi frente. Recuerdo que me preguntaba si Satanás tuvo una experiencia de salvación de alguna manera y estaba sentado en mi oficina contándome su historia. De todas formas, era indispensable que no lo distrajera con alguna clase de reacción de mi parte. Así que, guardé mi compostura. Después de secar la transpiración de mi frente, le indiqué que continuara. Él cabeceó en afirmación y continuó.

"Eventualmente, la policía sospechó de mí debido a mi relación ríspida con los vecinos. Pero ellos no tenían nada en mi contra. Entonces, recordé la campaña que hubo en mi pueblo y las cosas que había aprendido. Recordé lo que el Señor hizo en mi vida y la dirección que le había dado. Así que regresé a casa de la vecina y le confesé mi crimen. Fui a la policía, les conté la historia y sin vacilación serví por algún tiempo en la prisión por mis actos horrendos.

Desgraciadamente, la vida en prisión no contribuye al crecimiento espiritual. Para decirlo de otro modo, era difícil. Cuando salí, las cosas no mejoraron. Empecé nuevamente a consumir drogas, volví al alcohol y a la delincuencia. Esto continuó durante varios años, aun después de conocer a mi novia actual. Para ser franco, no tengo idea de cómo sobreviví esos años locos de mi vida.

Entonces el suceso más significativo tuvo lugar este año. El mes pasado escuché que su ministerio iba volver a mi pueblo para realizar otra campaña evangelística. Comencé a emocionarme, porque recordé las grandes cosas que me pasaron durante ese último evento. A pesar de que era adicto a las drogas, supe que necesitaba estar allí todas las noches.

Llegué al predio el día en que estaban armando las carpas, la plataforma, el sonido y las luces. Había fumado 'crack' justo antes y estaba completamente drogado. Tomé tantos folletos como pude y empecé a distribuirlos por todo mi barrio, anunciando la campaña. Es irónico, aunque no tenía conexión alguna con Dios, sabía que lo necesitaba. Y sabía que otros como yo también lo necesitaban.

Allí estuve temprano, la primera noche y no me perdí ninguna otra. Dos de las cinco noches, pasé al frente e hice un compromiso con Cristo. Una vez más, descubrí el amor de Dios. Comprendí cuánto me amaba y que Cristo murió por mis pecados. La verdad es que no escuché sonar ninguna campana o sirenas, pero hice un compromiso. Una vez más decidí buscar la dirección de Dios para mi vida.

En las semanas siguientes a la campaña, me preguntaba:

ora, qué?' No quería caer de nuevo en la oscuri-
a autodestrucción. La peor cosa que hay al caer
vo en las tinieblas, es recordar cuán maravillosa
...luz. No quería gustar la presencia y la bondad de
Dios y luego caer en la autodestrucción.

Con mi novia decidimos ir a la iglesia donde su ministerio asiste. Fue allí que alguien me presentó a un líder de
una célula, quien trabaja con aquellos que vienen de tras-
fondos similares al mío. Comencé a asistir al grupo pequeño. Él me animó para que asistiera a un retiro de fin
de semana planeado con ciento veinte jóvenes como yo.

Aunque al principio me resistí, luego acepté ir. Estaba ansioso. Al llegar el fin de semana me sentía un poco ago-
biado. Puedo recordar que en camino al centro de retiros,
casi le pido al chofer del ómnibus que se detuviera. Quería bajarme y comprar algunas drogas. Está de más decir
que el Señor me dio la fuerza para superar la tentación. Y
me alegro que lo hiciera, porque ese fin de semana resultó
el más trascendental de mi vida.

Durante toda mi estadía estuve con consejeros cristianos,
quienes me ayudaron y guiaron a atravesar los momentos
de dolor más difíciles de mi vida. Me ayudaron a orar por
mis sentimientos de rechazo, abandono y dolor. Más importante aún, me ayudaron a perdonar a aquellos que me
habían herido.

Ya de regreso, fue obvio para todos que yo era un hombre
nuevo. Mi novia puede testificar sobre mi transformación. Mis amigos apenas me reconocen. La verdad es que
Dios me ayudó a superar las barreras. Desde junio de
2003 asisto fielmente a mi grupo celular, sin recaída alguna en las drogas. Desde ese retiro soy libre de las drogas.

Hace como un mes me pidieron que guiara un grupo similar. Este fin de semana la iglesia me enviará a un segundo retiro, donde seré entrenado y equipado para
ayudar a otros que lucharon como yo. Agradezco al Señor por todo lo que hizo. Sin Él, mi vida sería nada.
Creo que Dios ayudará a cualquiera a superar cualquier
situación, para que pueda alcanzar todo lo que Él lo
destinó a ser para su gloria."

Cuando terminó su testimonio el silencio penetró el estudio de grabación. Después de unos momentos le pregunté si podía usar ese testimonio. Él contestó:

-Es por eso que vine. Estoy aquí para ayudar a tantas personas como pueda. Puede contar esto a cualquiera que piense que se beneficiaría con mi historia.

Durante su testimonio de hora y quince minutos, ni una vez culpó a alguien por sus problemas. Asumió la responsabilidad por cada error. Se arrepintió y le pidió perdón a Dios. Atravesó algunas de las barreras más difíciles, y está en el proceso de convertirse en un hombre sobresaliente. Reconoció el amor y la dirección de Dios, y adquirió una brújula nueva. Asumió la responsabilidad por sus propias acciones.

Aprendí algo de él ese día. Descubrí que ante los ojos de Dios ningún vicio es insuperable. Ninguna vida es imposible de redimir. Ningún corazón es imposible de cambiar ni ningún acto es imperdonable. Ninguna barrera es irrompible. Descubrí que con la ayuda de Dios, cualquiera puede cambiar. Cualquiera puede ser restaurado y sanado. Cualquiera puede ser libertado. Ninguna tormenta es demasiado violenta ni ninguna montaña es demasiado alta. Ninguna pared es demasiado ancha. Ningún obstáculo es demasiado difícil ante el poder de Dios, que nos ayuda a romper las barreras.

ACERQUÉMONOS AL PRIMER PILAR

Fuiste destinado para la grandeza. Creo que Dios tiene una razón suprema detrás de tu creación. Debido a que vivimos en un mundo caído, siempre habrá obstáculos y barreras. Sin embargo, debemos mantener nuestros ojos fijos en la verdad. No importa el tamaño del problema que enfrentemos, Dios nos ayudará a superarlo.

Dios ama a las personas, y esa es la base para nuestra valoración. En otras palabras, los seres humanos tienen valor y propósito, porque Dios dice que lo tienen. De la misma manera que un padre se preocupa profundamente por sus niños, Dios se preocupa profundamente de nosotros. Fuimos hechos a su imagen, y en un grado limitado reflejamos su ADN.

Dios tiene un propósito para nuestras vidas. Para la mayoría este es un concepto abstracto, y necesitamos su guía para descubrirlo. Es por eso que necesitamos una brújula, alguien que nos guíe a través de las aguas turbulentas. Cristo es el guía. Él es capaz de ayudarnos a descubrir el plan de Dios en el laberinto de la vida.

La responsabilidad personal es un factor clave, que determinará si podremos superar o no las barreras que nos detienen. En una época donde las personas buscan excusas y culpan a otros por su condición, ahora más que nunca necesitamos asumir la responsabilidad por nuestras propias acciones y decisiones.

Ser responsable significa reconocer el error cometido de nuestra parte. Si dañamos a alguien, tomamos los pasos necesarios para restaurar las cosas. Esto tiene que ver con el arrepentimiento. Cuando le hicimos mal a alguien, pedimos perdón y cambiamos nuestro rumbo para detener la conducta que causó la herida. Cuando nos arrepentimos, agradamos al Señor porque aceptamos la responsabilidad por nuestras fallas y errores.

Para alcanzar nuestro máximo potencial es indispensable deshacernos de nuestro orgullo. Este es una amenaza seria a nuestra responsabilidad personal y a un corazón arrepentido. Nos impide ver nuestras faltas y aceptar nuestra responsabilidad. Nos mantiene ciegos a la realidad de nuestra condición. Es como el mal aliento. Todos los que están cerca tuyo saben que lo tienes, excepto tú. A medida que ponemos a un lado nuestro orgullo, entonces somos capaces de ver el plan y la dirección de Dios.

A medida que nos acercamos al primer pilar debemos quitar nuestro orgullo, a fin de adquirir el carácter de Dios. Esto es lo que La Biblia menciona como un corazón humillado. El Salmo 25:9 dice que el Señor *"guía por su camino a los humildes; ¡los instruye en la justicia!"* El Salmo 147:6 dice: *"El Señor levanta a los humildes, pero humilla por completo a los malvados"*. Primera de Pedro 5:6 dice: *"Humíllense, pues, bajo la poderosa mano de Dios, para que él los enaltezca a su debido tiempo"*.

Para quienes deseamos romper las barreras, necesitamos trabajar con Dios y no en su contra. Significa que debemos humillarnos ante Él. Hacer las cosas según su plan y no el nuestro. Al hacerlo, podremos tomar nueva dirección y abrazar nuevas metodologías para hacer las cosas. La humildad es el punto de partida perfecto, a medida que nos acercamos al primer pilar. Tener un corazón humilde implica disposición a detenernos, escuchar y cambiar. Detenerse y escuchar son claves.

Quizás te sientes como el misionero que seguía a un camión a través de las montañas de Centroamérica. Justo antes de desbarrancarte, oyes una voz que te dice: "¡Detente!" Esa expresión es el intento de Dios por ayudarte en un momento de gran potencial. No hay otro tiempo mejor en tu vida como el presente. Este nunca se repetirá. Por consiguiente, detengámonos por un instante, revisemos nuestra actitud y acerquémonos al primer pilar, con la fe y la confianza de saber que romperemos las barreras y llegaremos a ser todo lo que Dios quiere que seamos. Creo que tienes un gran futuro, y Dios te guió a leer este libro.

Así que permíteme empezar esta jornada contigo. Abraza la verdad de que Dios te ama y de que tiene un propósito para tu vida. Aunque los tiempos difíciles pueden presentarse, vencerás y el Señor te fortalecerá. Debido a que fuiste hecho a su imagen, Él te ama y proveerá los medios necesarios para que alcances tu máximo potencial. Tal como lo revela La Biblia, Dios provee a Jesucristo como brújula y guía. Solo te pide que seas responsable de tus acciones y de las decisiones que hiciste, nada más.

Voy a pedirte algo. Confío que no te hará sentir incómodo. Vamos a cerrar nuestro tiempo con un momento de meditación con el Señor. De todas las lecciones que aprendimos esta es, por mucho, la más importante. La oración y la meditación son la puerta por la que llegamos hasta el primer pilar. Así que repite las siguientes palabras como una oración de dedicación, a medida que rompemos las barreras juntos:

"Querido Dios, gracias por la oportunidad de vivir. Tú me diste el maravilloso regalo de la vida, un propósito divino y un destino impresionante. Guíame para hacer lo mejor con mi existencia, y ayúdame a superar los obstáculos que mantienen a mi vida en cadenas. Junto a ti quiero alcanzar mi mayor potencial, sé que es la única manera de lograrlo. Comprendo que pueden presentarse tiempos difíciles... No obstante, tú me guiarás a través de ellos, porque me amas profundamente.

Te pido que me guíes y seas mi brújula. Dirígeme por la dirección correcta. Señor Jesús, te necesito. Necesito que vengas a mi vida y transformes mi mente y la manera en que veo las cosas. Te pido perdón por cualquier cosa que hice y que te ofendió. Ven a mi corazón y conviértete en el Señor de mi vida. Dame un corazón humilde, que no esté lleno de orgullo. Me entrego a ti y te pido fuerzas para abrazar los principios que se delínean en este libro.

Me comprometo a cultivar una relación diaria contigo y a

encaminarme desde ahora en la aventura de llegar a conocerte cada vez más. Y aún más, me comprometo a entregarte cualquier cosa que pidas de mí durante este proceso de cambio. Ayúdame a ser fuerte, obediente y abierto a tus mandatos en mi vida. Hazte cada día más real para mí. Oro esto en el nombre del Señor Jesús, amén."

EL CORAZÓN DEL PADRE

El corazón de Dios el Padre siempre buscó la redención, la salud y la bondad para toda la humanidad. Está lleno de compasión y atributos hermosos. Durante los tiempos de adversidad y dificultad, el corazón del Padre actúa como una brújula moral que nos guía a través de la tormenta. Me refiero a él como el primer pilar de nuestra vida. Es el punto de partida en nuestra tarea de romper las barreras que nos separan de todo lo que Dios nos destinó a ser.

La sabiduría y la disciplina son imprescindibles, pero el primer pilar de nuestra vida es tener un corazón como el de Dios. Como resultado, nuestras vidas experimentarán amor, paciencia, bondad, fidelidad, gozo, autoestima sana y dominio propio. Es el primer paso hacia una vida llena de sentido y significado.

BRÚJULA MORAL	TERNURA
AMOR	ESTIMA
PACIENCIA	DOMINIO PROPIO
BONDAD	PERSISTENCIA
FIDELIDAD	MISIÓN PIADOSA
GOZO	RESPONSABILIDAD PERSONAL

CAPÍTULO 3

TOMA EL CORAZÓN DE DIOS

Las vacaciones de Semana Santa siempre fueron para mí un tiempo divertido del año. Una semana sin clases ni tareas era un tiempo propicio para la diversión y el entretenimiento. Mi mamá se iba a trabajar cada uno de esos cinco días, mientras que mi padre venía a verme de vez en cuando para saber cómo estaba. Como todos los años, mis vacaciones de Semana Santa no serían diferentes. Me sentía libre de toda carga y tensión.

En ese tiempo tenía once años y jugaba al hockey en una liga para niños. El jueves de esa semana, instalé mi arco en nuestra cochera. Usando una pelota de tenis, practicaba mis tiros intentando mejorar mi puntería. Después de varias horas, comenzó a llover bastante fuerte, entonces entré a la casa. Además, jugar solo no tenía mucha diversión. Después de todo, invitar a amigos cuando mi mamá no estaba en casa estaba prohibido.

Al día siguiente mi mamá se fue nuevamente para el trabajo. Coloqué el arco otra vez. En esta oportunidad mi vecino me vio jugar y me preguntó si podía acompañarme. No pensé que sería un problema, ya que él no estaría "dentro de la casa". Así que accedí. Jamás imaginé que mi consentimiento significaba una fórmula para el desastre.

En lugar de practicar nuestra habilidad para anotar puntos, decidimos jugar un torneo de uno contra otro. La pequeña cochera solo tenía espacio para el "escarabajo" Volkswagen de 1969 de mi mamá; por lo tanto, apenas podíamos entrar para jugar al hockey. Las ramificaciones de una potencial catástrofe no estaban en mi mente. Estaba decidido a ganar a cualquier costo, especialmente contra un vecino que era dos años mayor y que me había ganado en casi todos los otros deportes.

Ocasionalmente la pelota aterrizaba en el barro. Sacarla de allí y volverla a poner en juego fue el segundo error. Después de unas seis o siete veces de sacar la pelota del barro, la cochera empezó a tener una diferente imagen. Era como si estuviéramos repintando el lugar con una esponja saltarina, empapada a más no poder en una sustancia negra pardusca.

Las paredes estaban hechas de estuco y el tejado tenía techos arqueados de madera, recientemente pintados de blanco. A medida que el tiempo transcurría, el juego se ponía más feroz y violento. La pelota empezó a rebotar por el techo, las paredes y el piso. Como una super pelota explotando en una superficie de concreto, el empapado "balón" de hockey dejó su marca al menos varias cientos de veces. Cada vez que la pelota dejaba una inmensa marca en la pared, la salpicadura también nos pegaba en la cara. La bella y blanca cochera de mi mamá, recientemente pintada, pronto empezó a parecerse a la casa del *Gato en el sombrero,* después de la llegada de *Cosa uno* y *cosa dos.*

Sin embargo, hubo una buena noticia en todo esto, cuando la tarde terminó, yo había ganado el torneo. Era el vencedor. Era el campeón. Mi vecino se fue a su casa cabizbajo y derrotado. Fue una de las primeras veces que derroté a ese niño de octavo grado en algún deporte. A pesar de que se fue derrotado, obviamente, no tuvo que enfrentarse a la ira motorizada que estaba a punto de llegar a casa en su "escarabajo" azul claro.

Normalmente salíamos los viernes por la noche a cenar. Quería tomar una ducha antes de que mi mamá regresara a casa. Así que empecé a desarmar el arco y guardar mis palos de hockey. Nunca me detuve a pensar acerca de las consecuencias de nuestras acciones. Casi ni noté los centenares de marcas de pelota impresas en las paredes. Ni pensé acerca de lo que mi mamá podría decir cuando las viera.

A las 18:30, la oscuridad se había asentado sobre el sur de California. Ella estacionó su automóvil en la cochera, y salió. Pareciendo confundida al principio, observó las paredes por unos instantes. Entró en la casa y dijo:

-Jason, ¿estabas jugando en la cochera?

Al principio lo negué, como si pudiera esquivar su pregunta. Hubiera querido limpiar el lugar esperando que ella no notara la "zona de guerra". Pero, después de unos segundos, comprendí que mis esfuerzos por esconder la verdad serían inútiles.

-Bueno, eh... Sí, yo estaba jugando. Pero solo estaba practicando -respondí. -¿Qué estabas practicando? -preguntó con un tono serio.

-Hockey -le contesté.

Sin decir una palabra, volvió a la cochera para inspeccionar el daño más de cerca. Aproximadamente diez segundos pasaron cuando la primera confirmación de mi inminente condenación vino con un grito autoritario:

-¡Jason, ven aquí ahora mismo!

Caminé hacia la cochera con la cola entre las patas. A medida que observaba el enojo creciendo en sus ojos, sentía como que debía tirarme de espaldas al piso con las "patas para arriba" como un perro que sabe que su amo está muy disgustado. Me dijo:

-¿Cómo rayos lograste embarrar todas las paredes y el techo? Hay manchas redondas por todas partes.

-La pelota lo hizo -contesté.

-¿Qué quieres decir con que la pelota lo hizo? -preguntó nuevamente.

-Sí, nosotros estábamos jugando hockey y la pelota rebotó contra la pared -respondí

-¡Espera un minuto! -exclamó-. ¿Quién es "nosotros"?

Oh no. Ahora el gato no estaba encerrado. Habíamos llegado al punto de no retorno. Probablemente pude haber hecho los arreglos de mi funeral en ese momento. Como la mayoría de los niños, dije la verdad cuando fui confrontado con la realidad de una aplastante evidencia contra mí. No tenía otra opción que ser honesto.

-Scott -lloriqueé.

-¿Quieres decir que tuviste a un amigo aquí cuando ni tu padre ni yo estábamos en casa? -preguntó.

-Sí -chillé.

-No puedo creerlo -aseveró-. No puedo creerlo. ¡Entra en la casa!

-¿No vamos a ir a cenar afuera? -inquirí tímidamente.

Ella me miró con ojos de acero. Si las miradas pudieran matar, entonces habría sido incinerado en ese mismo instante de 1977 por los rayos láser que salían como cohetes de sus ojos azules. Sin separar sus dientes, los rechinó y gruñó:

-Y tú, ¿qué crees?

La mayor parte del tiempo, mis ojos azules y mi pelo castaño rizado me ayudaban a salir de muchos enredos. Pero no esta vez. No, esta vez, ciertamente, yo era un pato cocido. Mi culpabilidad estaba clara y la evidencia era más que suficiente. No había dónde esconderme y nadie que me pudiera proteger. Había roto las reglas y pensé que podía salirme con la mía.

Fui adentro. Varios minutos habían pasado cuando ella llamó a mi papá, que estaba atendiendo el bar esa noche. Mamá dijo:

-Bob, no vas a creer lo que tu hijo hizo hoy.

Le explicó todo lo que había pasado. Desafortunadamente, omitió la parte acerca de mi triunfo en el torneo de hockey. Eso podría haber ayudado desde la perspectiva de mi papá. Por supuesto, considerando cuán enfadada estaba, podía entender por qué se salteó esa parte.

Mientras estaba jugando al hockey nunca reconocí que estaba actuando mal. En ese momento tenía poca conexión con la realidad. Sabía que no se me permitía tener amigos o vecinos en nuestra propiedad sin mis padres en casa, pero lo hice de todas maneras. Vi las marcas de la pelota, pero nunca pensé sobre las consecuencias. Sabía que jugar al hockey con una pelota de tenis embarrada enfurecería a mi mamá, pero no presté atención al precio que debería pagar.

Poco después del arribo de mi mamá, comprendí que ella tenía razón. Su enojo estaba justificado. Destruí por completo un precioso trabajo de pintura y lo hice al traer a casa a un vecino para jugar. Nunca me castigaron por lo que hice, aunque casi temí por mi vida durante varios días después del hecho. Jamás fui disciplinado, castigado o enviado a mi cuarto. Créanme cuando les digo que mi mamá ejerció gran moderación en medio de un desastre.

Mi único castigo fue escuchar su llanto con lágrimas de frustración por mi desobediencia y fracaso en seguir las reglas. Conocer el dolor que le causé fue suficiente castigo para mí. Empezó a limpiar esa noche, pero no pudo completar siquiera el veinte por ciento. Al día siguiente la ayudé a restregar y limpiar las paredes y el techo hasta que terminamos. Una semana después todo regresó a la normalidad.

A medida que miro hacia atrás, comprendo algo acerca de la naturaleza humana. Todo niño se mete en problemas y tiene el potencial de hacer algo desastroso. Todos, tarde o temprano, desobedecen a sus padres. Los niños también tienen la habilidad para mentir y autoengañarse. El corazón es engañoso y este defecto no desaparece con la edad. Simplemente, se vuelve más furtivo y hábil a medida que crecemos. El único remedio para combatir nuestra naturaleza caída y el corazón engañoso es tener el corazón de Dios.

Este libro presenta tres pilares importantes sobre los cuales construimos nuestro fundamento para romper las barreras y lograr una vida llena de significado y realización. Ellos son el carácter, la sabiduría y la fuerza o la disciplina de Dios. El primero de estos pilares expresa un fuerte rechazo a la corrupción, la malicia, el odio, el temor, la mentira y la infidelidad para, en lugar de ello, abrazar el carácter y el corazón del Padre.

El carácter de Dios es el material de construcción fundamental y más importante de nuestra vida. Todo lo que pensamos, decimos y hacemos refleja lo que está en nuestro interior. Lo que hacemos es un reflejo de quiénes somos. No somos quiénes somos debido a lo que hacemos. Hacemos lo que hacemos debido a quiénes somos.

Todo lo que es íntegro, piadoso, virtuoso y decente viene del corazón del Padre. El corazón de Dios es la misma esencia de lo que es santo, bueno, fidedigno, alentador, atento, desinteresado y puro. Si vamos a establecer el primer pilar en nuestras vidas, debemos abrazar todas estas cualidades y vivirlas en todo lo que pensamos, decimos y hacemos.

Desgraciadamente, muchas personas intentan eliminar sus barreras usando atajos. Mienten para salir de los problemas, o utilizan algún tipo de artilugio para evitarlo.

A fin de obtener satisfacción sexual, abrazan la inmoralidad sexual y las diferentes formas de pornografía y perversión. O se vuelven al alcohol o las drogas. O imitan modelos autodestructivos de odio, ataques de rabia, discordia, disensiones, celos, envidia y ambición egoísta. En lugar de buscar ayuda divina, buscan el consejo de psíquicos o de quienes leen la mano, o quizás los servicios de una bruja o de aquellos involucrados en lo oculto o en la astrología. Lo cierto es que ninguna de estas cosas nos ayudarán a alcanzar la vida eterna, ni nos permitirán lograr algo provechoso en esta vida.

EL DÍA DEL INVENTARIO: EL PEOR DÍA DEL AÑO

Durante mis primeros dos años de universidad, trabajé en el Centro de repuestos y servicio de Sears en Santa Ana, California. Una vez al año había una jornada que detestaba intensamente: el día del inventario. Era el peor día de todos porque tenía que contar cada tornillo, parte de plástico y cosa que no estuviera clavada. Abarcaba las ocho horas más dolorosas que pasaba cada enero. Consumía mucho tiempo y era incómodo. Pero a pesar de la molestia que representaba, entendía que era necesario.

Hacer un inventario es como pesarte en la balanza después de una semana de vacaciones y haber comido todo lo que querías. Es como tener la verdad mirándote fijamente al rostro. También puede compararse con ir al doctor y que te midan el colesterol o la presión arterial. Indudablemente, te dice que debes hacer más ejercicio físico, comer más sano y reducir los niveles de tensión. Después de que te punzan y pinchan con instrumentos y agujas, piensas: "Bueno, me sentía bien antes de entrar aquí. Entonces, ¿por qué me siento tan mal después de mi revisión?" Es porque el médico hizo un inventario de tu salud y te dijo la verdad acerca de tu condición. Sí, es doloroso a veces. Sí, consume tiempo. Sí, es incómodo y, además, intimida. Pero, en general, es necesario.

Llega un momento para todos en la vida cuando debemos enfrentar los hechos. Debemos mirar al espejo y aceptar la verdad acerca de quienes somos como cónyuges, padres, hijos, personas e hijos de Dios. Debemos aceptar lo bueno y lo malo. Solo, entonces, podremos empezar a tomar los pasos apropiados a fin de cambiar nuestro corazón para que esté alineado con el de Dios. Eso es importante, porque como mencionamos, el corazón es muy engañoso. Jeremías 17:9-10, dice: *"Nada hay tan engañoso y perverso como el corazón humano. ¿Quién es capaz de comprenderlo? Yo, el Señor, que investigo el corazón y conozco a fondo los sentimientos; que doy a cada cual lo que se merece, de acuerdo con sus acciones"*.

A pesar de que el Señor conoce nuestro corazón aún mejor que nosotros, las personas ignoran la condición de su propio corazón. Muchas veces pensamos que las cosas son mejores de lo que realmente son. En muchas maneras es como aumentar de peso. Muchos no son conscientes de cuánta comida consumen en un día. Al final del mes, cuando se suben a la balanza, no pueden creer que hayan aumentado un par de kilos. Lo mismo sucede con las deudas. Las personas gastan mucho más de lo que se dan cuenta. Al final del mes, la realidad nos mira fijamente desde una pantalla de computadora o un resumen de cuentas, indicándonos que gastamos más dinero de lo que generamos. Así es el desorden que guardamos en nuestros corazones. La mayor parte del tiempo no nos damos cuenta de toda la oscuridad que hay en nuestro interior.

Como el gastar en demasía, acumulamos deudas espirituales en contra de nuestra relación con Dios. Después de un tiempo corto y un examen profundo, podemos ver que nuestro corazón no está tan limpio como creímos. Cuando miras lo que está en tu interior, ¿qué ves? ¿Qué tipo de cosas dices cuando manejas solo por las calles de tu ciudad? ¿Rompes las leyes viales? ¿Qué haces cuando estás en el banco y nadie te reconoce? ¿Qué tipo de pensamientos tienes? ¿Quién eres cuando vas de vacaciones y pasas tiempo en la playa? ¿Qué cosas cuestionables haces que no podrías hacer en casa? ¿Cómo actúas entre extraños? ¿Qué tipo de programas de televisión miras cuando no puedes dormir por la noche o cuando nadie más está en casa? ¿Qué tipo de cosas dices a espaldas de las personas? ¿Manejas tus finanzas correctamente? ¿Cuáles son los pecados que se esconden en tu corazón? Permite que el siguiente examen corto te ayude a llevar alguna luz a la condición moral de tu corazón y tus acciones.

¡¿QUÉ?! ¿UN EXAMEN CORTO?

Contesta las siguientes preguntas en un rango de 1 a 5. Por favor, marca tus respuestas en el espacio correspondiente al final de cada pregunta. Si estás fuertemente de acuerdo con la declaración, coloca un 1 en el espacio. Si no estás seguro, pon un 3. Si estás en total desacuerdo, entonces coloca un 5.

Esta no es una ciencia exacta. La siguiente prueba intenta ser un indicador potencial que señala las tendencias en los estándares morales y las prácticas éticas.

✔1 = Fuertemente de acuerdo

2 = De acuerdo

3 = Incierto

4 = Casi nunca

5 = Discrepo totalmente

Recuerda, la tabla va de 1 a 5. Cualquier número entre ambos es aceptable. Los números arriba sirven como una guía. Lo más importante es que seas honesto contigo mismo. Esta prueba será tan exacta como lo es tu transparencia.

1. Mientras manejo solo por la calle, me enojo y dijo cosas que no diría en público.____ no

2. Por la noche, cuando no puedo dormir, enciendo la televisión en busca de programas que no son apropiados para el resto de mi familia. _____ n

3. Los pobres son pobres porque quieren y, por consiguiente, hago muy poco para ayudarlos._____ n

4. Cuando un conflicto se genera entre un(a) compañero(a) de trabajo y yo, digo cosas a sus espaldas para sentirme mejor. _____ n

5. Decir la verdad es importante la mayor parte del tiempo, pero no todo el tiempo. Después de todo, lo que las personas no saben no puede herirlas. _____ 3

6. Al final de cuentas, creo que es aceptable tener relaciones sexuales fuera del matrimonio, con tal de que ambas personas se amen de verdad. _____ n

7. Debido a las presiones cotidianas, bebo con frecuencia. Por lo menos, tomo diez tragos a la semana._____ n

8. No fui completamente veraz con el gobierno en cuanto a mis ingresos._____ n

9. Lucho con formas diferentes de pornografía._____ n

10. Hay varias personas en mi pasado que nunca perdoné. Al día de hoy, cuando pienso en lo que me hicieron, regresan los mismos sentimientos de dolor y enojo._____ n

11. Cuando soy atrapado en una "mentira piadosa" y me confrontan, miento de nuevo para no ser avergonzado. _____ n

12. Creo que La Biblia está llena de contradicciones y por lo tanto, no se puede confiar en ella como fuente de vida saludable y piadosa._____ n

13. No doy dinero a los pobres y los necesitados porque creo que están buscando vivir sin trabajar._____ n

14. Bajo *software*, programas o archivos ilegalmente. Aunque no pago por ello, aún así lo hago._____ n

15. Fantaseo sobre la actividad sexual impropia._____ n

16. Muchas veces me encuentro luchando con sentimientos maliciosos, morbosos y/o pensamientos suicidas._____ n

17. Siempre que mis familiares, amigos y compañeros de trabajo obtienen un ascenso o son felicitados por quienes están a su alrededor, me siento celoso y envidioso de la atención y la alabanza. _____ n

18. Es un derroche de dinero dar a las iglesias y las organizaciones sin fines de lucro, porque están llenas de malversadores financieros y fraudulentos.____

19. Cada vez que veo a una gran estrella, un político o un predicador caer debido a algún fracaso moral, por dentro siento que soy una mejor persona y me alegra verlos puestos en su lugar.____

20. Creo que el gobierno de mi país es corrupto. Como resultado, hago cualquier cosa para ganarle al sistema, inclusive romper leyes menores, estafar o mentir.____

21. Casi nunca asisto a la iglesia, ni creo que sea muy necesario.____

22. Soy adicto a sustancias que alteran mi estado de ánimo, como el alcohol, otras drogas o los medicamentos.____

23. Tengo ataques de ira y, por momentos, sin duda, soy cruel con los miembros de mi familia o mis amigos.____

24. Tomo dinero o elementos sin permiso pensando que está bien hacerlo, mientras no sea algo realmente grande y costoso.____

25. Abuso físicamente o sexualmente a los miembros de mi familia.____

26. No sé si hay un Dios.____

27. Habitualmente, rompo el límite de velocidad y otras reglas viales. Después de todo, los demás lo hacen.____

28. Hago trampa en mis exámenes.____

29. Estuve envuelto en una relación ilícita y no se lo dije a mi cónyuge.____

30. Le entrego recibos falsificados o facturas fraudulentas a mi patrón, como una manera de recuperar el dinero que perdí.____

Suma todos los puntos que pusiste en los espacios que siguen a cada pregunta. Utiliza los indicadores de la siguiente página para determinar dónde estás en la escala. Recuerda, esta no es una ciencia exacta. Sin embargo, da una indicación de dónde puedes estar en términos de virtud, honestidad, piedad y carácter moral.

130 a 150 puntos = alguien que tiene un carácter moral altamente desarrollado, una conciencia acerca de lo que es bueno y malo, y vive según esas convicciones.

100 a 129 puntos = alguien que tiene un carácter moral significativamente desarrollado, pero que resbala de vez en cuando.

80 a 99 puntos = alguien que desarrolló muchas áreas de su carácter moral, pero que está inseguro acerca de lo bueno y lo malo en varias áreas importantes de la vida.

50 a 79 puntos = alguien que tiene un carácter moral significativamente deficiente, que necesita la ayuda y la guía moral y espiritual.

30 a 49 puntos = alguien totalmente deficiente en el área de desarrollo moral; que muy probablemente tenga problemas graves con la autoridad, el matrimonio, la crianza de los hijos y, en general, con su funcionalidad en la sociedad.

La Biblia dice en Romanos 3:23 que *"todos han pecado y están lejos de la presencia gloriosa de Dios"*. Esto significa que, aun cuando hubieras obtenido trescientos puntos en la prueba, todavía eres culpable de algo. Nadie está exento ni es perfecto. Ese algo, sin importar lo que pueda ser, a menos que sea redimido por Dios, nos llevará a la destrucción. Por esta razón es indispensable tener un corazón como el de Dios.

EL CORAZÓN DEL ASUNTO

El corazón del Padre valora y proyecta amor, bondad, santidad, virtud, rectitud, justicia, verdad, honestidad, integridad, disciplina, constancia, educación, autoestima, respeto, paciencia, fidelidad y servicio. Ante el desafío, la diversidad o la rutina diaria, estos rasgos gobiernan nuestras acciones y reacciones. Así es como tenemos un corazón como el de Dios dentro de nosotros.

El primer paso para adquirir el carácter y los valores de Dios comienza con el deseo. Todo lo que hacemos es iniciado por la voluntad. Por consiguiente, debemos anhelar el corazón de Dios, tener un anhelo profundo de tomar su carácter y sus valores. Una vez que decidiste que tener un corazón divino es indispensable para tu vida y que es el primer paso para romper las barreras, la mesa estará servida para que puedas comenzar el proceso de llegar a ser todo lo que fuiste destinado a alcanzar.

Mi búsqueda por la redención espiritual comenzó a los quince años de edad. Una mañana me miré al espejo, después de otra noche de fiesta en el pequeño pueblo donde crecí. Pasé la noche en la casa de mi amigo, después de beber seis latas de cerveza. Recuerdo esa bebida claramente, sobre todo por su fuerza para dar una resaca extraordinaria y su olor rancio en mi ropa. No estoy seguro de qué era peor, si la resaca o el olor a cerveza en la ropa. En ese momento de mi vida, no era un alcohólico. Pero los patrones de destrucción alcohólica se estaban formando rápidamente en mi vida adolescente. Bebía un par de cervezas a la semana. Para empeorar las cosas, los padres de mi amigo pasaban mucho tiempo lejos de casa y, como resultado, él quedaba sin supervisión.

Cuando me miré fijamente en el espejo, con los ojos rojizos y un nido de pájaro por cabello, le dije a Dios: "Oh, Señor, no quiero convertirme en lo que me estoy convirtiendo. ¡Dios, por favor, ayúdame a cambiar! Quiero dejar esta vida de destrucción". En ese instante el deseo por cambiar nació en mi corazón. No estaba seguro en qué quería convertirme, pero sabía sin duda alguna en qué no quería transformarme. Sabía que no quería ser un borracho o en alguien que permitiera que su vida se deslizara hacia el abuso de sustancias. Quería que mi sirviera contara para algo, y para algo significante.

Ese domingo por la mañana, en el verano de 1981, alcé mi voz en aquel lugar y le pedí a Dios ayuda. No solo respondió a mi petición, sino también a mi deseo. Quería cambiar, y ese era el punto de partida perfecto para mí.

¿CUÁLES SON LOS ATRIBUTOS DE DIOS?

El segundo paso es descubrir los diferentes atributos del carácter de Dios. A fin de contestar esa pregunta, debemos volvernos a La Biblia. En el Nuevo Testamento, Gálatas 5:22-23 declara que: "… *El fruto del Espíritu es amor, gozo, paz, paciencia, amabilidad, bondad, fidelidad, mansedumbre y dominio propio. Contra tales cosas no hay ley*". El mismo carácter de Dios, su propia esencia, es descrito por las palabras mencionadas. Miremos cada uno de los atributos.

El amor es uno de los atributos usados a lo largo de toda La Biblia para describir el carácter de Dios. En la primera carta a los Corintios se dice que *"el amor es paciente, es bondadoso; el amor no tiene envidia; el amor no es jactancioso, no es orgulloso, no es grosero, no busca lo suyo, no se irrita, no guarda rencor; no se goza de la injusticia, sino que se goza de la verdad.*

Todo lo sufre, todo lo cree, todo lo espera, todo lo soporta. El amor nunca deja de ser..." (13:4-8). El corazón del Padre está lleno de amor hacia las personas, la Tierra y toda la creación. Él demostró ese amor al enviar a su único Hijo a morir por la salvación de la humanidad. Si vivimos llenos de su amor, llegaremos a ser generosos y perdonadores. Estaremos llenos de esperanza, seremos lentos para enojarnos y nunca dejaremos de amar. Y mostraremos estas características del amor a nuestros familiares, amigos y enemigos. De todos los atributos de Dios, el amor abarca mucho de los otros y es el más grande. Es el ingrediente más importante para tener un corazón semejante al divino.

El gozo es otra característica divina. Dios nunca está afligido, angustiado o deprimido. Según el diccionario, el gozo es una sensación elevada de placer de tipo espiritual. Desgraciadamente, muchas personas no tienen gozo en sus vidas. Se encuentran frustradas al no alcanzar sus metas y expectativas. Incluso, cuando admiten que tienen todo lo que necesitan, no pueden sentir ningún gozo. Hay un elemento que les hace falta o sus vidas, nunca son lo suficientemente buenas. Pero el gozo de Dios eclipsa la desilusión de nuestra vida. Nos llena de un contentamiento que no se basa en hechos o logros. Más bien, el gozo de Dios está basado en un hecho más sólido. Somos hijos de Dios y no importa lo que hagamos o no, el amor profundo de Dios hacia nosotros nunca cambia. Este es un placer que nos eleva espiritualmente.

La paciencia parece estar erosionándose lentamente en nuestra cultura. Las personas atrapadas en una congestión vial, por ejemplo, se frustran más que nunca. Hace veinte años, el término "rabia vial" no era parte de nuestro vocabulario. Hoy puedes oír acerca de ella en las noticias de las 18:00 o leerla en los periódicos de Centroamérica. La falta de paciencia no se da exclusivamente a la hora de conducir. Virtualmente, existe en cada aspecto de la vida. Ahora más que antes, muchos padres admiten que desean tener más paciencia con sus hijos. Lo sé, soy uno de ellos. Al final de su vida, la mayoría de los padres desearía haber pasado más tiempo con sus niños y tenido más paciencia al criarlos. Por otro lado, la paciencia de Dios perdura para siempre. No se agota porque derramamos un vaso de leche o porque robamos algo. La humanidad puede avanzar porque a Dios no se le acabó la paciencia. Él ejercita su paciencia con todos nosotros. Es tardo para la ira. No importa cuántas veces fallamos, su tolerancia para con nosotros persiste. Si vamos a tener un corazón como el de Dios, la paciencia debe ser una parte integral del carácter y de los atributos que mostremos a quienes nos rodean, así como a nosotros mismos.

Junto con el amor, la bondad es un tema central en el corazón y el carácter divinos. "Dios es bueno" es una frase que se oye en muchos países y en diferentes contextos a lo largo del mundo. Aquellos que despliegan bondad, muestran, en parte, el carácter de Dios. Cuando un país envía ayuda a otro, como comida, apoyo financiero o humanitario, hace un despliegue de bondad. Cuando un amigo ayuda otro o cuando un cónyuge hace un gran sacrificio para ayudar al otro, realiza un despliegue maravilloso de bondad. Es la cualidad de mostrar simpatía y compasión por otros. Es una actitud considerada y cuidadosa respaldada por nuestras acciones.

Hace unos años nuestras hijas asistieron a una escuela donde se enseñaban valores religiosos y de la familia tradicional. Estos valores eran una parte de la filosofía de la institución. La mayoría de los profesores venía de una afiliación religiosa similar a la nuestra. No obstante, muchos de los niños que asistían a la escuela no mostraban tales valores. Cuando los más pequeños se tropezaban y caían, los niños mayores se reían y burlaban de su caída accidental. Conductas agresivas y malas palabras se veían entre los estudiantes. Comentarios raciales y actitudes intolerantes para aquellos que venían de otros países, eran un problema constante. En muchas aulas había gran desorden y conducta alocada. Los maestros encontraban difícil mantener el orden necesario para un adecuado ambiente de aprendizaje.

Eventualmente, cambiamos a nuestras hijas a otra escuela. Era una escuela internacional que no tenía afiliación religiosa ni lazos denominacionales. La institución tenía aproximadamente doscientos cincuenta estudiantes. Casi todos tenían un carácter apacible y mostraban, entre sí, una cultura maravillosa de bondad. Cuando los niños más pequeños se caían mientras jugaban al fútbol, los mayores los ayudaban a levantarse y verificaban si necesitaban ayuda. Los estudiantes trabajaban en grupos de estudio para completar las asignaciones y dominar el tema. Al final de cuentas, la segunda escuela, culturalmente hablando, desplegó un espíritu de bondad admirable.

La fidelidad es permanecer, aun cuando la situación se ponga difícil. Éste es un rasgo piadoso y una característica que describe a Dios. Hoy, la tasa de divorcios está sobrepasando el cincuenta por ciento en muchos países del mundo. De un día para otro, los amigos cambian su lealtad por otros más populares e influyentes. Muchos empleados hablan a espaldas de su jefe y tienen en poco a la compañía donde trabajan. El corazón de Dios abraza lo opuesto porque valora la fidelidad. La Biblia lo describe como abundante en amor y fidelidad. En Éxodo 34:6, leemos: *"Pasó delante de Moisés, diciendo en voz alta: ¡El Señor! ¡El Señor! ¡Dios tierno y compasivo, paciente y grande en amor y verdad!".* El Salmo 117:2 dice: *"Pues su amor por nosotros es muy grande; ¡la fidelidad del Señor es eterna! ¡Aleluya!"*

La mansedumbre es la cualidad del ser apacible y gentil. Significa tener un trato cortés y honorable hacia los demás. Es tratar a otros con dignidad, de manera tierna y calma. Es algo profundamente piadoso. Cuando pienso sobre cómo Dios trató conmigo y con mi familia a través de los años, una palabra me viene a la mente: ternura. A pesar de mi obstinación y, en ciertos momentos, mi actitud orgullosa, su dulce y suave voz me enseñó y guió en los tiempos más oscuros y en las victorias más grandes. Cuando miro a mis hijas y a los que viven a mi alrededor, recuerdo la necesidad de tratarlos con una actitud mansa, de la misma manera que Dios me trata. Soy animado a verlos como Dios los mira: personas creadas a su imagen. Mi oración íntima es mostrar el corazón del Padre para ser manso, sabio y amoroso.

El dominio propio es una parte fundamental del corazón de Dios en nosotros. Refleja nuestra habilidad para abstenernos de la tentación y mantener la estabilidad durante los tiempos turbulentos. En este tiempo cuando más del sesenta y cinco por ciento de la población mundial tiene sobrepeso, gasta más de lo debido y duerme menos de lo necesario, necesitamos tener dominio propio. Dios nos ofrece la solución adecuada. Cuando Cristo estaba en el desierto y era tentado por Satanás, no había comido en cuarenta días. Su cuerpo estaba débil, cansado y, probablemente, deshidratado. Al final de su ministerio, también fue tentado para dejarlo todo. Ahí, en el jardín de Getsemaní, tenía la posibilidad de "apartar la copa que estaba ante Él". Cristo hubiera podido alejarse de la responsabilidad de la cruz. Si hubo un instante para ceder ante la tentación y así perder el dominio propio, hubiera sido durante esos dos episodios. Sin embargo, Jesús no lo hizo. Dios nos ofrece un maravilloso modelo de dominio propio, incluso, bajo fuego. Éste también es un rasgo que adquirimos a medida que trabajemos junto con el Señor para tener un corazón como el de Dios.

Recuerda: tener este tipo de corazón es el primer paso para romper las barreras. Hay maneras diferentes de enfrentar los obstáculos. Pero el modo más eficaz es el divino. Mirando hacia atrás, a mi historia del hockey, ahora comprendo que lo que me ayudó a superar ese día horrible no fue mentirle a mi mamá, sino que a medida que le decía la verdad (haciendo las cosas al modo de Dios), pude trabajar el perdón y restablecer mi relación con ella.

DOS GRANDES CARPAS BLANCAS

Estas maravillosas cualidades provienen de Dios, son sus atributos. Si deseamos ser como Él y tener su corazón, estas también deben ser parte de quienes somos. Si no las manifestamos, Dios levantará personas que lo hagan.

En marzo de 2003 afrontamos una de las más grandes crisis financieras de nuestro ministerio. Varias iglesias de los EE.UU. se habían comprometido con nosotros para el patrocinio de las cruzadas, pero por razones diferentes no pudieron cumplir. Estando ya al borde de la quiebra, nos encontrábamos a semanas de una cruzada en un suburbio de San José de Costa Rica, llamado Guadalupe.

Comencé a enviar cartas y correos electrónicos pidiendo apoyo adicional. La respuesta fue mínima, los pastores estaban de vacaciones o fuera de la oficina. Los donantes particulares estaban ocupados con reuniones de negocios. No importaba lo que hiciera, nadie parecía poder ayudarnos. Llegué a una conclusión agónica, enfrentando una deuda de más de US$ 50.000, tendría que cancelar la cruzada y cerrar nuestras oficinas.

Recuerdo claramente esa mañana cuando mi esposa y yo salimos a tomar una taza de café. Me detuve en el semáforo y, mientras meditaba en la próxima ruina financiera, me quebranté y lloré. Lo hice como un bebé. Normalmente no reacciono de esa manera. Pero mi esposa y yo estábamos solos y era un lugar seguro para dejar salir todo. Le dije: "No puedo creer que todo haya terminado; que después de once años de construir y planear lleguemos a este final desastroso". Mientras permanecíamos sentados en la pequeña cafetería y panadería italiana ubicada en el corazón de San José, pensamos en los números y llegamos a una conclusión. Cindee me recordó:

-Para el viernes 31 de marzo necesitamos US$ 5.000 para pagar las cuentas pendientes a la fecha.

-Bueno, le pediremos ayuda al Señor. Si no entran los US$ 5.000, entonces dejaré ir a nuestro personal, cerraré las oficinas y cancelaré la próxima cruzada -le contesté. Esa fue una de las decisiones más dolorosas de mi vida.

Pasaron varios días. El 28 de marzo recibí una llamada de un misionero que acababa de aterrizar en Miami, después de su viaje a Chile. Mike Shields es un buen amigo, que ama profundamente al Señor. Su habitual voz, colmada de emoción y entusiasmo, llenó la transmisión telefónica desde los Estados Unidos hasta nuestro pequeño país. Me dijo:

-¡Jason! ¡Soy Mike! ¡¿Cómo estás, hombre?! Caray, tuve un viaje increíble. ¡Fue fantástico! ¡Oh, gracias, Jesús! Acabo de dar US$ 40.000 para comprar propiedades allí para iglesias nuevas. Y lo chistoso es que ni siquiera tengo el dinero. ¡¿No es Dios grandioso?! Oye, tan pronto bajé del avión, el Señor me dijo que tenía que enviarte US$ 5.000. Así que, ¿dónde quieres que te los envíe?

Mi respuesta estaba entremezclada con un poco de tartamudez y la sensación sobrecogedora de... "debo estar soñando". Le dije:

-Puedes enviárnoslos por el correo Federal Express.

Permíteme dejar algo bien en claro. Cuando un misionero siente que el Señor le está instando a que ayude financieramente a otro misionero y lo lleva a cabo dando el dinero, Dios obviamente orquestó eso. Debido a que los misioneros vivimos con presupuestos ajustados, no damos dinero porque sí.

Así que Mike Shields nos envió una ofrenda milagrosa antes de la fecha límite, y nos ayudó a dar un paso más hacia nuestra meta. Y lo hizo demostrando algunas de las características divinas. Mike reaccionó a una necesidad con amor, paciencia, alegría y bondad. Nunca dijo: "¿Cómo permitiste que esto sucediera?" A pesar de que me sentía como si mi vida se hubiera deshilachado y estuviera fuera de control, Mike nos mostró el corazón de Dios a nosotros y a las personas de Costa Rica.

Cindee y yo estábamos agradecidos al Señor por su provisión. Sin embargo, la experiencia nos dejó un sabor diferente en nuestras bocas. Parecía como si hubiéramos llegado a estar demasiado cerca de las llamas de la prueba y nos hubiéramos "quemado" tan solo un poquito.

Comenzamos la cruzada un martes por la noche, con nuestras dos grandes carpas. La más pequeña cubre aproximadamente mil quinientos metros cuadrados. Es la carpa de liberación. La más grande mide tres mil quinientos metros cuadrados, y tiene capacidad para unas cinco mil personas. Había una gran emoción en el ambiente, sobre todo entre los miembros de nuestro equipo. Habíamos experimentado un milagro financiero y estábamos expectantes ante la posibilidad de alcanzar a una comunidad que desesperadamente necesitaba oír el mensaje de esperanza.

Por un lado esto; y por el otro, yo estaba algo desconectado. Todavía sentía el dolor de la batalla espiritual librada dos semanas antes, tuve dificultad para enfocarme. Quizás me comportaba como un bebé o simplemente estaba teniendo dificultad en tragarme el hecho de que llegamos a estar muy cerca del desastre. A pesar de que luchaba, era consciente de que el Señor tenía sus objetivos.

Recuerdo a un hombre que vino al evento y se sentó como a treinta filas de la plataforma. Se veía horrible, como si lo hubiera atropellado un camión. Al final de mi mensaje extendí una invitación a aquellos que querían empezar una relación con Cristo. Él, junto con otros centenares de personas, vino al frente pidiéndole perdón a Dios y rogándole que le diera un corazón nuevo. Inmediatamente vi que se derrumbó e hizo sonidos extraños al pie de la plataforma. Los ujieres lo alzaron y escoltaron a la carpa de liberación, adyacente a nuestra carpa grande. Después de unos minutos volvió en sí y varios consejeros empezaron a averiguar acerca de su vida.

La noche siguiente vino de nuevo. Se sentó a la misma distancia y pasó al frente durante la invitación al final del mensaje. Una vez más se desmayó y los ujieres lo llevaron a la otra carpa. Esto ocurrió durante varias noches hasta la última reunión de la cruzada. Al inicio de la actividad nocturna del sábado, se sentó en la parte de atrás y escuchó la música y el mensaje. Cuando hice la última invitación de esa cruzada en Guadalupe, él respondió pasando al frente. Esta vez fue distinto, ya que se mantuvo en su juicio cabal.

Al finalizar el servicio, justo antes de despedir a la muchedumbre, él me señaló con su mano. Caminé hasta el borde de la plataforma y mi coordinador de cruzadas me dijo:

–Este caballero quiere testificar acerca del cambio operado en su vida.

Inmediatamente, pensé: "Bueno, es la última noche. ¿Qué daño puede haber en permitirle el micrófono durante un par de minutos?"

Caminó hacia la plataforma y asintió con la cabeza mientras le entregaba uno de los micrófonos del escenario utilizado por las voces del coro. Subió, se dio vuelta, miró a la muchedumbre de más de seis mil personas que se reunió esa noche, y dijo:

"Hace como dieciocho meses, mi esposa me abandonó por otro hombre, tomó a los niños y me dejó sin nada. Durante ese tiempo perdí mi empleo como uno de los mejores vendedores de seguros del país. En los meses siguientes caí en una depresión profunda, sin salida a la vista. Buscaba la forma de suicidarme. Intenté hacerlo combinando licor con píldoras para dormir, pero no funcionó.

Entonces, recordé que hay un puente saliendo a la ruta que va hacia la provincia de Limón."

Este puente se encuentra a un kilómetro y medio del centro de la ciudad de San José, aproximadamente. Está ubicado al lado del estadio de fútbol del Club Saprissa. Tiene una altura de ciento setenta y cinco metros. Todos aquellos que se arrojaron desde el puente murieron indefectiblemente. El hombre continuó:

"Parecía ser la única manera segura de 'irme'. La semana pasada decidí tirarme del puente y así suicidarme. Me levanté el martes por la mañana con la intención de llegar hasta el puente y tirarme por la noche. Mientras conducía por la ruta saliendo de Guadalupe, miré a mano izquierda y vi dos grandes carpas blancas con un cartel que decía: 'Hay esperanza en Jesús'. Esas palabras penetraron mi corazón. Salí de la ruta y medité por unos instantes. Pensé: 'Bueno, si no hay esperanza para mí ahí, entonces podré seguir adelante con mi cita con el destino'.

"Apagué el motor del automóvil, entré y me senté atrás, como a treinta filas del frente. Después del mensaje, el predicador hizo una invitación para comenzar una relación con Cristo. Así que fui al frente. Lo siguiente que recuerdo, es que desperté en otra carpa. Pensé que eso era extraño. Pero cada vez que me despertaba noche tras noche, estaba rodeado por varios consejeros que me ayudaban a descubrir la fuente de mi sufrimiento y dolor.

"Ellos me hicieron preguntas dirigidas que me ayudaron a encontrar los problemas que me estaban manteniendo tras las barreras de la autodestrucción. Me ayudaron a superar esas voces diabólicas de suicidio que me atormentaron durante los últimos dieciocho meses; a encontrar a quienes en mi pasado me hirieron, y necesitaba perdonar; y a descubrir la fuente de mi dolor. Puedo decir que, por primera vez, en un año y medio, esas voces se fueron. Jesús me libertó y rompió las barreras en mi vida.

"No sé a quién debo agradecer por colocar estas dos grandes carpas blancas. Pero quienquiera que sea, gracias. Y que Dios los bendiga a todos."

El hombre se volvió hacia mí y me dio un abrazo de todo corazón. La gente celebró aplaudiendo. Entonces me entregó el micrófono y bajó de la plataforma. Yo estaba sin habla. Mi mente corrió atrás, a la semana anterior al 31 de marzo. Repasé mi andar. Al igual que ese famoso poema de las huellas en la arena, podía ver solo un par huellas, las Señor. Él nos cargó a través de la prueba y proveyó lo necesario, porque tenía una cita con miles de personas y una con un individuo muy especial.

Nueve meses después le pedí a ese hombre que regresara a nuestras oficinas y que grabara en video su testimonio, lo que hizo gentilmente. Durante el año posterior a la cruzada, nos informó que no tuvo ningún pensamiento suicida ni depresivo. Desde ese tiempo comenzó un nuevo trabajo y, con la ayuda de Dios, fue grandemente exitoso en construir su vida de nuevo. Además, mostró algunos de los elementos de los atributos divinos como el dominio propio, la fidelidad y la mansedumbre.

A medida que enfrentaba las diabólicas voces del suicidio y la tortura, tomó la mano de Dios y reescribió los hábitos de su vida. Ya no está atado por la ansiedad, el suicidio y el odio a sí mismo. Como Mike Shields, es un maravilloso ejemplo de alguien que se aferró al corazón del Padre, y rompió las barreras que lo alejaban de convertirse en todo lo que Dios le había destinado a ser.

PIDAN Y SE LES DARÁ

El tercer paso es pedirle a Dios que nos ayude para que sus atributos y valores formen parte de quienes somos. Es imposible para nosotros tener el corazón de Dios y vivir sus atributos, a menos que nos ayude a hacerlo. Él está más que dispuesto a realizarlo. Entonces, ¿qué falta? ¿Cuál es el requisito previo para que tengamos un corazón como el de Dios? Necesitamos pedirle su ayuda.

Nuestro punto de partida después de descubrir los atributos divinos, es pedirle su ayuda a través de la oración. Nuestras oraciones deben pedirle dos cosas. Le pedimos al Señor que forme en nosotros un corazón como el suyo, y le rogamos que nos muestre, a través de ejemplos tangibles, cómo podemos vivir esas características espirituales. De esta manera, esos elementos se convertirán en una parte integral de nuestras vidas. La oración es la llave aquí y nuestro punto de inicio.

Mi mamá atravesó muchos senderos difíciles y superó muchas barreras. En 1991 perdió a su marido luego de una larga lucha contra el cáncer. Después de más de diez años de matrimonio, de pronto, ella se encontró sola. Unas pocas semanas después regresó a su antiguo hogar ubicado en una pequeña comunidad montañosa llamada Oso Grande. Aunque su batalla contra la depresión y la soledad creció con cada semana que pasaba, Dios nunca la abandonó y siempre cuidó de ella.

Una mañana decidió pedir ayuda para tener un corazón como el del Padre y dejar atrás su vida desordenada. Se miró al espejo y elevó una sencilla oración: "Señor, ayúdame a ordenar mi vida". A pesar de que no enumeró los atributos de Dios como yo lo hice, en esencia élla oraba por un cambio de corazón. El proceso siempre empieza con una oración y, de hecho, Dios siempre responde.

Al cabo de un año muchos de los patrones destructivos que gobernaron su vida empezaron a desaparecer. Comenzó a leer La Biblia, orar y asistir a la iglesia regularmente. Las cualidades de Dios empezaron a permear su vida. Después de esto, pronto noté un cambio radical en su carácter. De ser una mujer con heridas, falta de paciencia, enojo, temor y depresión, comenzó a mostrar amor, santidad, rectitud, fidelidad y esperanza. En la actualidad está activamente involucrada en su iglesia, apoya a las personas mayores y ayuda en la cocina: prepara sopa durante ciertas festividades del año.

¿Cómo empezó todo esto para ella? Comenzó con una simple oración. Le pidió al Señor que la ayudara a poner en práctica sus rasgos piadosos, y Dios respondió. Soy testigo del cambio revolucionario que tuvo lugar en su vida. No es la misma mujer. Aquellos que la conocieron antes, dicen que es una persona completamente distinta. Cuando llamamos al Señor para que cambie nuestro corazón, Él responde.

Esta promesa se cumple cuando le pedimos ayuda al Señor. Cuando llegamos a la conclusión de que es indispensable tener un corazón como el de Dios dentro de nosotros, podemos contar con que Él moverá montañas para ayudarnos a lograr esta maravillosa meta. Esto sucede debido a lo que Juan 16:24 declara: *"Hasta ahora, ustedes no han pedido nada en mi nombre; pidan y recibirán, para que su alegría sea completa"*. También, Mateo 7:7 dice: *"Pedid, y se os dará; buscad, y hallaréis; llamad, y se os abrirá"*. Dios está ansioso en contestar semejante petición y en concedernos un corazón como el suyo. Su deseo es que nos convirtamos en personas llenas de bondad, santidad, rectitud y virtud. Por consiguiente, solo necesitamos pedirle que nos ayude.

A medida que le solicitamos a Dios un corazón como el suyo, es indispensable que también le pidamos ejemplos tangibles que nos sirvan como modelos. Como resultado de nuestra oración, el Señor responderá poniendo ejemplos claros de sus atributos y oportunidades para ponerlos en práctica.

Una oración sencilla todos los días, pidiéndole que te ayude a tener un corazón como el suyo, es un buen punto de partida. En ella podrías decir:

"Señor, quiero que formes en mí un corazón limpio; uno que esté lleno de amor, gozo y paciencia. Tú estás lleno de virtud y yo deseo reflejar tu maravilloso carácter en este mundo. Ayúdame a manifestar tu bondad, amabilidad y fidelidad. En esos momentos cuando soy desafiado a seguir tus principios, ayúdame a ser manso y lleno de dominio propio. Más que todo, ayúdame a reflejar tu amor a un mundo que desesperadamente necesita conectarse contigo. Te pido que pongas indicadores claros en mi vida, para que pueda ver tus atributos piadosos en acción. Ayúdame a asimilar tu corazón y todas tus características en mi vida. Pido estas cosas en el nombre de Cristo. Amén".

Así que… ¿qué esperas?

El cuarto paso es comenzar a vivir esas cualidades y ponerlas en práctica. No podrás absorberlas por ósmosis. Las cosas no sucederán por sí mismas. Debemos trabajar en ello y ser diligentes. Recuerda: aquellos que no escriben los guiones de su propia vida, están condenados a tener los escritos por otros.

Recuerdo una historia cómica de una muy querida amiga nuestra que vino a trabajar con nosotros hace unos años. Ella es una joven muy talentosa y fue una obrera excelente. Sin embargo, aun los mejores tienen sus momentos donde necesitan un poco de estímulo, para asir la grandeza que está delante de ellos. Tenía diecinueve años cuando vino a trabajar. Llegó a Costa Rica como una misionera interina y estuvo bajo nuestra responsabilidad. Originalmente estaría en la oficina durante tres meses. Sin embargo, poco después de su llegada supe que se quedaría por más tiempo.

Ashley tiene un corazón maravilloso y es amada y admirada por todos los que la conocen. Además, Dios le dio una voz maravillosa para el canto. Así que le dije que quería que aprendiera la letra de una canción en castellano y que la cantara durante mi siguiente compromiso para predicar. Ella cantó bellamente. Después le dije que si se quedaba con nosotros, me gustaría que en adelante fuera una de los intérpretes a tiempo completo en nuestras cruzadas. Ashley aceptó gentilmente.

Durante las cruzadas era responsable de colocar el *"PowerPoint"* y otras ayudas visuales. Cuando la música comenzaba, ella subía a la plataforma y cantaba. Una noche tuvimos un problema con la señal de video. Aproximadamente diez minutos después de que comenzamos, miré a la cabina de sonido y noté que Ashley estaba contemplando el cielo en dirección al este de la carpa. Después de unos cinco minutos, decidí llamar a nuestro director de plataforma y le dije:

-Ve y trae a Ashley, por favor.

Ella se acercó a la plataforma con una mirada confundida en sus luminosos ojos azules, como si dijera: "¿Qué hice?"

-Hola, ¿cómo te va? -le dije con una sonrisa

-Bien.

-¿Qué pasa? -pregunté.

-Oh, no pude lograr que la señal del video funcionara -contestó.

-Así que, ¿qué estás haciendo ahora? -volví a preguntar.

-Oh, simplemente estaba sentada ahí -murmuró.

-Oh, eso es bueno. De modo que dime, Ash… -levantando entonces mi voz un poco terminé-, ¿qué esperas? ¡Ve a tu lugar y comienza a cantar!

-Oh, sí. Está bien… -me respondió.

Todo lo que necesitaba era un pequeño empujón. Ashley puso sus frustraciones a un lado y cantó como nunca antes lo había hecho. Hasta el día de hoy, los comentarios continúan viniendo a mí con respecto a su talento y su increíble habilidad para guiar a las personas a la presencia de Dios a través de la adoración.

Ashley Rutledge fue una de las mejores misioneras asociadas con las cuales trabajamos. Sin embargo, las mejores y más talentosas personas en el mundo necesitan recordar también que alcanzar la grandeza no es fácil. A veces necesitan ser animados, empujados o sencillamente golpeados en la cabeza. Es un trabajo duro y requiere de nuestra diligencia a cada paso del camino.

Ahora que tienes el deseo de tener un corazón como el de Dios, el conocimiento acerca de lo que es y la ayuda divina para ir tras Él, ¿qué estás esperando? No te quedes ahí sentado sencillamente mirando el cielo. Fuiste destinado para la grandeza. Dios tiene un gran propósito para tu vida y tú no eres de ninguna manera un accidente. El Señor planeó este momento desde la fundación del mundo. Así que aprovecha la oportunidad. ¡Ve por ella! No lo lamentarás. Aquí está cómo hacerlo.

Asimilamos el carácter de Dios en nuestros corazones al vivir o practicar esos rasgos en nuestras vidas. Deliberadamente buscamos oportunidades para amar, ser amables y expresar paciencia hacia otros. A medida que amamos, nos convertimos en personas amorosas. Cuando somos amables, nos transformamos en personas amables. Cuando expresamos paciencia, nos convertimos en personas pacientes. Dondequiera que nuestra cabeza guíe, el corazón seguirá. Por lo tanto, decide amar, ser amable y paciente. Decide ser santo, virtuoso, perdonador y lleno de gozo. Elige hacerlo. ¡Vívelo! Notarás que estos rasgos serán parte de tu ser. La transformación no ocurre de la noche a la mañana. Pero a medida que practicamos estos hábitos, sucederá el cambio en nuestros corazones. Eventualmente, nos convertiremos en esas personas que anhelamos ser.

ASÍ QUE DIME, ¿CÓMO LO HAGO?

Deliberadamente no incluí una sección de cómo evitar la impiedad. En la actualidad la Iglesia tiene la tendencia de definir a la piedad como el arte de evitar el mal. "¡No hagas esto! ¡No hagas aquello!" Intentar ser piadoso de este modo es una aproximación no saludable. En cambio, debemos buscar los atributos de Dios al punto que no tengamos tiempo o interés en cosas impías. Una de las mejores formas de asegurarnos que seguimos los atributos de Dios en lugar de los carnales, es rodearnos de personas piadosas. Esto nos lleva al quinto paso.

El quinto paso para tener un corazón como el de Dios, es formar un grupo pequeño de amigos que custodie nuestra búsqueda espiritual. Yo llamo a esto un grupo de rendición de cuentas. Haz una lista de las características que deseas alcanzar y cómo puedes tomar pasos prácticos para lograrlo. Pídeles a tus amigos más cercanos que tomen nota de tu progreso en la búsqueda de estas cualidades en tu vida cotidiana. Cuando dudes, cuéntales acerca de tus dilemas y desafíos y pídeles ayuda. Permíteles ser un espejo en tu campaña por tener un corazón como el de Dios.

Cuando los pilotos comerciales vuelan de una ciudad a otra, tienen a su disposición un tablero lleno de instrumentos. Cada uno de estos les indican su altitud, longitud, velocidad área, terrestre o en *"machs"*; movimiento, viento de cola, viento de frente y temperatura exterior. Algunos aviones están provistos con equipos satelitales que informan a la tripulación de su posición exacta en relación con el suelo y la topografía. Estos sistemas proporcionan una estimación exacta del tiempo de llegada a destino. Todavía más, hay torres de control a lo largo de toda la ruta que guían y ayudan a ajustar el curso, para evitar colisiones en el aire a cientos de kilómetros antes que ocurran.

Cuando se combinan todos los instrumentos que los pilotos tienen, incluyendo la tecnología de los aviones más modernos, no queda duda de que volar es la manera más segura de viajar. Estos instrumentos actúan como un grupo de rendición de cuentas virtual, que ayuda a los pilotos a lograr su objetivo: llevar a las personas de un lugar a otro de forma segura, cómoda y puntual.

Del mismo modo que los pilotos usan los instrumentos y las torres de control para volar aeronaves comerciales, nosotros también podemos formar una estructura similar para ayudarnos a supervisar nuestro progreso espiritual. Tales amigos nos ayudarán en nuestro crecimiento, nos guiarán en nuestra dirección y serán una perspectiva valiosa en tiempos de dificultad y confusión.

Es mejor formar tal grupo con personas que entienden la piedad y se preocupan por ser piadosas. Si escoges amigos que podrían calificar muy bajo en el examen de este capítulo, probablemente no te servirían como grupo de rendición de cuentas. Por lo tanto, escoge a tres o cuatro amigos que tengan estándares altos y que se preocupen por tu bienestar. Siéntate con ellos, explícales lo que quieres lograr y enumérales las cualidades que deseas que lleguen a formar parte de tu corazón.

Como resultado verás que con la retroalimentación de tus amigos, llegar a ser una persona con el carácter de Dios es más realizable y asequible de lo que pensabas. De todas formas, quiere eso para ti. Nadie desea más que Él que crezcas y te desarrolles. Es tu entusiasta más grande y tu más grande admirador. Él te ama y tiene grandes planes para tu vida. Esto es lo que el Señor dice sobre ti en Deuteronomio 28:1-13:

> *"Acontecerá que si oyeres atentamente la voz de Jehová tu Dios para guardar y poner por obra todos sus mandamientos que yo te prescribo hoy, también Jehová tu Dios te exaltará sobre todas las naciones de la tierra. Y vendrán sobre ti todas estas bendiciones, y te alcanzarán si oyeres la voz de Jehová tu Dios. Bendito serás tú en la ciudad, y bendito tú en el campo. Bendito el fruto de tu*

vientre, el fruto de tu tierra, el fruto de tus bestias, la cría de tus vacas y los rebaños de tus ovejas. Benditas serán tu canasta y tu artesa de amasar. Bendito serás en tu entrar, y bendito en tu salir. Jehová derrotará a tus enemigos que se levantaren contra ti; por un camino saldrán contra ti, y por siete caminos huirán de delante de ti. Jehová te enviará su bendición sobre tus graneros, y sobre todo aquello en que pusieres tu mano; y te bendecirá en la tierra que Jehová tu Dios te da. Te confirmará Jehová por pueblo santo suyo, como te lo ha jurado, cuando guardares los mandamientos de Jehová tu Dios, y anduvieres en sus caminos. Y verán todos los pueblos de la tierra que el nombre de Jehová es invocado sobre ti, y te temerán. Y te hará Jehová sobreabundar en bienes, en el fruto de tu vientre, en el fruto de tu bestia, y en el fruto de tu tierra, en el país que Jehová juró a tus padres que te había de dar. Te abrirá Jehová su buen tesoro, el cielo, para enviar la lluvia a tu tierra en su tiempo, y para bendecir toda obra de tus manos. Y prestarás a muchas naciones, y tú no pedirás prestado. Te pondrá Jehová por cabeza, y no por cola; y estarás encima solamente, y no estarás debajo, si obedecieres los mandamientos de Jehová tu Dios, que yo te ordeno hoy, para que los guardes y cumplas."

Cada ser humano nace con un defecto. Este nos hace vivir para nosotros mismos y codiciar cosas que no son saludables. Sin Dios, nuestro desarrollo moral se sesgaría y agrietaría. Ahora, más que en ningún otro momento, necesitamos tener un corazón como el de Dios. Uno que nos guíe a todo lo que Él nos destinó a ser. ¿Por qué es esto indispensable? Porque todo lo que pensamos, decimos y hacemos es resultado directo de lo que está en nuestro corazón. Jesús dijo en Mateo 15:18: *"Pero lo que sale de la boca, del corazón sale; y esto contamina al hombre"*. El primer paso para romper las barreras es estar en el punto de partida correcto, y este es desear un corazón como el de Dios.

Adquirir el carácter de Dios comienza con desearlo. Es el primer paso para tener un corazón semejante al suyo. Todo lo que hacemos es iniciado a través de la voluntad. Y ese anhelo debe orientarse a incorporar el carácter y los valores de Dios.

El segundo paso es el descubrimiento de los diferentes atributos del carácter de Dios. Gálatas 5:22-23 declara: *"... El fruto del Espíritu es amor, gozo, paz, paciencia, amabilidad, bondad, fidelidad, mansedumbre y dominio propio"*. Estos son los elementos centrales de su carácter.

El tercer paso es pedirle a Dios que nos ayude a hacer de sus atributos y valores, una parte permanente de quienes somos. Es imposible para nosotros tener un corazón como el de Padre y hacer realidad sus atributos, a menos que Él nos ayude. Necesitamos pedirle auxilio. ¿Cómo lo hacemos? A través de la oración.

El cuarto paso es empezar a vivir y practicar esas cualidades, a ponerlas por obra. Es indispensable decidir amar, ser amables, pacientes, santos, virtuosos, perdonadores y estar llenos de gozo. Decide hacer estas cosas y vívelas. A medida que practiquemos estos hábitos, estos provocarán una transformación en nuestros corazones. Eventualmente, nos convertiremos en aquello que anhelamos ser.

El quinto paso para tener un corazón como el de Dios, es formar un grupo pequeño de amigos, que supervise nuestra búsqueda de estas cualidades. Este es un grupo de rendición de cuentas. Escoge a tres o cuatro amigos que tengan estándares bíblicos y a quienes les importe tu bienestar; será muy beneficioso para tu desarrollo. Siéntate con ellos, explícales lo que quieres lograr y declárales la lista de cualidades que deseas se conviertan en parte de tu corazón.

Permíteme elevar una oración para ti que te puede ayudar, a medida que te diriges a tener un corazón como el de Dios. Aparte del deseo, el elemento más importante es la ayuda de Dios. Sin Él, es imposible construir el fundamento correcto para romper las barreras. Cuando comiences tu día, sigue esta oración e intenta meditar en ella a lo largo de la jornada. Tomé parte de ella del Salmo 51.

"Querido Señor:
Reconozco que necesito tu ayuda. Cometí muchos errores y fallé muchas veces en mi vida. Reconozco que necesito un corazón como el tuyo. '*Esconde tu rostro de mis pecados, y borra todas mis maldades. Crea en mí, oh Dios, un corazón limpio, y renueva un espíritu recto dentro de mí. No me eches de delante de ti, y no quites de mí tu Santo Espíritu. Vuélveme el gozo de tu salvación, y espíritu noble me sustente.*' Te entrego mi corazón y te pido que lo formes, lo cambies y lo hagas nuevo. Te recibo como mi Señor y Salvador, y te pido que te sientes en el trono de mi vida. Que tu amor, bondad, paciencia, santidad, virtud, perdón y gozo sean parte de mi vida por el resto de mis días. Te entrego mi vida. Haz con ella como desees. Pido estas cosas en el nombre de Cristo. Amén."

QUIERO SER UN HOMBRE QUE:

• exalte y busque al Señor en todo lo que hace y quien ame a Dios, a su esposa y a su familia con todo su corazón, mente, alma y fuerzas.

• anhele diariamente la presencia de Dios a través de la oración, la adoración y el estudio de la Palabra de Dios.

• sea un excelente marido, que atesore a su esposa, que edifique la relación que los une en Cristo y que respete a su cónyuge como su mejor amiga.

• sea un excelente padre, que críe a sus hijas con el amor, la confianza y la estima que Cristo desea para ellas.

• afecte profundamente a millones de personas para la gloria de Cristo, y que comunique efectivamente el evangelio a través de todos los medios que el Señor disponga en un mundo que desesperadamente necesita oír que hay esperanza en Jesús.

• viva una excelente vida de integridad personal, profundidad espiritual, carácter moral y rendición de cuentas ante el Señor, su esposa, su familia y el mundo.

• ande haciendo bienes y sanando a todos los oprimidos por el diablo, porque Dios está conmigo.

• sea un amigo de la misma manera que Jesús lo es para todos.

JASON FRENN
Mi declaración de misión personal

CAPÍTULO 4

MISIÓN POSIBLE

Los cumpleaños siempre son un momento especial del año para los niños. En octubre de 2002, mi esposa, mis hijas, nuestra misionera asociada, Ashley Rutledge y yo, planeábamos celebrar juntos el cumpleaños de nuestra hija mayor jugando al "*láser tag*" (juego de acción donde los participantes intentan dispararse unos a otros con unas armas que lanzan rayos "láser" inofensivos, donde se registran electrónicamente cuántos aciertos hace cada jugador), en un centro comercial. Las niñas estaban muy emocionadas, y listas para ver quién alcanzaba el mayor puntaje. Pero todos sabíamos cuál era en realidad su meta final: destronar a papá de su título como el mayor anotador.

En Centroamérica el mes de octubre es el más lluvioso de la estación. Sin embargo, esa mañana de sábado fuimos saludados con una sorpresiva y soleada bienvenida de cielos claros. Nos dirigimos al supermercado San Pedro, localizado cerca de la Universidad de Costa Rica. Este es el centro comercial central de San José donde puede verse películas, entretenerse y hacer compras.

A nuestra llegada encontramos un lugar ideal para estacionar nuestro vehículo. Caminamos por el corredor que conecta a este con el centro comercial, y nos dirigimos inmediatamente al área de los restaurantes para almorzar. El centro comercial estaba bastante lleno aquel mediodía y las personas delante de nosotros caminaban despacio. Mientras buscaba una oportunidad para pasar a la lenta "manada" que "emigraba" hacia el "pozo de agua", noté a un hombre joven que caminaba delante del "rebaño".

A pesar de que no tenía una vista clara de él, pude observar que llevaba una camiseta negra. Parecía que estaba paseando por el establecimiento sin propósito alguno, como si estuviera solamente escuchando un disco compacto. Al principio la parte posterior de su camiseta negra no se veía muy claramente. Luego logré entender la primera palabra –que estaba escrita en letras blancas-. Era la palabra

"Jesús". Reconocí que era una frase en inglés y no en español, porque "Jesús" no tenía una tilde sobre la letra "u". Como evangelista de cruzadas, me intrigó ver una camiseta que hacía una proclamación pública en inglés en medio de una cultura hispana. Intenté ver por encima de las cabezas de aquellos que caminaba delante de nosotros, para lograr una visión mejor.

De repente logré leer la segunda palabra, justo debajo de la primera. Era la palabra "es". "Oh, 'Jesús es'", pensé. "¿Qué podría decir el resto de su camiseta?" A cierta distancia pude notar que eran cuatro palabras en total, pero fui incapaz de leer las últimas dos. Para ese momento, como puedes imaginar, la curiosidad me estaba comiendo vivo. Aún así, había como veinte personas que nos separaban. Poco a poco ellas cambiaron su atención hacia las vidrieras, para vislumbrar algo que atrapaba su mirada. Después de aproximadamente diez segundos, pude ver la tercera palabra. Era la palabra "una".

La frase "Jesús es una" tiene una amplia variedad de finales. Las posibilidades son interminables. Para alguien que sirve en el ministerio, es emocionante ver a una persona hacer tal declaración pública de su fe. Incapaz de atravesar la multitud, con paciencia esperé unos segundos más. Finalmente, las aguas se partieron en dos. Las personas se movieron para ambos lados. Allí estaba él, sin ninguna interferencia visual. Nada nos separaba y podía ver completamente su camiseta. La última palabra, sin embargo, no era lo que yo había esperado. Mejor dicho, era la antítesis de mis expectativas.

Hay algunas palabras que ya no se usan debido a su depravación. La cuarta palabra en la parte de atrás de su camiseta se componía de cuatro letras y estaba ligada vulgarmente a la anatomía femenina. Comenzaba con la letra "p". La seguía la última vocal del alfabeto, la letra "u". La tercera letra empezó a confirmar el más perturbador de mis pensamientos, era la letra "t". Finalmente, la palabra terminaba con la letra "a".

Al principio pensé que estaba leyendo mal. Busqué una posible arruga que cubriera un par de letras extras. Pero no, esa era la palabra y esa era la frase. Mis ojos no me engañaban. Me sentía como si Diego Armando Maradona hubiera pateado una pelota de fútbol y me hubiera golpeado justo en el rostro. Todo el oxígeno fue succionado de mis pulmones.

Me volví a mi esposa en estado de *shock* y le dije:

-Querida, ¿ven tus ojos lo que mis ojos ven en la parte de atrás de la camiseta de ese tipo?

Su respuesta lo dijo todo. Aunque nunca musitó una palabra, su gesto resumió todo lo que yo sentía. Haciendo un sonido como si estuviera luchando por oxígeno, ella succionó tres litros de aire y levantó sus cejas hasta la cima de su frente, como si alguien le hubiera echado agua casi congelada por toda su espalda. La respuesta era afirmativa. Mis ojos estaban diciéndome la verdad.

La respuesta de Ashley fue igual a la de mi esposa. Los tres continuamos caminando por unos segundos sin decir una palabra. Las niñas, gracias al Señor, no vieron nada. Probablemente no habrían entendido, de haberlo visto, y eso también era una bendición.

Dentro de cada uno de nosotros vive un fariseo, una parte nuestra que es muy legalista. Puede ser pequeño, mediano o grande, pero existe. En circunstancias como esta, su cabeza pequeña y fea salta a la vista y se hace ver. Por esa razón, las primeras palabras audibles fueron:

-¿Donde están los de seguridad? Este tipo debe ser expulsado de aquí. Entiendo que hay derechos con respecto a la libertad de expresión. Pero esta clase de cosas va más allá de los derechos de cualquiera referente a su libre expresión. En un centro comercial lleno de familias y niños, tal vulgaridad y blasfemia es ilegal y completamente intolerable...

El joven llegó al patio de comidas y continuó caminando muy lentamente. En ese momento comprendí que él no estaba allí para comprar, sino para mostrarse. Se convirtió en una cartelera ambulante del peor anuncio que jamás vi. Su único propósito era mostrar su camiseta a medida que se paseaba por el lugar. Dobló en una esquina y enfiló en dirección opuesta a la que nosotros habíamos tomado, para llegar al área de comidas. Me volví a mi esposa, y le dije:

-Bueno, no veo a nadie de seguridad acá. Querida, necesitas orar por mí, ¡porque voy tras él!

Eso fue exactamente lo que hice. Me tomó como quince segundos alcanzarlo; en parte, porque paseaba al paso de un caracol. Toqué su hombro e inmediatamente se dio vuelta. Tenía una expresión en su cara, como si hubiera esperado que alguien respondiera a la blasfema declaración. "Finalmente un cliente", era la mirada que me dio. Cuando vi el frente de su atuendo, descubrí que era peor que la parte de atrás. Tenía un cuadro completo de desnudez frontal –y no un dibujo- de una supuesta monja. Obviamente, era una joven modelo. Encima de su cabeza estaban las palabras: "La parábola de la inmundicia", en letras góticas color rojo sangre. Fue ahí que oí la voz del Señor diciéndome:

-Hazlo con amor, Jason. Hazlo con amor.

El joven estaba mirándome fijamente, esperando escuchar la razón por la cual interrumpí su paseo de sábado por la tarde. De repente, en un momento incómodo de silencio, empecé a sonreír. En pocos segundos, mi sonrisa se convirtió en risa. Pensé: "Señor, aquí me encuentro enfrente de alguien con una camiseta horrenda y sin nada que decirle".

Hay momentos en que necesitamos una misión basada en el carácter de Dios, guiada por principios divinos, y orientada por el amor y la convicción. Al parecer, en ese momento yo tenía convicción, pero ninguna misión. Así que hice la única cosa que podía recordar, le pedí al Señor que me diera las palabras adecuadas. Le rogué que me diera la misión correcta. Recordé un versículo de las Escrituras, en Lucas 12:11-12: *"Cuando los lleven a ustedes a las sinagogas, o ante los jueces y las autoridades, no se preocupen por cómo van a defenderse o qué van a decir, porque cuando les llegue el momento de hablar, el Espíritu Santo les enseñará lo que deben decir"*.

Me aferré a ese pasaje de las Escrituras, y pensé: "Señor, ayúdame. No sé qué decir". Me encontré con convicciones fuertes para decir y hacer algo, pero las palabras estaban ausentes. Entonces, algo se disparó fuera de mi boca. Mientras continué riéndome, suavemente le dije:

-¿Sabes? He hablado con personas adineradas y personas pobres; personas felices y personas tristes; personas bajitas y personas altas; personas que estaban poseídas por demonios y personas mentalmente sanas. He hablado con personas casadas y personas divorciadas; personas en América del Norte y en Sudamérica; personas jóvenes y personas viejas. Pero en todos mis viajes, nunca vi una camiseta como esta.

Él respondió enérgicamente:

-¡¿Está usted diciendo que estoy poseído por demonios?!

No di una respuesta verbal, pero por dentro pensé: "Eh... podría ser". La primera pregunta que le hice fue si hablaba inglés. Era posible que estuviera llevando una camiseta escrita que él mismo no entendía lo que decía. Mucha ropa que viene de EE.UU. para América latina es usada de este modo. Quizá las personas no entienden algunas frases impresas en ellas, sin embargo se las ponen. A menudo en Centroamérica, veo a algunos pastores que asisten a los retiros de ministros luciendo en sus ropas anuncios de cerveza ligera, desconociendo qué significa "Budweiser". Un año vi a un pastor que llevaba un traje de repartidor de cerveza "Bud Light". Probablemente la indumentaria llegó a Centroamérica a través del Ejército de Salvación. No obstante, él estaba felizmente cubierto de pies a cabeza por sus nuevos amigos de la famosa fábrica de cerveza Anheuser-Busch.

Cuando le pregunté si él hablaba inglés, me dijo que no. Suspirando, le pregunté si entendía lo que su camiseta decía. Contestó:

-Oh, sí. Pedí que me lo tradujeran.

En lugar de comenzar un debate de si él estaba fuera de los límites de la libertad de expresión o no, le dije:

-Dime, ¿qué tipo de herida o dolor pasaste que te lleva a expresar tal enojo contra Dios?

-Yo no odio a Dios. Tengo una relación con Él.

-Bueno, los demonios tienen una relación con Dios, pero no es el tipo de relación que ni tú ni yo nos gustaría tener.

Él me miraba, como si dijera: "No entiendo... ¿Cuál es tu problema? ¿Con qué derecho me preguntas por lo que llevo puesto?"

Recordé un versículo de las Escrituras y le pedí al Señor que me ayudara. Ahí fue cuando subió la temperatura. Le dije:

-Imagina por un momento que yo le tomara una foto a tu madre y pusiera su rostro en la parte de atrás de mi camiseta. Digamos que junto a su cara coloco las palabras: "Tu madre es una (peyorativo)", y la muestro tocándose, como lo hace la jovencita en tu camiseta. ¿Cómo te haría sentir eso?

La mayoría de los hombres latinos tiene un punto sensible en sus corazones hacia sus madres, y pude ver el enojo que empezaba a hervir en sus profundos ojos negros. Controlando su respuesta, murmuró:

-Ese sería su derecho. Si las personas quieren tener sexo en público o aquí mismo en medio del centro comercial, a mí poco me importa.

-Está bien -le respondí.

Entretanto, un pequeño grupo de personas empezó a congregarse alrededor de nosotros. Y continué:

-Pensemos por un momento que tienes un moco de un centímetro de largo balanceándose en el aire, fuera del orificio nasal izquierdo. Es limoso, verde y se mece cada vez que mueves tu cabeza. Está a la vista de cualquiera en un radio de quince metros. ¿Querrías tú que alguien te avisara para que pudieras limpiar la nariz?

Cuándo nosotros llamamos al Señor pidiéndole su guía, Él nos responde. Me había olvidado, aunque viví en Costa Rica por más de doce años, que los costarricenses nunca se tocan la nariz en público. Después de mi diálogo, recordé cuán repugnante es para un costarricense ver a alguien tocando su nariz en público. Ellos nunca se suenan la nariz estando a la mesa. Si alguien tiene un problema de sinusitis o una congestión nasal, lo mejor es excusarse y encontrar un lugar donde limpiarse. Sin darle la oportunidad para responder, continué diciendo:

-O mejor aún, imaginemos que después de un desayuno con "gallo pinto" (una mezcla de arroz y porotos), la piel de un poroto negro se queda pegada en un diente delantero. Cada vez que abres tu boca, la gente ve un gran poroto negro y baboso adherido a tu dentadura. De camino a tu trabajo, las personas en el transporte público no te dicen nada. Tus compañeros de trabajo lo ven, pero no dicen nada. Luego tus conocidos, tampoco te dicen nada. Cada vez que abres tu boca, todo lo que las personas ven es un gran poroto negro. ¿Te sentirías contento de que nadie te ayudara? ¿O querrías que alguien te avisara de esa mancha fea y apestosa que está estropeando tu sonrisa?

La muchedumbre continuó creciendo, ascendiendo aproximadamente a diez. Después de mi argumentación, recordé qué tan escrupulosos son los costarricenses con respecto a su higiene bucal. Muchos llevan su cepillo de dientes al trabajo para cepillarse entre comidas. Me olvidé cuán sensibles son los "ticos" con respecto al cuidado dental. Pero el Señor siempre lo tuvo presente, y utilizó una incursión cultural para hablarle a un joven desconcertado y herido. Cuando le pregunté:

-¿Te gustaría que alguien te avisara del gran poroto negro que tienes pegado en tu diente?

Él miró hacia abajo y dijo:

-Sí. Me gustaría que alguien me avisara sobre eso.

Entonces le dije:

-Bueno, la camiseta que llevas puesta es mil veces peor que un poroto negro pegado en tu diente. Estás llevando una cartelera ambulante que proclama un mensaje que no intentas decir. Pienso que no odias a Dios. Pero el significado de esta camiseta nos comunica a todos nosotros que estás profundamente perturbado, tienes problemas, estás herido y tienes un gran resentimiento hacia Dios. Me aventuraría a decir que cuando te acuestas por la noche y todo el ruido se acalla en tu casa, empiezas a escuchar voces diabólicas que te persiguen en tu cabeza y te roban toda la paz. Miras fijamente hacia el cielorraso, deseando que la noche dure para siempre a fin de no tener que enfrentar otro día. No importa lo que hagas, no puedes silenciar esas voces. Así que intentas ahogarlas con drogas, alcohol y música, pero nada funciona. Me atrevería a decir que buscaste sentido, propósito, gozo, paz y amor. Desafortunadamente, todo lo que encontraste es mayor aislamiento y sombras más profundas. Pienso que es algo irónico que te estés burlando de alguien que por cierto es tu única solución. Ese alguien, de quien me estoy refiriendo, puede libertarte y sacarte de tu encarcelamiento. Él puede romper las cadenas de oscuridad que te ataron al desánimo. Su nombre es Jesús, y murió en la cruz de Calvario por ti. Él es el Rey de reyes y Señor de señores. Es la llave para abrir la puerta de tu vida, y quiere ayudarte.

Lágrimas se acumularon en sus ojos, mientras miraba fijamente al suelo. Varias personas estaban a nuestro alrededor escuchando la conversación. Entonces, extendí mi mano y le pregunté si podía tener el privilegio de orar por él. Me dijo:

-¿Sabes? Me gustaría ver un cambio en mi vida, pero eso tiene que ser un deseo que venga de mi corazón. Algo dentro de mí tiene que querer eso más que nada en el mundo. Pero no estoy listo.

-Está bien -le respondí-. Un día lo estarás. Mientras tanto, continuaré orando por ti hasta que suceda.

Después le di un pedazo de papel con la dirección de nuestra página de internet, nuestro correo electrónico y la información de nuestro correo postal. Entonces le dije que me contactara en cualquier momento, si necesitaba ayuda. Él me dio la mano en señal de gratitud, se dio media vuelta y se alejó. La pequeña muchedumbre también empezó a dispersarse. Entonces me dirigí a donde estaba mi esposa y las niñas para celebrar el cumpleaños.

Tenía una misión. En ese momento no estaba seguro de cómo llevarla a cabo. Sin embargo, sabía que necesitaba hacer algo. Mis convicciones me confirmaron eso. No supe qué hacer en el momento. No obstante, mi misión era divina, y las misiones de Dios nunca cambian. No importa en qué tipo de circunstancia pueda encontrarme, Él me ayudará a trazar un curso que sea significativo y lleno de propósito. Es un camino que no solo es significativo para mi vida, sino también para aquellos con quienes entro en contacto. Es una misión que me ayuda a romper las barreras y conseguir el gran destino que Dios quiere para mi vida.

En el invierno de 1985 me encontré en medio de una leve crisis de identidad. Después de terminar mi primer semestre en la universidad, empecé a cuestionar lo que iba a hacer con el resto de mi vida. Así que comencé a anotar cómo quería definir a Jason Frenn. Quise escribir en papel cómo quería que las personas me recordaran después de que muriera. Quise redactar mi legado antes de que lo viviera. Las prioridades, los valores, las cualidades y los rasgos de Dios se convirtieron en el punto focal para definir quién era en mi declaración de misión. Dos décadas después, a la edad de treinta y ocho años, una gran parte de esa declaración de misión original todavía me guía. Está bien definida y vivida. Y ahora, ¿qué sobre ti?

¡No, esta no es una película de horror!

Imagina por un momento que debes asistir a un funeral. Nadie se entusiasma con esto, sobre todo si se trata de un ser amado. Después de que te despiertas y te das una ducha, encuentras algún traje negro y te diriges a la iglesia. Desafortunadamente, hay mucho tránsito en el camino y, como resultado, llegas aproximadamente siete minutos tarde. Sin embargo, hay un elemento peculiar en este funeral. Antes de que la ceremonia comience, todos los presentes deben ver el cuerpo.

Al llegar a la playa de estacionamiento notas que está completa y que todos están dentro. Cuando te acercas a la puerta de entrada, te das cuenta de que no hay música y nadie habla. Todos están esperando silenciosamente a que la última persona llegue. Caminando por el pasillo del centro, giras tu cabeza a la derecha y a la izquierda y ves a todos sentados, esperando el inicio del servicio. Tu cónyuge y niños ya llegaron. Todos tus amigos están allí y todos tus parientes cercanos, también. Tus seres más queridos están presentes. Todos los que jugaron un papel importante y significativo en tu vida durante los años, allí están. De repente descubres a alguien que no esperabas que estuviera en ese lugar. Dios hizo una aparición discreta y, también, está sentado en la primera fila.

Al frente, en la iglesia, hay un féretro abierto rodeado por candelas y una preciosa decoración floral. La persona dentro del ataúd tiene un traje elegante. La atención al detalle es impecable. Ni un pelo está fuera de lugar. Sin embargo, para tu sorpresa, no es la persona que esperabas ver. En cambio, descubres que quien está en el ataúd eres tú. No, esta no es una película de horror. Sí, estás asistiendo a tu propio funeral y ahora estás a punto de oír lo que tus seres amados, amigos más queridos y Dios dirán de ti.

Tomas asiento en la fila del frente, al lado del Señor. Él te guiña un ojo y te da un apretón en la pierna, justo arriba de tu rodilla. Entonces comienza la ceremonia. Después de escuchar una de tus canciones favoritas cantada por un excelente vocalista, el ministro dice:

-En lugar de oír un sermón sobre la persona que partió, vamos a escuchar a aquellos que importaban más al difunto.

Uno por uno, tu cónyuge, tus niños, padres, parientes, amigos, compañeros de trabajo y Dios, se paran detrás del púlpito y hablan sobre el impacto que hiciste en sus vidas. Hablan acerca de lo que tú significabas para ellos; sobre tu amor, gentileza y bondad. En lugar de oír acerca de todo el dinero que hiciste o sobre la propiedad que adquiriste, oyes palabras sobre hechos significativos e importantes. Ellos te toman como un ejemplo de lo que quiere decir tener buen carácter personal. Las palabras que usan no están limitadas por el tiempo ni el espacio. Son términos y cualidades que duran para siempre.

Hazte las siguientes preguntas: ¿Qué te gustaría que se dijera de ti en tu funeral? ¿Qué quisieras que tu cónyuge dijera sobre ti? ¿Qué quisieras que tus hijos y tus amigos más cercanos expresaran? ¿Qué te gustaría que Dios hablara?

En los espacios de la siguiente página, escribe algunos de los comentarios que te gustaría que tu familia y tus amigos dijeran en tu funeral. Cuando lo hagas, intenta incorporar los atributos de Dios que se perfilaron en el capítulo anterior. Si vamos a *romper las barreras* y alcanzar todo lo que Dios nos destinó a ser, debemos edificar un corazón como el de Dios y desarrollar una misión divina. Así que, entonces, es imperativo integrar las características del corazón del Padre en lo que deseamos convertirnos.

El próximo ejercicio de abajo no se refiere a lo que piensas que tus seres amados puedan decir hoy, sino a lo que quieres que ellos digan al final de tu vida. Por ejemplo, tú podrías escribir: "Papá era amoroso y paciente, se tomaba el tiempo para escuchar nuestras preocupaciones. Nos nutrió y creó en nosotros una autoestima saludable." O ellos podrían decir: "Papá era un hombre que amaba al Señor y mostraba el amor de Cristo a todos, mayormente a aquellos menos afortunados".

Tómate tiempo para pensar aquello que te gustaría que dijeran. Este es uno de los pasos más importantes para desarrollar una misión divina.

CÓNYUGE:

_____
_____
_____
_____
_____
_____

HIJOS:

_____
_____
_____
_____
_____
_____

FAMILIA:

_____
_____
_____
_____
_____

AMIGOS CERCANOS:

_____
_____
_____
_____
_____
_____

PADRES:

_____
_____
_____
_____
_____

COMPAÑEROS DE TRABAJO:

_____

_____

_____

_____

_____

DIOS:

_____

_____

_____

_____

_____

Lo creas o no, los atributos enumerados anteriormente son la esencia de tus aspiraciones. Representan los valores principales que construirán el legado que deseas dejar. A esto lo llamo, "el efecto de la bola de cristal". Acabas de escribir cómo quieres que las personas te recuerden. Es tu historia escrita de antemano. Cuando toda neblina se disipe de tu vida, cuando no quede nada más excepto quién eres tú y te despojen de todo, los adjetivos escritos arriba serán la forma primordial en que las personas te recuerden. Cuando la enfermedad cese, las riquezas desaparezcan y la fama se convierta en una memoria lejana, las cosas mencionadas arriba serán los elementos que las personas recordarán cuando mencionen tu nombre. Alguien dijo una vez: "No puedo ser culpado por el nombre que mis padres me dieron. Pero sí puedo ser culpado de qué piensan las personas cuando oyen que mi nombre es pronunciado".

A medida que combinas los atributos de Dios desarrollados en el capítulo anterior con lo que quieres que tus seres amados digan de ti, empezarás a formular una declaración de misión que tenga propósito, significado, sentido y, lo más importante, que provenga de Dios. El primer pilar estará entonces en su lugar.

CÓMO FORMULAR UNA MISIÓN DE DIOS

Resume tu vida en una frase. Intenta no adjuntar títulos como "hombre de negocios" o "ama de casa" a tu declaración de misión.

Concéntrate en el legado profundo que deseas dejar en las mentes de tus seres queridos. Encuentra su hilo dorado. Qué y quién eres es mucho más importante que lo que haces. Recuerda, hacemos lo que hacemos debido a lo que somos. No somos quienes somos debido a lo que hacemos. Así que anota quién eres en una prominente pero sencilla oración. Debe ser una descripción simple sobre quién eres tú. Entonces, continúa esa oración con declaraciones individuales (puntos de apoyo) que proporcionen claridad a las áreas específicas de tu vida.

Descubrí un gran pasaje de la Escritura que define quién era Jesús. En él, hay una maravillosa declaración de misión escrita por Lucas. Está registrada en el libro de los Hechos, cuando él cita a Pedro en una predicación. Nota que Jesús no es descrito como un hombre que predicó a miles o edificó un gran imperio. No habla acerca de su riqueza material, los países conquistados o la fama alcanzada. En cambio, es una declaración de misión sobre la grandeza de la persona de Cristo. Habla acerca de lo que vino a hacer, cómo impactó en aquellos que lo rodeaban y cómo las vidas de las personas fueron cambiadas como resultado del contacto personal. Ofrece un ramillete de poderosas cualidades y logros que pertenecen a su vida. Aún así, solo deja afuera su crucifixión y resurrección.

Hechos 10:38 dice: *"… Dios ungió con el Espíritu Santo y con poder a Jesús de Nazaret, y cómo éste anduvo haciendo bienes y sanando a todos los oprimidos por el diablo, porque Dios estaba con él"*.

En primer lugar, dice que Jesús de Nazaret fue ungido por Dios con el Espíritu Santo y con poder. Era un hombre que venía de un pueblo humilde y estaba lleno del Espíritu de Dios. Está implícito que tenía el corazón del Padre. Tenía la convicción y el poder de Dios que respaldaban su ministerio con la evidencia externa de las señales y los milagros. En otras palabras, la Escritura muestra un cuadro de Jesús mientras estuvo aquí en la Tierra. Era un hombre de Nazaret, santo, justo y respaldado ciento por ciento por Dios.

En segundo lugar, dice que Jesús anduvo haciendo el bien. ¡Qué gran cumplido expresa Pedro con estas palabras! Muy pocas veces en mi vida escuché a alguien darle tal alabanza a otra persona. "Andar haciendo el bien" es uno de los más grandes logros y formas de ser recordado por cualquier persona de la especie humana. Pero Pedro no se detiene ahí, y continúa diciendo: *"… Y sanando a todos los oprimidos por el diablo…"*

En palabras simples, esto resume el ministerio de Cristo. No solo era santo, ungido por el Espíritu Santo y respaldado por Dios, sino que también anduvo haciendo el bien. Además, fue más allá de lo que se requiere de cualquier ser humano, al entrar en territorio enemigo y liberar a aquellos que fueron encarcelados por Satanás. Esto indica que tenía tanto un ministerio de sanidad física como de salud espiritual. Alcanzaba y libertaba el cuerpo, el alma y el espíritu de las personas. Notemos que Pedro no se refiere a Cristo como uno que discrimina a las personas basado en la edad, el género o el origen étnico. Pedro usa la palabra "todos". Es decir que, *todo aquel* con quien Jesús entró en contacto experimentó completa sanidad. Todos eran merecedores y destinatarios del poder sanador de Cristo y de la libertad de las garras del diablo.

Finalmente, Pedro termina su descripción de Jesús declarando que todo esto fue hecho: *"Porque Dios estaba con él"*. Hice la pregunta: "¿Qué dirigió a Cristo para llevar tan asombrosa y autosacrificada vida?" Obviamente, el amor es la primera cosa que viene a nuestras mentes. Sin embargo, hay algo más. Cristo vivió semejante vida porque Dios estaba con Él. Es decir, Jesucristo tenía el corazón del Padre, tenía una misión divina y Dios estaba a su lado.

Este versículo no solo expresa la admiración por el corazón de Dios y la misión que Jesús tenía en la Tierra, sino que es el cierre de la declaración de la obra de Cristo. Una vez más, Pedro reconoce el respaldo y el completo apoyo de Dios para el ministerio de Jesús.

Cuando estudio este pasaje de las Escrituras, me siento desafiado a vivir una vida así de asombrosa. Después de que muera, quiero que las personas digan que yo estaba lleno del Espíritu Santo y de poder. Deseo que la gente recuerde que anduve haciendo bienes y sanando a todos que estaban bajo el poder del diablo. Quiero que digan que Dios estaba conmigo.

Obviamente, no tienes que "cortar y pegar" la declaración de misión de Cristo en la tuya, pero podría serte útil ver el legado que nos dejó y cómo este afectó la memoria de Pedro de una manera tan profunda. A medida que formules tu declaración de misión, te será útil usar la estructura de la descripción que Pedro hace de Cristo, utilizando varios puntos de apoyo para dar mayor claridad a tu definición. Tu declaración de misión puede incluir subcategorías (o puntos de apoyo) que tienen que ver con tu matrimonio, tu papel como padre o madre, tu trabajo, tu salud física y espiritual, etc. O puedes hacer declaraciones de misión individuales para cada una de esas áreas.

Siéntete libre para usar la estructura que presenté al principio de este capítulo. Si no, formula una declaración que te sirva. Recuerda, debes crear algo que pueda ser entendido por aquellos que están alrededor de ti y que refleje las cualidades y los atributos de Dios que hemos descriptos en este capítulo y el anterior.

Tu declaración de misión debe estar basada en el carácter de Dios. Necesita ser completamente congruente con la dirección divina y con su voluntad para tu vida. Por esa razón es indispensable formular una declaración que refleje su plan para tu vida. Tu declaración de misión no es exclusivamente sobre ti. No es solo sobre Dios. Es un cargo que refleja tu compañerismo con Dios para completar la misión que puso en tu vida.

Usa los siguientes espacios para esbozar tu declaración de misión y cómo quieres ser recordado.

DECLARACIÓN DE MISIÓN GENERAL:

_____

_____

_____

_____

_____

PRIMER PUNTO DE APOYO:

_____

_____

_____

SEGUNDO PUNTO DE APOYO:

_____

_____

_____

TERCER PUNTO DE APOYO:

_____

_____

_____

_____

CUARTO PUNTO DE APOYO:

_____

_____

_____

_____

MANTÉN TUS OJOS SOBRE LA PELOTA

Pablo Finkenbinder es un evangelista muy conocido a lo largo de toda América latina. Tiene un programa de cinco minutos que se transmite por televisión y radio, y sus transcripciones son impresas en muchas publicaciones latinoamericanas. Pocos comunicadores cristianos tuvieron tanto impacto como él en el continente. Hace unos años, mientras desayunábamos juntos en Costa Mesa, California, le pedí un resumen de los elementos esenciales para formar un ministerio que tuviera impacto internacional durante las décadas venideras. Sonrió, sacó un trozo de papel y anotó cinco puntos. Quisiera referirme a dos de ellos.

El primer punto era: "Encuentra tu meta en la vida". De hecho, allí es donde gran parte del mundo falla. La mayoría de las personas no tiene idea alguna respecto a dónde va. Pero hoy, tú tomaste un paso proactivo e hiciste algo que cambiará tu vida para siempre. El ejercicio de arriba te dará gran claridad y dirección. Anotar tu declaración de misión te posiciona favorablemente por sobre millones y tal vez miles de millones de personas que divagan sin ayuda por la vida. Si tú no defines tu meta en la vida ni desarrollas tu declaración de misión, otros lo harán. Así que encontrar tu meta y edificarla sobre el fundamento de un corazón como el de Dios, es el punto de partida para romper las barreras. Te ubica en la dirección correcta y te equipa con tu primera herramienta para convertirte en todo lo que fuiste destinado a ser.

Sobre el segundo punto, dijo: "Juzga todas las decisiones contrarias a esa meta". Esto significa que constantemente debemos evaluar nuestra dirección y decisiones a la luz de la meta que anotamos arriba. Cuando las tentaciones vengan, o las distracciones se levanten, o las diversiones interrumpan o las desviaciones intenten descarrilarnos, nosotros pesaremos todas nuestras opciones contra el hilo dorado en que deseamos convertirnos. Cuando una oportunidad innovadora se presente, o una puerta se abra, o una nueva posibilidad venga a nuestro encuentro o un prospecto nuevo se descubra, practicaremos la cautela y consideraremos si nos ayudará o no a lograr esa meta. Pesaremos tales oportunidades para ver si son verdaderamente de provecho y prudentes para acercarnos a nuestra meta.

Por un lado, muchas ideas parecen buenas y muchas oportunidades aparentan ser favorables al principio. No obstante, pocas nos sirven para acercarnos a nuestra meta. Por otro lado, algunos descarrilamientos pueden ser bendiciones escondidas. Algunas interrupciones o desviaciones son exactamente lo que necesitamos para convertirnos en todo lo que estamos destinados a ser. Por consiguiente, es muy importante examinar cuidadosamente cada suceso que vivimos.

De muchas formas, este proceso es como el béisbol. No puedes responder a un lanzamiento a menos que mantengas tus ojos en la pelota. Tampoco puedes atrapar una pelota que venga bien alto, a menos que la observes hasta que entre en tu guante. Cada entrenador de béisbol en el mundo le dice a sus jugadores: "Mantengan sus ojos en la pelota. Miren la pelota hasta que entre en el guante". Estos son los fundamentos del béisbol. Así, también, lo son para nosotros a medida que perseguimos nuestro hilo dorado en la vida. De modo que toda decisión debe ser congruente con nuestra declaración de misión. Entonces, y solo entonces, estaremos camino a romper las barreras.

GOLPEADO EN LA CABEZA

Cuando llegamos en agosto de 1991 a Costa Rica, sentimos que nuestra misión estaba claramente definida. Nunca imaginé que nuestra familia sería golpeada con varias tragedias importantes. Dos semanas antes del Día de Acción de Gracias, mi tía murió de un derrame. Era una mujer encantadora y llena de vida. La salud del esposo de mi madre comenzaba a deteriorarse rápidamente. Había batallado contra el cáncer por más de un año y se acercaba a los días finales de su vida. La semana anterior al Día de Acción de Gracias, perdió su batalla contra el cáncer. Esa misma semana, mi padre sufrió un ataque cardíaco. Todo esto ocurrió mientras estábamos en la escuela de idiomas para estudiar el castellano. Todos los días llamaba a mi madre para saber cómo estaba su esposo. Todos los días llamaba al hospital para saber cómo estaba mi papá.

Después de varios días de deliberación, mi esposa y yo decidimos regresar al sur de California para asistir al funeral del marido de mi madre y estar con mi papá. Íbamos a perder varias semanas de la escuela de idiomas. A pesar de que no teníamos dinero para el viaje, sentíamos que nuestra familia nos necesitaba. Sin importar el costo, compramos los boletos para el vuelo del Día de Acción de Gracias, el mismo día que mi padre sería dado de alta en el hospital.

El día anterior a nuestra salida tenía unos trámites que hacer, tales como recoger nuestros boletos de avión y las visas de salida del agente de viajes. Todos los miércoles, los estudiantes-misioneros de la escuela de idioma juegan al baloncesto. Como mi vecino también disfruta del juego, lo fui a buscar para ir juntos a la escuela antes de las 13:30. Mientras iba a recogerlo, conducía mi automóvil por la calle principal de nuestro barrio como a cuarenta y ocho kilómetros por hora. La calle es estrecha y un sitio muy visitado por los turistas. Es la segunda zona con mayor cantidad de comercios para el turismo del país. Es una calle de una sola mano, sin ninguna señal vial. De repente, oí un chirrido y mi cabeza chocó contra el marco de la puerta. Lo único que recuerdo es que mi vehículo estaba en el lado opuesto de la calle.

Por unos cinco segundos me encontré muy desorientado. Abrí la puerta y caminé tambaleante fuera del automóvil. Me fijé para ver qué había causado mi desviación del camino, y allí estaba una camioneta que me había chocado de costado, mientras circulaba a una velocidad aproximada de sesenta y cuatro kilómetros por hora. El conductor no había visto una señal de alto y me embistió precisamente del lado del tanque de combustible. Todo el lateral izquierdo del vehículo estaba casi irreconocible. Mi cabeza había dejado una marca en el marco interior de metal de la puerta, del tamaño de la mitad de un melón. Era un milagro que sobreviviera al golpe, y que mi automóvil no explotara en con impacto.

Con visión cruzada temporalmente, pude ver que el otro conductor estaba inconsciente, cubierto con sangre a lo largo de su cuello y camisa. La fuerza del impacto había desplazado el motor de su camioneta dentro de la cabina aprisionado sus piernas. No estaba en condiciones para auxiliarlo. Apenas podía recordar quién era yo, sin mencionar dónde estaba. En la confusión, algunas personas salieron de no sé dónde afirmando haberlo visto todo. Ellos prometieron ser mis testigos en la corte. En ese momento, realmente eso no importaba. Si me hubieran dicho que era culpa mía, les habría creído.

Estaba de pie todavía conmocionado, apoyado contra la pared de una pequeña pescadería, cuando levanté la vista y vi a alguien conocido. Era Danilo Montero. En ese tiempo Danilo era un director de música muy talentoso en la iglesia a la que asistíamos calle abajo de nuestra casa. Caminé hacia a él y le dije:

-Creo que necesito un poco de ayuda.

Al ver los vehículos chocados, dijo:

-¡Oh, mi Dios! ¿Qué pasó aquí? ¿Estás bien?

-No tengo idea de qué pasó. Creo que estaba en ese automóvil color crema que está tirado contra la banquina. Me siento como si me hubieran golpeado en la cabeza.

-Vayamos al interior de la pescadería para conseguirte un vaso de agua.

No estoy seguro de qué era peor, si el dolor en mi cabeza o el olor rancio de pescado crudo y pulpo. Me senté detrás del mostrador y tomé el vaso de agua tibia que me ofrecían. También olía a pescado. Casi vomito, pero en mi corazón estaba agradecido. Me volví al empleado y le dije:

-Necesito pedirle prestado su teléfono para llamar a mi esposa.

-Sírvase, por favor.

Marqué un número que presumí era el mío y gracias a Dios, mi esposa contestó. Le dije:

-Querida, soy Jason. No estoy seguro, pero creo que tuve un terrible accidente de tránsito. Espera un segundo.

Volviéndome a Danilo, le pregunté:

-¿Dónde estamos?

-Estamos a una cuadra al este de la Iglesia Católica, en Moravia.

Proseguí:

-Oh, sí... querida. Estamos una cuadra al este de la Iglesia Católica, en Moravia. Ven aquí tan rápido como puedas.

Colgué el teléfono y me senté. Diez segundos después, le dije al empleado:

-Necesito pedirle prestado su teléfono para llamar a mi esposa.

-Sírvase, por favor.

Marqué el mismo número y mi esposa contestó. Le dije:

-Querida, soy Jason. No estoy seguro, pero creo que tuve un terrible accidente de tránsito. Espera un segundo.

Una vez más miré a Danilo, y le pregunté:

-¿Dónde estamos?

Él, extrañado, frunció el ceño. Con una mirada como la del perro famoso de la marca RCA que mira fijamente el tocadiscos, se detuvo por unos segundos y me dijo:

-Estamos a una cuadra al este de la Iglesia Católica, en Moravia.

Proseguí:

-Oh, sí... querida. Estamos a una cuadra al este de la Iglesia Católica, en Moravia. Ven aquí tan rápido como puedas. Realmente necesito tu ayuda.

Pasaron otros diez segundos... Entonces, por tercera vez le dije al empleado de la pescadería:

-Necesito pedirle prestado su teléfono para llamar a mi esposa.

Él también se extrañó y alzó sus hombros mientras miraba a Danilo. Entonces respondió:

-Está bien, sírvase.

Marqué el mismo número por tercera vez, y nuevamente mi esposa contestó. Le dije:

-Querida, soy Jason. No estoy seguro, pero creo que tuve un terrible accidente de tránsito. Espera un segundo...

Una vez más miré a Danilo y le pregunté:

-¿Dónde estamos?

Esta vez no me respondió. En cambio, mi esposa me interrumpió casi gritando y dijo:

-¡Jason, siéntate y no digas otra palabra!

-Pero necesito que vengas aquí tan pronto como sea posible.

-Si no dejas de llamarme, nunca podré salir de casa.

Así que colgué y me senté.

Debido a que tenía dificultad en recordar los detalles de mi vida y estaba experimentando la sensación de vivir en un universo paralelo, empecé a sentirme muy ansioso. En primer lugar, me pregunté por qué estaba en Costa Rica. Pensé: "¿Por qué estoy viviendo en otro país cuándo debo estar cerca de mi familia y de aquellos que me necesitan ahora?" Comencé a cuestionar todo. En medio de mi tormenta emocional, Danilo puso su mano en mi rodilla y me dijo:

-Oye hermano, relájate. Todo va a estar bien.

-Danilo, no puedo recordar por qué estoy aquí o cómo llegué. Creo que estoy por irme mañana a los Estados Unidos para asistir a un funeral y ver a mi padre que tuvo un ataque cardíaco. No debo estar aquí. Mi familia me necesita.

-Todo va a estar bien. No te preocupes. Permíteme orar por ti.

Asentí con mi cabeza.

-Querido Señor, te pido que llenes a Jason de paz. Llénalo de tu paz, la paz que sobrepasa todo entendimiento. Vengo contra toda intimidación, temor y ansiedad que el enemigo puso delante de él. Señor, oro para que sanes su mente y regrésalo a su conocimiento completo y memoria ahora mismo. En el nombre de Cristo, amén.

De repente, mi mente estuvo lúcida de nuevo. Casi instantáneamente, cada detalle de mi vida se volvió claro. Lo que estaba ambiguo, se puso llano y simple. Más aún, la ansiedad que experimentaba se disipó rápidamente. Comencé a respirar profundamente y a sentir que el latido de mi corazón retornaba a su pulso normal. La sangre empezó a fluir a mis manos y piernas. Sentí los brazos del Señor envolviéndome y llenándome con su paz, justo cuando Danilo oraba. No había duda alguna al respecto, Dios me salvó en un accidente horrible. En aquel infortunio devastador, la mano de Dios me mantuvo fuera de peligro. En el medio de una tormenta angustiosa, calmó los mares violentos de mis emociones. Miré a Danilo y le dije:

-Las cosas se pusieron claras de nuevo. Ahora recuerdo quién soy y qué hago. Recuerdo por qué estoy aquí y cómo llegué a este punto. No puedo morir porque hay muchas personas que todavía tienen que oír que Jesús las ama y que vino a libertar a los cautivos. Hay muchas personas en Costa Rica y en el resto del mundo que necesitan oír imperiosamente el mensaje de esperanza.

Estas palabras se convirtieron en el hilo dorado de mi tarea evangelística. Como misionero existo para conectar a otros a la esperanza y la salvación en Cristo. Mi voz y mi vida son de Dios, para su propósito y su agenda.

Danilo se asombró de la claridad con la que hablé. Esto tocó su corazón. Era un momento santo que definía mi vida. Lo que pudo haberse interpretado como un descarrilamiento total, un tiempo de miedo, un episodio de pánico, un instante para la duda o simplemente para vacilar sobre de mi llamado, se convirtió en un momento para clarificar mi dirección y propósito. No toda distracción u obstáculo significa que necesitamos retroceder o retirarnos. No todo avance necesariamente significa que estamos en el camino correcto. Juzgamos todas las cosas y las decisiones considerando el hilo dorado de quienes aspiramos ser.

Aproximadamente quince minutos después apareció la ambulancia. Los paramédicos comenzaron a trabajar en el otro chofer. Más tarde, averigüé que se había quebrado once costillas y que estuvo en cuidados intensivos durante veintidós días. Fue un milagro que sobreviviera. Luego de llevarlo rápidamente al hospital, otros paramédicos entraron a la pescadería, donde esperaban encontrarme inconsciente. Me hicieron varias preguntas, incluyendo si tenía algún dolor. Les dije que no. Antes de que se fueran, me instaron a que concurriera al hospital a sacarme unas radiografías de la cabeza. Prometí que lo haría.

Cuando mi esposa vino, recuerdo ver a mi hija Celina, que en ese momento tenía solo trece meses de edad. Cuando las vi, las lágrimas llenaron mis ojos. Le agradecí al Señor la oportunidad de ver sus preciosos ojos azules una vez más. Al escuchar las noticias de que había estado en un accidente automovilístico fatal, amigos y misioneros comenzaron a llegar por doquier.

Finalmente llegué al hospital como a las 17:30. El doctor examinó mi cabeza y tomó radiografías. Después de analizar los resultados, dijo:

-Bueno, no veo cosa alguna. Usted parece estar bien. Sin embargo, quiero que lo tome con calma durante los próximos días.

-Bueno, lo tomaré con calma en el avión, mañana.

-¡¿Qué?! -preguntó sorprendido.

-¿Usted no va a volar mañana, o sí?

-Pues, sí -le contesté.

-Usted no puede volar. Podría tener un aneurisma, y a once mil metros de altura no hay nada que se pueda hacer más que verlo morir.

-No tengo opción. El marido de mi madre murió y el entierro es pasado mañana. Además, mi padre será dado de alta del hospital mañana después de su angioplastía y el vuelo de mañana es el único que tiene espacio disponible.

-Bueno, que Dios lo proteja, ¡porque usted va a necesitarlo! Pero cuando llegue ahí, haga que su médico en el sur de California le revise la cabeza otra vez.

A pesar de que sus palabras de advertencia eran intimidantes, sabía perfectamente qué debía hacer. La misión estaba clara. Con dinero o sin él, nuestra dirección estaba clara. Era indispensable para nosotros regresar a los Estados Unidos para estar con la familia para las fiestas.

Al día siguiente los tres nos dirigimos al aeropuerto como a las 04:00. Caminé hacia el mostrador de la aerolínea y dije:

-¡Hola! ¿Está a tiempo el vuelo?

-Sí, ¿por qué? -contestó la encargada.

-Porque esta fue la semana más larga de mi vida. El domingo pasado mi padre tuvo un ataque al corazón, y hoy le dan de alta en el hospital. Vamos a pasar la cena de Acción de Gracias con él. Mañana tenemos que ir al entierro del esposo de mi madre. Y ayer, por si fuera poco, estuve en un terrible accidente de tránsito -relaté.

-¿Realmente sufrió todo eso esta semana? -preguntó.

-Sí, y mi esposa puede testificarlo -aseguré.

Entonces, me dijo:

-Bueno, siendo hoy el Día de Acción de Gracias, los voy a ubicar a ustedes tres en primera clase.

Sin necesidad de decirlo, la sucesión de inconvenientes llegó a un abrupto fin. Ninguna tormenta, no importa qué tan recia sea, dura para siempre. Varios días después de llegar a la ciudad de Los Angeles, fui al doctor. Él miró las radiografías y me observó detenidamente. Después volvió a ver las placas y a mirarme de nuevo. Uniendo sus labios por un microsegundo antes de abrir su boca, me dijo:

-De haber sido tú, no habría volado. Pero pareces estar bien.

-Doctor, tengo un mandato de Dios y de mi familia. No puedo fallar.

Esas palabras fueron sinónimos de un llamado y dirección mayores sobre mi vida.

Recuerdo las palabras que le dije a Danilo durante la crisis. La misión de mi vida me era tan clara, como el agua embotellada. Sabía sin duda alguna por qué estaba en Costa Rica. Más importante, tenía una convicción fuerte del destino hacia el cual Dios me llamaba. A pesar de que me había golpeado en la cabeza, eso no me desvió de la misión que Dios puso delante de mí. Venga lo que viniere, existo para comunicar a un pueblo dolido que Jesús vino para libertar a los cautivos.

EL BARCO NUNCA SE HUNDIRÁ

Un día los discípulos aprendieron una importante lección sobre no vacilar en cuanto a la visión que Dios puso en sus corazones. Muchos de ellos eran pescadores experimentados. Habían navegado a través de algunas de las tormentas más difíciles, y visto casi todo tipo de condición del viento y de la corriente marina. La Biblia dice en Lucas 8:22-25:

> "Aconteció un día, que entró en una barca con sus discípulos y les dijo: Pasemos al otro lado del lago. Y partieron. Pero, mientras navegaban, él se durmió. Y se desencadenó una tempestad de viento en el lago, y se anegaban y peligraban. Vinieron a él y lo despertaron, diciendo: ¡Maestro, Maestro, que perecemos! Despertando él, reprendió al viento y a las olas; y cesaron y sobrevino la calma. Y les dijo: ¿Dónde está vuestra fe? Atemorizados, se maravillaban y se decían unos a otros: ¿Quién es éste, que aún a los vientos y a las aguas manda, y lo obedecen?"

Leí este pasaje de las Escrituras muchas veces, haciéndome la misma pregunta: "¿Por qué Jesús estaba dormido?" Y llegué a dos sencillas conclusiones. Primero, se durmió porque estaba cansado. Dicho de otra manera, Jesús había trabajado duro ese día y su cuerpo le estaba diciendo que era tiempo de descansar. Algo parecido le ocurre a los que vuelan de una ciudad a otra. Recuestan su cabeza y se deslizan a la "Tierra del nunca jamás", aun antes de que el avión despegue del aeropuerto. ¿Por qué? Porque están cansados.

Jesús no solo estaba cansado, también tenía otra razón para dormirse. Se durmió porque tenía la seguridad de que iba a llegar al otro del lado. Él no solo tenía una misión, sino también confianza. Esto es algo que a muchos de nosotros nos falta. Puede ser que tengamos dirección, pero es indispensable tener confianza en la misión, ya que nos ayuda a seguir en la dirección correcta.

Notemos qué pasó una vez que los discípulos lo despertaron. En lugar de agradecerles por despertarle en medio de la crisis, Él los reprendió por su incredulidad. Recordemos, estos pescadores eran experimentados y sabían cómo leer las señales climáticas. Imaginemos a un piloto y su copiloto salir corriendo de la cabina en medio de un tormenta, gritando: "¡Todos, despiértense! ¡El avión va a estrellarse!" Causaría caos e incertidumbre entre todos los pasajeros. Los discípulos eran pescadores muy talentosos; no obstante, sus corazones se llenaron de temor. La tormenta era feroz y tuvo éxito en robarles su confianza. Como resultado, perdieron su fe y dudaron de que llegarían a la otra orilla. Esto es precisamente lo que enojó a Jesús. En sus mentes, ellos tenían razón para alarmarse. En la mente de Jesús, no había razón alguna para preocuparse.

La diferencia entre Cristo y sus discípulos estaba clara. A pesar de que Jesús no era un pescador experimentado, era un experto en fe y conocía su destino. Su dirección estaba clara y su futuro era seguro. Los discípulos no sentían tal confianza. Por unos breves instantes se llenaron de pánico y perdieron contacto con el gran propósito del Reino que Cristo promovía. Por un momento perdieron de vista el papel trascendente que cada uno de ellos desempeñaría en alcanzar a miles de millones de personas a través de los siglos.

Jesús no los reprendió por su miedo, sino por su falta de fe. A veces, estar preocupado es saludable. No obstante, cuando el temor y la angustia comienzan a distorsionar nuestra visión del futuro, es muy perjudicial. En consecuencia, la lección para nosotros se vuelve evidente. Una vez que estamos seguros de que abrazamos el corazón de Dios y su misión para nuestras vidas, nos adheridos a ella venga lo que viniere. Nos mantenemos en curso. Las tormentas se formarán ante nuestros ojos, los terremotos nos agitarán, los retrocesos financieros aparecerán en nuestro camino y las barreras se levantarán. A pesar de todas estas cosas y en medio de la dificultad, la lucha y la adversidad, mantente fiel a tu misión. Si eres leal al corazón de Dios y a su misión, Él se mantendrá apegado a ti. Si te unes con Cristo, tu barco nunca se hundirá.

Después de poseer un corazón como el de Dios, el próximo paso es tener una misión divina. Muchos de nosotros sentimos convicciones y cierta dirección. Esto nos impulsa a formular una declaración de misión.

Si es de Dios, no cambiará. No importa en qué circunstancia nos encontremos, Él nos ayudará a trazar un curso significante y lleno de propósito. Un camino que no solo es trascendente para nosotros, sino también para aquellos con quienes entramos en contacto. Una misión que nos guía a romper las barreras y lograr el gran destino que Dios planeó para nuestras vidas.

A medida que esbozamos nuestra declaración de misión, pensemos en cómo queremos terminar nuestra vida, en qué legado dejamos y cómo deseamos ser recordados por aquellos que son importantes para nosotros. Esto nos da el punto de enfoque necesario desde el cual proyectarnos. A fin de hacer esto correctamente, intento prever lo que espero que las personas digan de mí en mi funeral. Esas son las cosas que más importan, ya que pertenecen a nuestra declaración de misión divina. A medida que tenemos una meta final en mente, podremos caminar en línea recta hacia esos atributos y características de Dios.

Encontrar tu meta en la vida es indispensable. Aquí es donde la mayor parte del mundo falla. Hablé a millones de personas en quince años de ministerio. Un número considerable de ellas que ganan mucho dinero, viven en casas hermosas y tienen vidas aparentemente exitosas, confiesan su falta de realización. Nunca alcanzan realmente la medida de sus propias expectativas ni llegan al estándar de vida que desean. Viven en un constante estado de frustración, insatisfacción y desilusión. ¿Por qué? Porque nunca encontraron su hilo dorado, ni desarrollaron una declaración de misión divina que los guíe hacia esa meta. Entender tu dirección es indispensable. Es un paso proactivo que cambiará tu vida para siempre. Encontrar tu meta de vida y edificarla sobre el fundamento de un corazón como el de Dios, es el punto de partida para romper las barreras. Te posiciona en la dirección correcta y te equipa con tu primera herramienta, para convertirte en todo lo que tú fuiste destinado a ser.

Una vez que desarrollamos nuestra meta de vida, juzgamos todas las opciones en relación a esta. Esto significa que constantemente evaluamos nuestra dirección y nuestras decisiones a la luz de la meta que prefijamos. Cuando vienen las tentaciones, o las distracciones se levantan, o las diversiones interrumpen o las desviaciones descarrilan, pesamos todas nuestras opciones teniendo en consideración el hilo dorado en el que deseamos convertirnos. Cuando una oportunidad innovadora se presente, o una puerta se abra, o una nueva posibilidad venga a nuestro encuentro o un prospecto nuevo se descubra, practiquemos la cautela al considerar si nos ayudará o no a lograr esa meta. Echemos una mirada cuidadosa para asegurarnos de que es prudente, provechosa y armoniosa.

Por un lado, aunque muchas ideas parecen buenas al principio, pocas nos sirven para acercarnos a la meta. Por otro, algunos descarrilamientos pueden ser bendiciones escondidas. Así que ten cuidado en no llegar a conclusiones apresuradas, ni descartar algo a primera vista. A medida que te asocias al Señor, te guiará en tu búsqueda del hilo dorado. Cualquiera sea la cosa que venga a tu vida, debes saber que Jesús te encontrará al otro lado.

Dios nos ama y quiere lo mejor para nosotros. A medida que concluimos juntos este capítulo, podemos orar la siguiente plegaria como una guía espiritual. El Señor honrará tu deseo de implementar lo que aprendiste.

"Querido Señor, gracias por darme el regalo de la vida. Comprendo que creaste la vida llena de propósito, significado e importancia. Forma en mí un corazón como el tuyo a medida que intento hacer una declaración de misión. Sé que me llamaste a un propósito y destino. Ayúdame a dar el primer paso hacia el rompimiento de las barreras al tiempo que escribo tu hilo dorado para mi vida.

Necesito tu ayuda para descubrir mi meta en la vida y acercarme a ella con gran valor y convicción. Finalmente, ayúdame a juzgar todas las opciones en relación a mi meta, para que pueda mantenerme en el camino. En tiempos de crisis y adversidad, ayúdame a saber que estás conmigo y que me guiarás hasta llegar al otro lado. Pido tu guía, dirección y constancia en el nombre de Cristo. Amén."

LA SABIDURÍA DEL HIJO

Dios proveyó la sabiduría a través del ejemplo de su Hijo Jesucristo. De todos los personajes de La Biblia, Cristo es el más sabio y demuestra su sabiduría con humildad y gracia. Enfrentó barreras ministeriales, sociales y políticas. Con bondad y autoridad debatía con las autoridades, enseñaba a las multitudes y bendecía a los pobres.

Durante los tiempos de adversidad y confusión, la sabiduría de Cristo nos ayuda a tomar buenas decisiones, que están en armonía con nuestra misión. La sabiduría de Dios nos ayuda a juzgar cada decisión tomada a la luz de nuestra misión piadosa. A esto llamo el segundo pilar, que se conecta sin interferencia alguna al corazón del Padre (el primer pilar) y nos lleva un paso más cerca para romper las barreras que nos impiden alcanzar todo lo que Dios nos destinó a ser.

TEMOR & RESPETO   CREATIVIDAD
SANO JUICIO   PARADIGMAS NUEVOS
PERSPECTIVA DE DIOS   HUMILDAD
CONOCIMIENTO   SABER OÍR
SENTIDO DE DIOS

CAPÍTULO 5

TENGAMOS EL SENTIDO COMÚN DE DIOS

"Hijo mío, si recibieres mis palabras, y mis mandamientos guardares dentro de ti, haciendo estar atento tu oído a la sabiduría; si inclinares tu corazón a la prudencia, si clamares a la inteligencia, y a la prudencia dieres tu voz; si como a la plata la buscares, y la escudriñares como a tesoros, entonces entenderás el temor de Jehová, y hallarás el conocimiento de Dios. Porque Jehová da la sabiduría, y de su boca viene el conocimiento y la inteligencia. Él provee de sana sabiduría a los rectos; es escudo a los que caminan rectamente. Es el que guarda las veredas del juicio, y preserva el camino de sus santos. Entonces entenderás justicia, juicio y equidad, y todo buen camino. Cuando la sabiduría entrare en tu corazón, y la ciencia fuere grata a tu alma, la discreción te guardará; te preservará la inteligencia, para librarte del mal camino, de los hombres que hablan perversidades, que dejan los caminos derechos, para andar por sendas tenebrosas; que se alegran haciendo el mal, que se huelgan en las perversidades del vicio; cuyas veredas son torcidas, y torcidos sus caminos. Serás librado de la mujer extraña, de la ajena que halaga con sus palabras, la cual abandona al compañero de su juventud, y se olvida del pacto de su Dios. Por lo cual su casa está inclinada a la muerte, y sus veredas hacia los muertos; todos los que a ella se lleguen, no volverán, ni seguirán otra vez los senderos de la vida. Así andarás por el camino de los buenos, y seguirás las veredas de los justos; porque los rectos habitarán la tierra, y los perfectos permanecerán en ella, mas los *impíos serán cortados de la tierra, y los prevaricadores serán de ella desarraigados."*

Libro de Proverbios, capítulo 2, el rey Salomón

"ESE SERÍA YO"

En junio de 2004, Cindee, las niñas y yo estábamos terminando otro período de cuatro años de servicio misionero en Centroamérica. Nos mudamos de nuestra casa, guardamos todo y nos dirigimos a un hotel dos días antes de nuestra partida. Cuando llegamos a la recepción del hotel, le pedimos al encargado que guardara cuatro valijas de nuestro equipaje en la bodega. El hombre accedió gentilmente.

Completamente dormido, a las 04:30 recibí esa famosa llamada "despertadora" de la recepción del hotel, sacándome del "coma" en el que estaba y diciéndome que debíamos levantarnos y dirigirnos al aeropuerto. Todos estábamos muy exhaustos, porque la noche anterior habíamos ido a un cumpleaños de quince. Tropezando fuera de nuestra habitación justo antes de las 05:00, pudimos abordar el transporte que nos llevó al aeropuerto. Estábamos emocionados por volver a casa, en un vuelo de Costa Rica a Los Ángeles.

Nuestra revisión del equipaje fue sorprendentemente sencilla. Pasamos por la zona de seguridad de manera veloz. Al llegar a la sala de embarque pusimos a un lado nuestro equipaje de mano y nos sentamos a disfrutar un descanso de unos veinticinco minutos. Deseando un último "gustito" de Costa Rica, Chanel, nuestra segunda hija, se dirigió a Cindee con lágrimas en los ojos y le pidió permiso para ir al kiosco y comprar un "gallo pinto", una deliciosa comida hecha de arroz y porotos. Le di el dinero y salió en pos de su objetivo. Jazmín, mientras tanto, se quedó dormida junto a su mochila y maletín de mano.

A las 06:35, el anuncio esperado llegó: "A todos los pasajeros, por favor diríjanse a la puerta 4 para iniciar el embarque de inmediato". Caminamos por la larga rampa y abordamos el 757 que nos llevaría de regreso a los Estados Unidos. Todo salió sin ningún contratiempo. Todos abordamos rápidamente la aeronave. Las niñas fueron ubicadas tres filas delante de nosotros. El vuelo no estaba completo. El avión se alejó de la puerta de embarque cinco minutos antes de la hora prevista. "Los Ángeles, aquí vamos", pensé.

Al acercarnos al final de la pista, esperamos a que se nos diera el permiso para despegar. Aguardamos siete minutos, aproximadamente.

La aerolínea en la que viajábamos permite a los pasajeros oír la conversación entre los pilotos y la torre de control. Debo admitir que soy un adicto, cuando se trata de esto. Disfruto escuchar cada transmisión que entra y sale de la cabina del piloto. Así que en ese momento escuché el diálogo. De repente, oí algo que llamó mi atención. La torre de control llamó a nuestro avión y dijo:

-Tenemos una valija que no llegó al avión. Su dueño es el señor Jason Brent.

Desde que vivo en Centroamérica, muy pocos pronunciaron correctamente mi nombre. De modo que supe que una de mis valijas no llegó al vuelo. Sin embargo, pensé que eso era extraño, especialmente porque fuimos uno de los primeros en registrarnos. El piloto contestó:

-Tengo entendido que la valija podría despacharse en el vuelo de mañana.

A lo que la torre de control respondió:

-Afirmativo… por favor, espere un momento.

Pasaron varios minutos. Estábamos al final de la pista, esperando a que se nos diera el permiso para despegar. Allí llegué a la desagradable conclusión de que una de mis valijas no iría en el vuelo internacional y que la aerolínea tendría que entregarla en nuestra dirección en Los Ángeles. Entonces la torre del control, dijo:

-El avión no puede despegar, porque el OIJ [Organismo de Investigación Judicial de Costa Rica] fue llamado para examinar la valija sospechosa. Por favor, esperen ahí.

De pronto, mi presión arterial subió de 120/80 a 150/90, aproximadamente. "Por favor, esperen ahí. No quiero esperar aquí. ¿Qué rayos ocurre con mi valija y por qué el OIJ la está examinando?", pensé. Entonces, la torre de control dijo:

-El OIJ crece que esta valija contiene una bomba. Las autoridades locales quieren que el dueño de la misma desembarque. Por favor, esperen ahí.

En ese momento creo que mi presión arterial llegó a 180/110. Pasaron dos minutos más, cuando la asistente de vuelo anunció por el sistema de audio:

-Señor Jason Brent, por favor identifíquese presionando el botón de llamada amarillo que está sobre su asiento.

Yo no era Jason Brent, pero sabía lo que ella quería decir. Más de cien pasajeros esperaban ansiosamente ver al señor Jason Brent identificarse. Respiré profundo y levanté mi mano en cámara lenta. Me extendí y apreté el pequeño botón amarillo, que tenía la imagen de una azafata llevando una bandeja con comida; aunque debo admitir que mi miedo era que alguien viniera con unas esposas en lugar de una bandeja. Al presionar el botón, el sonido pareció caer una octava o dos. En lugar de un *bing*, sonó como un *bong*.

Instantáneamente fui conectado al crimen. No había duda alguna. Ya no había nadie que se preguntara quién era el culpable. Todo aquel que había escuchado la conversación entre la torre de control y nuestros pilotos me identificó inmediatamente con las siguientes palabras: "Amenaza de bomba". Pasé de ser un hombre normal que viaja, a ser un terrorista... en aproximadamente dos segundos.

La azafata regresó con una mirada bastante seria en su rostro. Me dijo:

-¿Es usted Jason Brent?

-No, mi nombre es Jason Frenn. Oí la conversación entre los pilotos y la torre de control, realmente lamento todo este enredo.

Ella me respondió:

-Se nos dijo que esperemos.

Allí nos quedamos sentados. Los segundos se convirtieron en minutos. Finalmente la torre de control llamó a la cabina una vez más y dijo:

-Vuelo 844, tengo nueva información para ustedes. Los oficiales locales examinaron el equipaje y decidieron darle el visto bueno. La valija saldrá en el próximo vuelo. Pero, por favor, esperen ahí.

Para decir poco, me sentí aliviado. El piloto habló por el sistema de audio del avión e hizo el siguiente anuncio:

-Al parecer, se le dio el visto bueno a la valija cuestionada y debemos estar de camino en breve. Perdón por el inconveniente.

"Aleluya, fui exonerado -pensé-. Mi nombre fue limpiado. Todo fue un malentendido. Soy un hombre libre y todos lo saben."

Después de otros cinco minutos, el capitán llamó a la torre y dijo:

-Vuelo 844, listo para el despegue.

La torre contestó:

-Recibimos una nueva información de las autoridades. Quieren que el pasajero desembarque e identifique su equipaje.

Otra vez mi presión arterial "voló" a través del techo. Para ese entonces todos en el avión estábamos escuchando las transmisiones de radio.

Mi mente comenzó a ir a gran velocidad. Dudas cruzaron rápidamente por mi cabeza: "¿Qué podría ser? ¿Qué podría haber llevado al 'FBI' de Costa Rica a mantener a la aeronave sin despegar y forzarme a bajar del avión con la sospecha de una bomba? ¿Qué podría haber en una de nuestras valijas que los hiciera pensar en un ataque terrorista?"

Entonces recordé que mientras nos quedamos en el hotel la noche anterior, cuatro de nuestras valijas fueron guardadas en la bodega de la recepción. Me volví a mi esposa y le dije:

-¿Estaban nuestras valijas cerradas con llave o selladas mientras permanecían guardadas en el hotel?

-Ni siquiera pensé en eso -contestó.

Entonces pensé: "A que alguien colocó algo en una de nuestras valijas mientras estábamos en la habitación. Obviamente, la persona que lo hizo sabía que nunca revisaría mi equipaje. Y como resultado, seré echado en una cárcel costarricense por el resto de mi vida. No importa lo que suceda, esto va a ser realmente feo". Luego pensé que tal vez no fue alguien del hotel. Quizá nuestra computadora iMac activó algo en su máquina de rayos X. Tal vez fue el transformador de doce voltios o algún otro dispositivo electrónico que llevábamos de regreso.

En medio de un tanque séptico negro de paranoia y juegos mentales, el capitán recibió órdenes de la torre de control de dar vuelta al avión y dirigirse de regreso a la terminal aérea. Sin embargo, antes de llegar a una puerta de embarque, la aeronave fue detenida de forma deliberada en un lugar aislado, como a cincuenta metros de la terminal.

El avión se detuvo y los motores fueron apagados. La azafata regresó y me escoltó hasta el frente del avión. En ese momento sentí una impresión del Señor en mí corazón, diciéndome que debía pedirle al capitán que me acompañara al salir del avión. Santiago 1:5-8, dice: *"Y si alguno de vosotros tiene falta de sabiduría, pídala a Dios, el cual da a todos abundantemente y sin reproche, y le será dada"*. Algunas veces la sabiduría viene en forma de pregunta. La azafata golpeó a la puerta de la cabina del piloto y un hombre alto y bien peinado respondió. Ella le dijo:

-Capitán, al Sr. Frenn le gustaría que usted lo acompañara a la terminal.

-Me parece bien -dijo con una sonrisa.

Su nombre era Michael Dorsey. Normalmente, volaba aviones 767 fuera del Aeropuerto Internacional de Dulles, en Washington D.C. Pero por alguna razón aquel día estaba volando de San José de Costa Rica a Los Ángeles. Al principio se sentía incómodo, esperando pacientemente que el personal de tierra abriera la puerta del avión. Antes de que esta fuera abierta, esperamos aproximadamente dos minutos. Se sentía como estar en un ascensor, cuando todos miran fijamente los números que indican cuál piso se pasa. Finalmente le dije:

-Si por alguna razón no puedo regresar al avión, mi esposa y las niñas viajarán conmigo.

-Lo sé. Intenté decírselo a las autoridades, pero se negaron a escucharme.

Eso, para mí, fue sorprendente de escuchar. Aparentemente, sabía todo acerca de nosotros antes de que el avión se estacionara. Me preguntó:

-Usted, ¿en qué trabaja?

-Somos misioneros.

-¡Oh! Eso es grandioso.

-Aun más, soy un ministro ordenado.

Como bromeando "rodó" sus ojos, como si dijera sarcásticamente: "Bien, usted es obviamente un riesgo para la seguridad".

-Siento mucho este inconveniente. No tengo idea acerca de cuál podría ser el problema. Es probablemente nuestra computadora o algún dispositivo electrónico como nuestro mini-transformador.

En ese momento el personal de tierra abrió la puerta y el capitán y yo fuimos llevados a un transporte que nos llevó de regreso a la terminal aérea. Salimos del vehículo y el personal de la aerolínea nos dijo:

-Por favor, diríjanse a las gradas que están adyacentes al pasillo de abordaje.

Subimos las escaleras y caminamos por el pasillo hacia la misma puerta, a través de la que habíamos abordado el avión hacía una hora y treinta minutos. "Esto es extraño -pensé-. ¿Por qué no me llevan abajo, donde está el equipaje y las bodegas? Quizás el OIJ tiene oficinas en el hall central de la terminal, donde se encuentran todas las puertas de embarque."

Básicamente, estábamos desandando nuestros pasos. Eran los mismos que habíamos tomado cuando abordamos el avión. Nos dirigimos por el mismo túnel, pasamos al lado de la misma persona que nos tomó nuestros boletos y cruzamos por la misma puerta de acceso. Mientras observaba esta área, noté que había un maletín en medio de un círculo formado por personal de seguridad. Era el maletín negro que mi hija llevaba al momento de estar en aquel lugar, veinticinco minutos antes de abordar el avión.

De repente, mis nervios empezaron a calmarse bastante rápido. Primero dije:

-Oye, ese es el maletín de mi hija. Lo siento mucho. Debió haberse quedado atrás. Perdónenme por el inconveniente. ¿Les gustaría que lo abriera?

De forma unánime, dijeron:

-Por favor, hágalo -mientras daban cinco pasos hacia atrás.

Abrí el maletín y saqué un secador de pelo, un alisador de cabello, algunos paquetes pequeños de maquillaje y un par de otras cosas de uso de baño. Les dije:

-¿Necesitan ver algo más?

-No.

Les pregunté si se habían tomado la libertad de inspeccionar el maletín. Me contestaron que no lo habían hecho. Les pregunté si tenían perros que olfatean bombas. Contestaron:

-Sí, pero no quisimos molestarnos en traerlos para inspeccionar el maletín. Pensamos que sería mejor hacer que usted viniera a reconocer el equipaje y lo abriera.

El capitán Michael y yo nos dirigimos de regreso al avión. Nunca pensé en las serias repercusiones que una valija abandonada en un aeropuerto podría tener, aun si es el maletín de tu hija. En el vehículo comenté:

-Supongo que debo a todos una disculpa.

-Usted no debe nada a nadie. Dígales que a su maletín se le dio el visto bueno. Eso es lo que voy a decirles a todos. No se preocupe por esto.

Una vez en el avión enfrenté a más de cien pasajeros. Algunos estaban ansiosos; otros, dormidos. Pienso que la cosa más chocante para ellos fue no solo ver a un pasajero ser forzado a identificar un equipaje sospechoso, sino también regresar al avión con otro maletín y verlo guardar en el compartimiento superior. ¿Irónico, no es cierto?

Después de una escala en Guatemala y siete horas de viaje, aterrizamos en Los Ángeles; una hora y quince minutos atrasados en el horario. Muchos pasajeros perdieron sus vuelos de conexión. Sin necesidad de decirlo, ninguno de ellos estaba contento conmigo. Estar de pie junto a la cinta para recoger las valijas, fueron los veinte minutos más incómodos de mi vida.

Finalmente el equipaje comenzó a entrar. Una adolescente acompañada por su amiga vino hasta donde me encontraba, cruzó sus brazos y agitó su cabeza en señal de disgusto. Pasaron como tres minutos. Entonces me dijo:

—No puedo creer que haya perdido mi vuelo de conexión. Esto alteró mi horario. Me encantaría conocer al IDIOTA que dejó su maletín en el aeropuerto de San José y nos causó este enorme retraso.

En ese momento, su amiga intentó detenerla y enérgicamente susurró a su oído:

—¡Sssssshhhhhhhhhh! Es él. ¡Este es el tipo!

Inmediatamente se puso colorada. Con eso, me volví serenamente a ella y le dije:

—Ese sería yo.

Sin una dosis oportuna de sabiduría, el resultado hubiera sido otro. La sabiduría tocó a mi puerta en el momento más crucial de la historia. ¿Cuándo vino? Cuando las autoridades estaban enviando un transporte para llevarme de regreso a la terminal aérea y le pedía cortesmente al piloto que me acompañara a ver cuál era el problema.

Cuando gentilmente accedió a mi pedido, mis nervios comenzaron a calmarse. Mi corazón dejó de marchar a toda prisa. De pronto, pude pensar sin ser paranoico. Me sentí más seguro, sin sentirme fuera de control. Pude comunicarme sin que la boca avanzara alocadamente. Además, sabía que mientras el piloto estuviera a mi lado, la aeronave no iría a ninguna parte.

Ser sabio es la habilidad de hacer las preguntas correctas. Es la capacidad de tomar decisiones racionales a tiempo. En medio de mi tormenta, una sencilla petición demostró ser lo más sabio que hice esa semana.

La última línea

En los dos capítulos anteriores establecimos el primero y más importante pilar en nuestra búsqueda para romper las barreras y alcanzar nuestro máximo potencial. Lo definimos como asumir el carácter de Dios. El primer pilar es tener un corazón como el de Dios. Eso es ser íntegro, lleno de virtud y decencia. En esencia, significa que vemos el corazón de Dios y tomamos pasos para hacerlo nuestro. Esto nos da la brújula moral que necesitamos cuando las barreras y la adversidad se levantan, porque el corazón de Dios nos da la misión correcta.

Una vez que adquirimos el carácter de Dios, empezamos a establecer el segundo pilar: la sabiduría de Cristo. Esta puede definirse de varias formas. Es la acumulación del conocimiento de vida que se obtuvo a través de la experiencia. Es normalmente definida como el saber y la experiencia necesaria para tomar decisiones y emitir juicios sensatos. Es el buen sentido mostrado por las decisiones y los juicios que hacemos.

Muchas personas alrededor del mundo usan el sentido común y toman decisiones sabias. La sabiduría puede verse en cada ley, religión y norma social. Nuestros padres la tienen. Nuestros abuelos la tenían. Nuestra maestra de segundo grado la tuvo. Entonces, ¿qué distingue la sabiduría y el sentido común de la sabiduría de Dios? La sabiduría de Cristo está en un nivel superior que todas las otras formas de sentido común y sabiduría.

La Biblia declara en Isaías 55:8: *"Porque mis pensamientos no son vuestros pensamientos, ni vuestros caminos mis caminos…"* ¿Qué es lo que coloca a su sabiduría kilómetros arriba de la nuestra? Él es el diseñador del universo. Sabe las complejidades de cada átomo, de cada molécula, de cada célula, de cada organismo. Es el autor del código genético. Hoy los científicos están llegando a la conclusión de que nuestro universo tiene diseño. Esto implica que un creador es el responsable de la formación del universo.

Aún más, La Biblia dice que Dios es omnipotente y omnipresente. No está sujeto al espacio ni limitado por el tiempo. No está sometido a ningún poder ni a reglas superiores. Él hace las normas y, más importante… es el creador de toda la sabiduría.

La sabiduría de Dios es la habilidad de tomar decisiones y tener nuestro juicio basado en la perspectiva divina. Básicamente, es la capacidad de ver el mundo desde una dimensión celestial. La sabiduría de Dios nos da lo que necesitamos para tomar decisiones y emitir juicios justos, incluso cuando no parecen tener sentido para nosotros.

¿Por qué es tan importante? Algunos podrían preguntar: "¿No es suficiente el sentido común? ¿No alcanza tal razonamiento?" La respuesta es "sí", si quieres ser común, ordinario y mediocre. Sin embargo, para romper las barreras, vencer la adversidad y alcanzar nuestro máximo potencial, debemos hacerlo desde la perspectiva de Dios. Ver las cosas desde su punto de vista nos da la visión y el discernimiento más agudo posible.

La perspectiva de Dios es mejor definida con dos adjetivos poderosos. Primero, Él es omnipotente. Esto significa que Dios posee el poder y la autoridad de forma completa, ilimitada y universal. Él toma las decisiones y hace las reglas. No está sujeto a ninguno otro ser. No se rinde ante nadie. Cuando decide que algo tendrá cierto resultado, no hay ninguna conclusión alternativa. Por consiguiente, la perspectiva divina es sin falla y defecto, porque Él tiene lo que normalmente se llama *el mejor asiento en la casa.*

En segundo lugar, Dios es omnipresente. Esto significa que está presente en cada momento del tiempo, incluyendo los últimos diez mil años y los próximos diez mil años. Él sabe el resultado y las ramificaciones de cada decisión hecha. Puede ver la creación del mundo así como su fin, simultáneamente. Y está presente en cada microsegundo entre ambos. Omnipresente también significa que está en todo lugar. Su perspectiva nunca es oscura, ni se nubla ni se daña. Es perfecta, inmutable y nunca falla. Por consiguiente, si nos unimos a Dios tendremos la visión, el discernimiento y el poder para tomar decisiones sabias.

Si queremos romper las barreras, ¿no sería lógico apropiarnos de la gran sabiduría que Cristo nos ofrece? Solo entonces seremos capaces de alcanzar nuestro máximo potencial. Debido a su omnipotencia y omnipresencia, Él puede ver al mundo desde todo ángulo. Ve las cosas desde cada punto de vista posible. Dicho sencillamente, posee toda la perspectiva. Esto es lo que distingue la sabiduría de Dios del sentido común humano.

NO HAY PUNTO DE REFERENCIA, SOLO UN LUGAR DE PARTIDA

En mi preparación para escribir este libro, investigué muchas referencias buscando una "norma base" para crear una prueba general que midiera nuestro nivel de sabiduría. Quería ayudarte a entender cuáles son tus áreas de fortaleza y debilidad. Para mi sorpresa, hice un sorprendente descubrimiento... No hay ninguna prueba de sabiduría. No existe ningún *standard* o "norma base", ni encontramos ningún punto de referencia. Al contrario de una prueba de coeficiente intelectual, que puedes encontrar en cada esquina del planeta, las pruebas de sabiduría son pocas y hechas lejos la una de la otra. ¿Por qué sucede eso? Porque a diferencia del coeficiente intelectual, la sabiduría abraza no solo el conocimiento, sino también el buen juicio; y este es muy difícil de medir.

Muchas personas atrapadas por una gran barrera no son restringidas por su falta de conocimiento, sino debido a un pobre juicio. Algunas decisiones malas pueden atribuirse a una falta de conocimiento. Sin embargo, en la mayoría de los casos las decisiones erróneas son hechas por causa de una falta de sabiduría divina. Esto me llevó al segundo concepto en este libro. En este mundo hay muchas personas que son buenas. Sin embargo, muy pocas son, además, sabias. Solo una minoría entiende la gran importancia de la sabiduría y su papel en la formación de quiénes somos para ayudarnos a romper las barreras. Así que, ¿por dónde comenzamos?

Nuestro punto de partida debe ser lo que La Biblia llama: *"El principio de la sabiduría"*. El Salmo 111:10, dice: *"El principio de la sabiduría es el temor de Jehová; buen entendimiento tienen todos los que practican sus mandamientos…"* El temor en este contexto no es sinónimo de paranoia, ansiedad, terror o pánico. Más bien, significa: mostrar respeto o estar asombrado de alguien o algo. En otras palabras, el primer paso para adquirir su sabiduría es respetar al Señor y apreciar su omnipotencia.

Dios nos diseñó para aprender de las personas y cosas que más respetamos. De la misma forma, fuimos creados para formar lazos con aquellos que nos traen placer y adquirir conocimiento de los individuos que respetamos y admiramos. Si tenemos un temor respetuoso y reverente a Dios, entonces aprenderemos de Él y obtendremos su sabiduría.

EL TEMOR, UN FACTOR CONDICIONANTE

Estaba buscando desesperadamente una iglesia. El miedo había llenado mi corazón y se fue acrecentado a lo largo de los días. Por primera vez en mi vida, tenía una aplastante inseguridad acerca de mi destino eterno. No tenía idea de si iría al cielo o al infierno.

En ese momento tenía diez años de edad. Mis experiencias eclesiásticas desesperadamente. ... ... algún modo necesitaba conectarme con Dios, para evitar el abismo ... g que traga a los niños de diez años.

Mi mamá no asistía a la iglesia, pero se sentía mal por mí. Así que llamamos a nuestros vecinos, quienes religiosamente asistían cada sábado a un servicio nocturno, y les pregunté si podía ir con ellos esa misma noche. Gentilmente estuvieron de acuerdo.

Íbamos los siete apilados en un automóvil lo bastante grande como para ser el gemelo del Titanic. El Oldsmobile de 1970 era un medio de transporte suficientemente bueno para mí. Todo lo que quería eran llegar en una sola pieza y aclarar cualquier diferencia que tuviera con el que tiene las llaves de las puertas del cielo.

Cuando entramos en aquella majestuosa Iglesia Católica, el esplendor y la decoración me impactaron. Sin embargo, la mayor impresión que experimenté durante los cincuenta y cinco minutos que duró el servicio religioso fue el sobrecogedor sentimiento de que estaba seguro, protegido y en buen lugar.

Recuerdo haberme arrodillado junto con otros quinientos feligreses y repetir las oraciones de corazón. Pensé: "El cielo es un lugar seguro y bueno. Lo único que tengo que hacer es asegurarme de que estoy a cuentas con el 'Hombre Grande' de arriba y todo va a estar bien". Mi temor reverente y respetuoso hacia el Señor fue mi primer paso sabio en mi caminar espiritual. Arrodillado en la iglesia, pedí perdón a Dios de cualquier pecado que había cometido contra Él. Allí sentí paz.

De hecho, todo iba a estar bien. Esa experiencia fue el principio de la sabiduría de Dios para mi vida, y vino cuando entendí que estaba lidiando con el Omnipotente y necesitaba realinear mi voluntad a la suya. Si un gorila de trescientos kilos puede sentarse donde desee, entonces el

Omnipotente, puede hacer todo lo que quiera, cuándo y cómo se le plazca. La sabiduría comenzó cuando rendí mi voluntad a la suya.

Jesús dice en Mateo 10:28: *"Y no temáis a los que matan el cuerpo, más el alma no pueden matar; temed más bien a aquel que puede destruir el alma y el cuerpo en el infierno"*. Esa noche reconocí que necesitaba estar en paz con quien tiene poder sobre todos. Fue una experiencia muy profunda, cuyo impacto perdura hasta el día de hoy.

Mi respeto y mi reverencia hacia el Señor creció durante estos años. Como resultado, ya no me preocupa terminar en el infierno. No tengo ninguna ansiedad sobre mi destino eterno. Es más, la sabiduría se acrecienta en mi vida debido al temor y respeto que tengo hacia el Señor.

¿Cómo puedes desarrollar tu respeto a Dios? Comienza contemplando su omnipotencia y omnipresencia; luego piensa en su poder y grandeza y, finalmente, medita en su soberanía y en lo asombroso de su creación.

En 1999 mi familia y yo fuimos al Gran Cañón del Colorado, en Arizona. Cuando nos acercamos con nuestro automóvil a un lugar sin árboles, observar la quebrada más grande de los Estados Unidos fue, para decir poco…, sobrecogedor. Cuando nos paramos al borde y miramos el primer segmento de la enorme falla, comprendí que la palabra "cañón" era una expresión inapropiada. No hay término que describa adecuadamente la inmensidad e imponencia del paisaje.

Desde la parte superior del barranco hasta la superficie del río hay mil seiscientos metros de altura. En algunos sectores, el Gran Cañón tiene más de dieciséis kilómetros de ancho. En total, cubre una superficie de más de tres mil cuatrocientos kilómetros cuadrados. Entre sus paredes, el río se extiende por más de cuatrocientos kilómetros. Un viaje a través del Gran Cañón por balsa puede durar dos semanas o más.

¡Es una vista imponente! Bueno, el Dios del universo no solo creó el Gran Cañón del Colorado, sino también el mundo entero en menos de una semana. Contempla su creación, su grandeza y su poder. Medita sobre su presencia en todo lugar y momento, y desarrollarás un respeto profundo hacia Él.

Una vez colocado el fundamento del respeto hacia el Señor, la sabiduría vendrá seguidamente. Pero tal vez preguntes: "¿Cómo hago crecer la sabiduría de Dios en mi vida?" Hay dos elementos importantes que son necesarios para hacer crecer en ti la sabiduría divina: las personas y los proverbios. Cada uno es importante en el proceso de romper las barreras, vencer la adversidad y alcanzar nuestro máximo potencial.

Rodearnos de personas sabias es el primer elemento que nos ayuda a acrecentar la sabiduría de Dios en nosotros. "Dime con quién andas y te diré quién eres", es una expresión común que demuestra que nos volvemos como aquellos con los cuales pasamos más tiempo. Esto es cierto, para bien o para mal.

Si andamos con personas que son racistas, empezaremos a reflejar esos valores. Si pasamos demasiado tiempo con aquellos que tienen algún tipo de adicción, entonces también veremos una lucha que se desarrolla en nuestras vidas. Si pasamos tiempo con aquellos que hacen lo bueno, empezaremos a hacer lo bueno también. Los valores de aquellos con quienes pasamos más tiempo, tienen un efecto poderoso en nuestras vidas.

Lo mismo es verdad con respecto a la sabiduría. Si pasamos el tiempo con aquellos que son sabios y pueden ver las cosas desde la perspectiva divina, entonces aprenderemos de ellos y creceremos en la sabiduría de Dios que aprendieron. Proverbios 13:20 dice: "El que anda con sabios, sabio será; mas el que se junta con necios será quebrantado". A medida que nos encaminamos en esta búsqueda espiritual, debemos rodearnos de personas que valoran la sabiduría de Dios. Tienen que ser personas que andan detrás de ella. Entonces tomaremos decisiones sabias como ellos.

Al escoger a estas personas, debemos mirar más allá de la superficialidad para no ser atraídos por juicios equivocados. En cambio, debemos examinar su fruto, reputación y valores. Escuchar lo que otros dicen de ellos y observar cómo son considerados. Darnos cuenta que si son respetados nos ayuda a decidir si él o ella es o no la persona idónea para adquirir sabiduría. Las personas con quienes escojamos pasar el tiempo y en las cuales encontremos discernimiento y respeto, determinarán en gran medida si nos convertiremos o no en personas de Dios. Por esta razón es sumamente indispensable evaluarlas con precisión.

Permíteme hacer una breve distinción entre aquellos que son inteligentes y los que son sabios. A medida que escojas individuos con los cuales rodearte, busca a las personas que son sabias por encima de aquellas que solo son inteligentes. Mientras que la inteligencia tiene que ver con el conocimiento, la información y la habilidad para resolver problemas, la sabiduría se relaciona con el juicio sano, las decisiones buenas y el sentido común de Dios.

ESE PUDE HABER SIDO YO

La primera noche de nuestra primera cruzada fue muy traumática. Se realizó en un pequeño pueblo llamado Los Cuadros, en las afueras de San José, Costa Rica. Era una comunidad marginal y más del cincuenta por ciento de los asistentes a la cruzada eran miembros de alguna pandilla. Cerca de seiscientos de ellos llenaron el pequeño predio, ubicado cerca del centro de toda la actividad de drogas del pueblo.

Diez minutos después de iniciado el programa, algunos pandilleros comenzaron a lanzar inmensas rocas de concreto que "explotaban" sobre nuestra plataforma de aluminio. Luego se iniciaron varias peleas. Cuando llamamos a la policía, nos dijeron que no vendrían hasta la tarde siguiente. En ese momento supimos que estábamos solos...

En la tercera noche el peligro aumentó. Un policía de incógnito arrestó a un narcotraficante que intentaba venderle cocaína. Cuando este se resistió al arresto, otros dos policías "ocultos" salieron de quién sabe dónde, lo tiraron a tierra y le propinaron golpes con nudillos de metal. Con sangre cubriendo su rostro y cuello, lo metieron en el asiento de atrás de un patrullero y lo llevaron a la cárcel.

Durante la cuarta y última noche se dio otra pelea. Un joven golpeó a otro de una pandilla rival, justo en la frente, con una palanca de hierro, y casi le parte el cráneo en dos. La víctima cayó a tierra y muchos se "trenzaron" unos contra otros. Pero el herido y su pandilla no eran rivales para la aplastante presencia de la otra pandilla de matones.

Varios se reunieron alrededor del amigo caído y se lo llevaron fuera de la plaza, mientras los otros huyeron. Estos lo contaron al resto de la pandilla que justamente estaba a varias cuadras en frente de una cantina. En pocos minutos volvieron con refuerzos.

Nunca olvidaré la escena que se desplegó ante mis ojos. Quince hombres entraron al predio guiados por los cinco narcotraficantes más temidos de Los Cuadros. Eran los líderes del crimen organizado en la región. Aparecer en el lugar, fue como verter una gota de detergente en una olla llena de agua grasosa. Todos se dispersaron. Por primera vez en mi vida, vi a una muchedumbre moverse lejos de los cinco hombres, para darles vía libre.

Empezaron a examinar la plaza buscando al joven que tenía la palanca de hierro. No sabían que él ya no estaba. Pero continuaron buscándolo en esa muchedumbre de seiscientas personas. Al final del servicio me confesaron que habían planeado destruir nuestra campaña y también hacerme daño a mí. Sin embargo, algo sucedió que impidió su plan maligno. Uno de los ujieres caminó al lugar donde estaban y empezó a confrontar su estilo de vida de crimen y delincuencia. Cuando terminamos el servicio, todos ellos oraron una simple oración pidiéndole al Señor que los perdonara de sus maldades.

Uno de los adolescentes que tiraba piedras se fue a su casa con una semilla de cambio. Su nombre era Carlos. Después me confesó que la primera noche tiró grandes pedazos de concreto sobre la plataforma. Casi nos arruina el evento.

Muchas vidas fueron tocadas y transformadas en esa cruzada. Cientos de personas fueron cambiadas para toda la eternidad. Sin embargo, pocas experimentaron la transformación radical que Carlos tuvo aquella noche. Nunca imaginó que en el curso de los próximos años, su vida jamás sería la misma.

Carlos vivía en una hogar lleno de conflicto, hostilidad y agonía. Era una casa humilde ubicada en el corazón de Los Cuadros, a varias cuadras del lugar donde se realizó nuestra primera cruzada. En un pueblo donde el ingreso promedio familiar era menor a los cien dólares por mes, la familia no estaba exenta de luchas financieras. Vivían en una casa pequeña para seis personas.

La disfunción familiar parecía caracterizar a su familia. Antes de la cruzada en Los Cuadros, el papá de Carlos era un alcohólico y abusaba físicamente de su esposa. Varios hermanos habían sido encarcelados; uno luchó con las drogas.

Una noche, cuando Carlos era muy joven, su padre llegó a la casa ebrio y lleno de rabia. Varios vecinos escucharon los gritos a medida que el hombre obligaba a su esposa e hijo a salir a la calle, con un cuchillo en la mano. Ellos estaban muy asustados y angustiados por haber sido sacados de sus camas y ser obligados a permanecer en la calle en medio de la noche. Ambos se sentaron en un caño frente a su casa, completamente humillados, hasta que uno de sus vecinos los alojó en su casa por esa noche.

El patrón de abuso destructivo era habitual en su casa. Cada noche, cuando el papá de Carlos llegaba a casa, la familia se preguntaba qué podría activar otra pesadilla. La locura se incrementó con el tiempo.

El alcoholismo es una fuerza destructiva que no solo afecta a los que beben, sino también a todo su entorno. Las consecuencias pueden ser desmoralizantes, devastadoras o, incluso, fatales.

En una ocasión, el padre de Carlos le pegó a su esposa con tal fuerza, que ella cayó inconsciente al suelo. El golpe le causó un aneurisma en su cerebro. Desesperados, la trasladaron rápidamente al hospital. Había poca esperanza de vida para ella. Los médicos consultaron entre sí y finalmente la operaron. Carlos y su padre estaban sentados en la sala de espera, anhelando oír alguna buena noticia.

Para su gran desilusión, no hubo tal respuesta. El cirujano de cabecera entró a la sala de espera y les dijo:

-Lo siento, pero su esposa no va a lograrlo. En el mejor de los casos, será un vegetal. Les recomendamos que la lleven a su casa en los próximos días para que pueda morir allí. Eso será lo mejor para ella.

Carlos y su padre se sentían completamente destruidos. Las noticias eran devastadoras. Por supuesto, el padre de Carlos se sentía sumamente culpable por las consecuencias de su alcoholismo.

Ambos la llevaron a su casa. Su cabeza fue rasurada. Su piel estaba pálida. Su cuerpo estaba débil. Sus esperanzas fueron apocadas. La colocaron sobre su cama y esperaron. Una semana después, su condición casi no cambió. Aun así, por alguna razón, Dios le concedió la vida.

De vez en cuando entraba y salía del estado consciente. Después de unas pocas semanas de haber regresado a casa, alguien tocó a su puerta con un folleto que anunciaba una cruzada en su barrio. La parte superior del impreso decía: "Hay esperanza en Jesús". Con voz débil y haciendo un gran esfuerzo, miró a Carlos y le dijo:

-Llévame a la cruzada de mi hermano Jason.

¿Cómo podrían decirle que no? ¿Cómo podrían negarle esto? Su marido se sentía culpable y estaba dispuesto a hacer cualquier cosa por ella. Finalmente llegó la última noche de la cruzada. El momento anticipado de su encuentro con Dios vino en una noche de sábado. Ellos la llevaron hasta la cruzada, ubicada en un gran campo de fútbol de la comunidad.

De algún modo, ella soportó la música fuerte, las bajas temperaturas y la incomodidad para sentarse. En esos días no teníamos control alguno sobre la muchedumbre, no había sillas ni pasillos. Sin embargo, ella no estaba allí por la música, el clima o un buen lugar para sentarse. Vino a la cruzada a pedir oración.

Cuando hice el llamado a la plataforma, la escoltaron al frente. De acuerdo a su testimonio, bajé y caminé hacia ella, coloqué mi mano en su cabeza envuelta en bufandas y comencé a orar. Hasta ese momento desconocía los detalles de su condición. Solo sabía, por las señales de quienes estaban a su alrededor, que necesitaba un milagro.

Después de orar dijo que Dios la había tocado y que al instante se sintió mejor. Al finalizar la reunión pudo caminar hasta su casa, que estaba como a medio kilómetro de distancia. Dios la tocó y ella experimentó un milagro. Hasta el día de hoy los médicos todavía no lo comprenden. No hay explicación lógica para su recuperación instantánea, salvo por un milagro.

Aquella noche ella no fue la única persona en recibir un milagro. La familia vivió otro también y, como resultado, experimentó un cambio radical de una conducta destructiva, a una constructiva. Carlos y su madre empezaron a asistir a la iglesia. Asimismo, el padre de Carlos comenzó a concurrir a las reuniones de Alcohólicos Anónimos (AA).

En lugar de pasar el tiempo con aquellos que promovían la destrucción, la violencia y el abuso, Carlos empezó a juntarse con los que eran sabios. Comenzó a desarrollar amistades en la iglesia y a estudiar La Biblia. Halló comunión con aquellos que tenían la sabiduría de Dios, se separó de la necedad de quienes vivían vidas de destrucción y delincuencia, y reemplazó los modelos de autodestrucción por modelos divinos. Los amigos sabios lo ayudaron a construir patrones de conducta nuevos y saludables, y a alejarse de los modelos destructivos.

Luego de tres años realizamos nuestra cuarta cruzada en Los Cuadros. Carlos vino y se ofreció como voluntario para el evento. Ayudó a colocar las luces, el sonido y la plataforma. Se encargó de los reflectores cada noche. El coordinador de logística de la cruzada se impresionó y le pidió que viajara con nosotros en nuestra gira por toda la nación. Al año estaba trabajando a tiempo completo con nosotros, armando la misma plataforma que una vez intentó destruir varios años antes. En poco tiempo estuvo a cargo de gran parte de la logística de las cruzadas, alcanzando a decenas de miles de personas mensualmente.

Nuestro equipo derramó su vida sobre la de él. Nosotros lo discipulamos. Le ayudamos a ver las cosas desde la perspectiva de Dios, y le enseñamos que con la sabiduría de Dios podía superar cualquier obstáculo y romper cualquier barrera puesta en su camino. Lo aconsejé personalmente en muchas ocasiones y él nos escuchó y recibió nuestra guía.

Un día, Carlos entró a mi oficina. Se veía tan blanco como una fantasma. Me dijo:

-Necesito hablar con usted.

Me senté en una silla y lo invité a hacer lo mismo. Me dijo:

-Hoy, camino al trabajo, crucé por un terreno baldío. Descubrí dos pies que salían de la tierra. Llamé a la policía y vinieron a investigar. Desenterraron el cuerpo desnudo de un pandillero que conocí cuando era más joven. Era alguien con quien yo andaba. Fue enterrado boca abajo. Obviamente, este fue un asunto de drogas que salió mal. Tengo un sentimiento de que sé quién lo hizo.

A pesar de que aquello era alarmante, no era lo que le estaba preocupando de verás. Entonces hizo una pausa por un segundo y me explicó aquello que lo perturbaba. Mirando fijamente el suelo de mi oficina, me dijo:

-Ese pude haber sido yo. Si no hubiera sido por los cambios que Dios hizo en mi vida, ese podría haber sido yo enterrado en aquel baldío.

Aquella situación hizo que Carlos comprendiera que las decisiones que hizo basadas en la sabiduría de Dios, no solo lo colocaron en un camino diferente, sino que también le salvaron la vida.

Carlos tenía razón. Si no hubiera experimentado el poder transformador de Cristo, podría haber terminado como ese pandillero. Él tomó decisiones sabias a pesar de su pasado problemático. Escogió pasar tiempo con las personas en su iglesia. Escuchó a su pastor, a mí y a aquellos con quienes trabajó en el ministerio. Prestó atención a la sabiduría de Dios, y esta significó la diferencia crucial en su vida.

Sí, experimentó el perdón de Dios y los milagros. Sí, tuvo un cambio de corazón. No obstante, muchas personas que experimentan todo esto nunca superan sus obstáculos. Muchos llegan a ser buenos; sin embargo, nunca parecen liberarse de las cadenas que los detienen. Nunca conquistan su montaña ni ganan sus batallas. Jamás rompen las barreras. Parecen estar atrapados para siempre en los mismos patrones de frustración. ¿Por qué? Porque a pesar de que hay muchas personas en este mundo que son buenas, y muchas que son de Dios, pocas son buenas y sabias. Lo que les falta es un corazón como el de Dios combinado con la sabiduría divina.

Teniendo como base los principios de la sabiduría de Dios, Carlos comenzó a construir una vida saludable y decente que lo guió a romper barreras. Pocas personas en Los Cuadros pudieron alguna vez superar esto. Él empezó a tomar decisiones sabias, fundadas en la sabiduría aprendida de hombres y mujeres de Dios.

Hoy Carlos y su familia siguen activamente el plan de Dios para sus vidas. Ellos se asociaron con el Señor para romper los patrones de autodestrucción, esas barreras que los mantuvieron por años en total esclavitud.

Parte de su victoria se debe a las decisiones sabias que tomaron. El padre de Carlos continúa asistiendo a las reuniones de AA. La madre de Carlos asiste a la iglesia y cría a sus hijos en la sabiduría del Señor. Carlos pasa tiempo con aquellos que muestran la sabiduría de Dios en sus vidas. El viejo proverbio es cierto: "Dime con quién andas y te diré quién eres".

Por consiguiente, rodéate de personas temerosas de Dios. Escoge amigos que te animen a ser sabio y a tomar decisiones inteligentes.

LOS PROVERBIOS

Como señalamos anteriormente, el segundo elemento para adquirir la sabiduría de Cristo es aprender de su fuente escrita: La Biblia. Los Proverbios del Antiguo Testamento son una de las mejores fuentes de sabiduría divina que tenemos. El rey Salomón, el autor del libro bíblico, fue considerado uno de los hombres más sabios de la historia.

Poco después de suceder en el trono a su padre, Dios le hizo a Salomón una propuesta especial. Le ofreció cualquier cosa que su corazón deseara. Este fue un ofrecimiento que pocas personas recibieron alguna vez de Dios. Era una oferta única. Notemos cómo Salomón respondió al Señor. El segundo libro de Crónicas (1:6-12), dice:

"Subió, pues, Salomón allá delante de Jehová, al altar de bronce que estaba en el tabernáculo de reunión, y ofreció sobre él mil holocaustos. Y aquella noche apareció Dios a Salomón y le dijo: Pídeme lo que quieras que yo te dé. Y Salomón dijo a Dios: Tú has tenido con David mi padre gran misericordia, y a mí me has puesto por rey en lugar suyo. Confírmese pues, ahora, oh Jehová Dios, tu palabra dada a David mi padre; porque tú me has puesto por rey sobre un pueblo numeroso como el polvo de la tierra. Dame ahora sabiduría y ciencia, para presentarme delante de este pueblo; porque ¿quién podrá gobernar a este tu pueblo tan grande? Y dijo

Dios a Salomón: Por cuanto hubo esto en tu corazón, y no pediste riquezas, bienes o gloria, ni la vida de los que te quieren mal, ni pediste muchos días, sino que has pedido para ti sabiduría y ciencia para gobernar a mi pueblo, sobre el cual te he puesto por rey, sabiduría y ciencia te son dadas; y también te daré riquezas, bienes y gloria, como nunca tuvieron los reyes que han sido antes de ti, ni tendrán los que vengan después de ti."

Salomón era hijo del rey David y Betsabé. Ambos lo criaron en el palacio, donde estaba acostumbrado a las riquezas, el poder político y la fama. Cuando ascendió al trono tuvo la oportunidad de adquirir cualquier cosa que su corazón deseara. Podría haber escogido más riquezas, fama, respeto, salud o una larga vida. Todo estaba a su disposición. Todavía más, Dios le ofreció algo extraordinario. Podría haber sido el hombre más rico y más poderoso de la historia.

En lugar de pedirle al Señor cualquiera de estas cosas, su respuesta demostró que era digno de manejar todas ellas. En lugar de decir: "Dios, dame grandeza". Dijo: "Dame sabiduría y entendimiento". En otras palabras, su oración reflejó ese viejo y sabio proverbio que dice: "Dale a un hombre un pez y lo alimentarás por un día... Enséñale a pescar y lo alimentarás por el resto de su vida". La oración de Salomón reflejó un valor como éste: "Señor, no me ayudes a romper una barrera hoy. Enséñeme a romper toda barrera por el resto de mi vida."

El pedido de Salomón fue brillante. Sabía que si le pedía al Señor sabiduría y entendimiento, todos esos otros temas, como la riqueza, el respeto, la salud y la seguridad, vendrían por añadidura.

Sin embargo, hay un poco de ironía en su vida. Aunque fue considerado el hombre más sabio de su tiempo, eventualmente tomó malas decisiones y, como resultado, se perdió en el proceso. Permitió que las riquezas y el poder lo sedujeran y alejaran del gran regalo de Dios. Tuvo más de setecientas concubinas y trescientas esposas. Se volvió al culto a los ídolos y se distanció del único Dios verdadero. Cuando murió, llegó a ser tan ciego como cualquier otra persona que cae ante la seducción del poder, la riqueza y la inmoralidad sexual.

A pesar de que no fue perfecto, nosotros usaremos el libro de Proverbios como una guía para obtener sabiduría. Después de todo, Salomón no es la fuente de la sabiduría divina. Dios lo es. Su palabra permanece tan verdadera y poderosa como lo fue el día en que estas palabras fueron escritas. Me gustaría que enfocáramos nuestra atención en el primer capítulo. Esto será una muestra de la asombrosa visión y sabiduría que te espera en el resto del libro de Proverbios.

¡LEE TODO AL RESPECTO!

Esto es lo que el libro de Proverbios dice acerca de la sabiduría en el capítulo 1:

"Los proverbios de Salomón, hijo de David, rey de Israel.
Para entender sabiduría y doctrina, para conocer razones prudentes, para recibir el consejo de prudencia, justicia, juicio y equidad; para dar sagacidad a los simples, y a los jóvenes inteligencia y cordura. Oirá el sabio, y aumentará el saber; y el entendido adquirirá consejo, para entender proverbio y declaración, palabras de sabios, y sus dichos profundos. El principio de la sabiduría es el temor de Jehová; los insensatos desprecian la sabiduría y la enseñanza. Oye, hijo mío, la instrucción de tu padre, y no desprecies la dirección de tu madre; porque adorno de gracia serán a tu cabeza, y collares a tu cuello. Hijo mío, si los pecadores te quisieren engañar, no consientas. Si dijeren: Ven con nosotros; pongamos asechanzas para derramar sangre, acechemos sin motivo al inocente; los tragaremos vivos como el Seol, y enteros, como los que caen en un abismo; hallaremos riquezas de toda clase, llenaremos nuestras casas de despojos; echa tu suerte entre nosotros; tengamos todos una bolsa. Hijo mío, no andes en camino con ellos. Aparta tu pie de sus veredas, porque sus pies corren hacia el mal, y van presurosos a derramar sangre. Porque en vano se tenderá la red ante los ojos de toda ave; pero ellos a su propia sangre ponen asechanzas, y a sus almas tienden lazo. Tales son las sendas de todo el que es dado a la codicia, la cual quita la vida de sus poseedores. La sabiduría clama en las calles, alza su voz en las plazas; clama en los principales lugares de reunión; en las entradas de las puertas de la ciudad dice sus razones. ¿Hasta cuándo, oh simples, amaréis la simpleza, y los burladores

desearán el burlar, y los insensatos aborrecerán la ciencia? Volveos a mi reprensión; he aquí yo derramaré mi espíritu sobre vosotros, y os haré saber mis palabras. Por cuanto llamé, y no quisisteis oír, extendí mi mano, y no hubo quien atendiese, sino que desechasteis todo consejo mío y mi reprensión no quisisteis, también yo me reiré en vuestra calamidad, y me burlaré cuando os viniere lo que teméis; cuando viniere como una destrucción lo que teméis, y vuestra calamidad llegare como un torbellino; cuando sobre vosotros viniere tribulación y angustia. Entonces me llamarán, y no responderé; me buscarán de mañana, y no me hallarán. Por cuanto aborrecieron la sabiduría, y no escogieron el temor de Jehová, ni quisieron mi consejo, y menospreciaron toda reprensión mía, comerán del fruto de su camino, y serán hastiados de sus propios consejos. Porque el desvío de los ignorantes los matará, y la prosperidad de los necios los echará a perder; mas el que me oyere, habitará confiadamente. Y vivirá tranquilo, sin temor del mal."

Hay suficiente sabiduría condensada en este primer capítulo como para que estudiemos un año entero. Existe una superabundancia de ideas profundas y penetrantes para vivir bien y convertirse en una persona sabia. Piensa en todas las barreras que podrían romperse, si pudiéramos vivir una vida guiada por estos principios. No puedo entrar en los detalles de cada uno de ellos, pero rápidamente miraré cinco puntos sobresalientes.

Primero, una persona sabia es aquella que tiene temor del Señor. Salomón sostiene que a fin de obtener sabiduría para entender y vivir una vida prudente, debemos comenzar con tener temor del Señor. Salomón entendió el factor del temor como perteneciente a la sabiduría de Dios. Aquellos que tienen temor del Señor respetan su dirección y guía, y prestan atención a su consejo. No se enredan en las innumerables, absurdas e innecesarias desviaciones de la vida. No son distraídos por las tentaciones que los llevarían lejos de la sabiduría y les impedirían romper las barreras. En cambio, siguen el consejo y las pautas puestas por el Señor.

Aquellos que son sabios logran una vida prudente, llena de disciplina, rectitud, justicia y equidad. En resumen, son bendecidos. ¿Por qué? Porque tienen temor del Señor.

Los necios, por otro lado, son aquellos que desprecian la sabiduría y la disciplina. Se dejan atrapar por las garras de los patrones pecaminosos de la autodestrucción, e incitan a otros a alejarse de lo bueno y de la vida sana.

En segundo lugar, una persona sabia es aquella que escucha el consejo y la enseñanza de sus padres. Presta atención a las indicaciones de aquellos que lo criaron. Sigue la guía de quienes fueron antes que él. La persona que escucha la sabiduría de sus padres será honrada y también criará a sus niños para que sean respetuosos también.

Para la mayoría de nosotros, esto llega a ser un desafío. Los niños naturalmente se resisten a la guía impartida por sus padres. Cuando somos niños, en lo profundo puede ser que sintamos que tienen razón, pero no queremos admitirlo. Justo después de cumplir ocho años, mi papá se volvió a mí en el automóvil y me dijo: "Hijo, llegará un momento en el cual pensarás que soy un tonto. Algún día pensarás que eres más inteligente que yo". Amablemente lo corregí y le dije: "Papá, nunca pensaré que eres tonto. Te diré cuando estés equivocado, pero no pensaré que eres tonto". Dentro de cada uno de nosotros hay un deseo de mostrar al mundo que podemos llegar a ser tan inteligentes o más inteligentes que nuestros padres. Como niños aspiramos a llegar a ser tan inteligentes, conocedores y poderosos como ellos lo son.

Aquí encontramos un irónico secreto. Los padres desean que lleguemos a ser más sabios, inteligentes y mejores que ellos. Pero toma una vida entera para llegar ahí, y es casi imposible hacerlo sin su sabiduría. A pesar de que no escuché cada advertencia que mis padres me dieron, después, deseé haberlo hecho. Las pocas veces que se equivocaron fue debido a la falta de información que yo había proporcionado, y no debido a su falta de sabiduría.

Tercero, una persona sabia evita cualquier estrategia para "hacerse rico rápidamente". Según Salomón, aquellos que intentan hacerse ricos a través de prácticas inmorales perderán una amarga batalla. Su fin es seguro. Ganar riquezas ilegalmente le quita la vida a aquellos que las obtienen. Puedo apoyar la afirmación de Salomón con dos palabras: "Wall Street" (La "capital" del dinero en EE.UU.). ¿Cuántos ejecutivos corporativos fueron a prisión por sus formas ilegales de hacerse ricos? ¿Cuántos corruptos corredores de bolsa están sentados tras las rejas por vender certificados de una organización que no valía ni el papel en que su nombre estaba impreso? ¿Cuántos gerentes de nivel superior fueron despedidos por la malversación de fondos? ¿Cuantos no se suicidaron en un momento de crisis?

Cuarto, una persona sabia no es orgullosa. El orgullo impide el avance e incapacita a las personas a romper las barreras. Generalmente, las personas somos tercas y difíciles para recibir corrección. Precisamente, el orgullo es la razón por la cual nos quedamos donde estamos. En respuesta a esto, Salomón escribe en Proverbios 1:23-26: *"Volveos a mi reprensión; he aquí yo derramaré mi espíritu sobre vosotros, y os haré saber mis palabras. Por cuanto llamé, y no quisisteis oír, extendí mi mano, y no hubo quien atendiese, sino que desechasteis todo consejo mío y mi reprensión no quisisteis, también yo me reiré en vuestra calamidad, y me burlaré cuando os viniere lo que teméis".* La sabiduría del Señor habría venido al rescate si no hubiera sido por el orgullo. Proverbios 16:18, dice: *"Antes del quebrantamiento es la soberbia, y antes de la caída la altivez de espíritu".*

Quinto, una persona sabia vive en seguridad, tranquilidad y sin temor. Puede vivir libre de temor y ansiedad. Para los que rechazan la sabiduría del Señor, Salomón les dice: *"Por cuanto aborrecieron la sabiduría, y no escogieron el temor de Jehová, ni quisieron mi consejo, y menospreciaron toda reprensión mía, comerán del fruto de su camino, y serán hastiados de sus propios consejos. Porque el desvío de los ignorantes los matará, y la prosperidad de los necios los echará a perder; mas el que me oyere, habitará confiadamente y vivirá tranquilo, sin temor del mal"* (Proverbios 1:29-33).

Estos cinco puntos sobresalientes del primer capítulo valen su peso en oro. Imagínate qué tipo de mundo sería este si las personas temieran al Señor. Considera cuánto trastornos y disfunciones familiares se eliminarían si las personas pudieran vivir guiadas por estas normas. Visualiza las economías del mundo operando en armonía con tal sabiduría. Imagina un mundo que no fuera orgulloso ni arrogante. Piensa cómo sería el mundo si pudiéramos vivir de acuerdo a estos principios.

Hay muchas ideas profundas y beneficios delineados en este capítulo, no solo cinco. Prestar atención al consejo puesto delante de nosotros nos guiará a vivir vidas agradables a Dios, y nos ayudará a romper las barreras.

Imagina las ideas profundas que obtendrás si estudias un capítulo de Proverbios cada día. Piensa cómo será tu vida a medida que absorbas los principios y la sabiduría que Dios te imparte a través de su Palabra.

LA TAREA, UN PROGRAMA SENCILLO

Si yo fuera médico te prescribiría una saludable dosis de sabiduría de Dios cada día. Te animaría a que dedicaras el tiempo suficiente para estudiar La Biblia, y específicamente los Proverbios. Están llenos de la sabiduría y los valores de Dios. Te darían las llaves para abrir la puerta al conocimiento, las ideas, la perspectiva, la sabiduría de Dios y la vida. Te darían las herramientas necesarias para romper las barreras, superar la adversidad y alcanzar tu máximo potencial. En resumen, tu habilidad para romper las barreras llegaría a ser mucho más eficaz y aprovechable a medida que obtuvieras la perspectiva de Dios a través de la sabiduría.

Hay treinta y un capítulos en el libro de Proverbios, uno para cada día del mes. En una hoja de papel anota los puntos sobresalientes que encuentres mientras lees cada capítulo. Pasa de diez a quince minutos al día estudiando el capítulo. Después de la primera semana, agrega un capítulo de los Salmos. La semana siguiente, agrega tres capítulos de cualquier otro libro en La Biblia, y continúa leyendo ese libro hasta que lo termines. Al hacer esto, estarás leyendo un total de cinco capítulos por día (uno de Proverbio, uno de Salmos y tres de otro libro). La mayoría de los capítulos de La Biblia son de una página y un cuarto de extensión. Tu tiempo de lectura total no debe tomar más de treinta minutos.

Al principio, no parece mucho. Sin embargo, estudiar La Biblia a este paso te permitirá leer el libro de Proverbios cada mes, el libro de Salmos dos veces al año, así como toda La Biblia. Después de un mes notarás una diferencia significativa en tu perspectiva y en tu habilidad para confrontar las situaciones de la vida. Te darás cuenta de que hay una distinción notable entre quién eras antes de empezar el programa y quién llegaste a ser con el tiempo. Después de seis meses, la diferencia será mayor. Después de un año, la diferencia será como del día a la noche.

Dos meses después de haber iniciado el programa y una vez que estableciste el saludable hábito de crecer en la sabiduría de Dios, siéntete libre de agregarle a tu programa: casetes, discos compactos u otros libros que pertenecen al área específica que estás tratando... como las finanzas, la salud, la familia o las relaciones. Dios incrementará tu perspectiva a medida que estudias su Palabra y te ayudará a superar las barreras específicas que tienes por delante. Usa siempre los valores delineados en los Proverbios para juzgar todas las otras formas de influencia y guía. No olvides la importancia de usar Las Escrituras como un parámetro de valores éticos y principios.

Por ejemplo, si quieres romper una barrera financiera, no busques un libro de "riquezas rápidas". Esto estaría en oposición directa al consejo que encontramos en los Proverbios. Lo mismo sería verdad con respecto a cualquier barrera de salud, familiar o de relaciones que podamos enfrentar. Encuentra siempre una guía congruente en los valores delineados en La Biblia, y síguela. Como regla, siempre uso La Biblia como una referencia o un punto de partida para los valores que abrazo, con el fin de ayudarme a romper las barreras que enfrento.

Para terminar, la diferencia entre quienes llegan a ser todo lo que fueron destinados a alcanzar y aquellos que no, es que los primeros sí rompen las barreras que los separan de su máximo potencial. Además de tener un corazón como el de Dios, el segundo componente indispensable en nuestro camino hacia la libertad plena, es ser una persona establecida en la sabiduría divina. El sentido común o la sabiduría es el conocimiento y la experiencia que se necesitan para tomar decisiones y juicios sensatos.

La sabiduría de Dios está un escalón más arriba de todas las otras formas de sentido común y sabiduría. Es la habilidad para tomar decisiones y tener un juicio basado en la perspectiva de Dios. En esencia, es la capacidad de ver al mundo desde un punto de vista celestial. A medida que rompemos las barreras, vencemos la adversidad y alcanzamos nuestro máximo potencial, debemos ver los obstáculos desde la perspectiva divina. A causa de su omnipotencia y omnipresencia, Dios ve las cosas desde cada punto de vista posible. Dicho sencillamente, es el dueño de todas las perspectivas. Esto es lo que distingue la sabiduría de Dios del sentido común. A medida que nos unimos a Él, también obtenemos sus recursos para superar las adversidades que enfrentamos.

El primer paso para obtener la sabiduría de Dios se encuentra en el Salmo 111. Allí leemos: *"El principio de la sabiduría es el temor de Jehová; buen entendimiento tienen todos los que practican sus mandamientos…"* A medida que nos rendimos ante el Señor, nos abrimos a su guía, enseñanza y principios.

Obtenemos la sabiduría de Dios a través de dos caminos principales. El primero, nos rodeamos de personas sabias. Los valores de aquellos con los que pasamos más tiempo tienen un efecto benéfico en nuestras vidas. Si pasamos tiempo con aquellos que son sabios y ven las cosas desde la perspectiva divina, entonces aprenderemos de ellos y creceremos en la sabiduría que aprendieron. Proverbios 13:20 dice: *"El que anda con sabios, sabio será; mas el que se junta con necios será quebrantado"*. A medida que buscamos la sabiduría celestial, debemos rodearnos de personas sabias.

El segundo paso para alcanzar esta sabiduría es estudiar los Proverbios con el programa de lectura que presenté en este capítulo. Este libro del Antiguo Testamento está lleno de la sabiduría y los valores de Dios. Ellos te darán las llaves para abrir las puertas al conocimiento, a los principios, a la perspectiva, a la sabiduría y a la vida de Dios. Te darán las herramientas necesarias para romper las barreras, vencer la adversidad y alcanzar tu máximo potencial. Tu habilidad para romper las barreras llegará a ser mucho más eficaz y aprovechable a medida que obtengas la perspectiva de Dios a través de su Palabra.

Al concluir este capítulo pidámosle al Señor su dirección y guía divinas, mientras buscamos nuevas ideas, principios y paradigmas para ayudarnos a romper las barreras. Santiago 1:5 dice: *"Y si alguno de vosotros tiene falta de sabiduría, pídala a Dios, el cual da a todos abundantemente y sin reproche, y le será dada"*.

Una vez más, te pido que te unas conmigo en una simple oración, y roguemos a Dios por ayuda para asir perspectivas nuevas e innovadoras, con el fin de romper las barreras y alcanzar todo lo que fuimos destinados a ser.

> "Señor, comprendo que eres omnipotente y omnipresente, y que tu perspectiva es infinita. Tú eres el creador de los cielos y la Tierra. Eres todopoderoso, el omnipotente, el principio y el fin.
>
> Perdóname por el orgullo que mostré y por no buscar tu guía. No quiero ser una persona orgullosa. No quiero quedarme atrapado en mis patrones destructivos. Quiero ser libre, libre para vivir en el gran potencial que destinaste para mi vida.
>
> No te pido riquezas, gloria, fama o poder político. Te pido sabiduría. Ayúdame a llegar a ser no solo una persona con un corazón semejante al tuyo, sino un ser lleno de la sabiduría de Cristo.
>
> Reconozco que no puedo romper las barreras solo. Necesito tu ayuda y sabiduría. Ayúdame a tener tus principios, perspectiva y entendimiento. Ayúdame a que mi respeto por ti crezca cada día. Dame la fuerza para leer tu Palabra y no solo recibir tu corazón, sino también tu sabiduría. Oro en el nombre de Cristo. Amén."

CAPÍTULO 6

VIVAMOS FUERA DE LA CAJA

"Por aquel tiempo, fueron a ver al rey dos prostitutas. Cuando estuvieron en su presencia, una de ellas dijo:

—¡Ay, majestad! Esta mujer y yo vivimos en la misma casa, y yo di a luz estando ella conmigo en casa. A los tres días de que yo di a luz, también dio a luz esta mujer. Estábamos las dos solas. No había ninguna persona extraña en casa con nosotras; solo estábamos nosotras dos. Pero una noche murió el hijo de esta mujer, porque ella se acostó encima de él. Entonces se levantó a medianoche, mientras yo estaba dormida, y quitó de mi lado a mi hijo y lo acostó con ella, poniendo junto a mí a su hijo muerto. Por la mañana, cuando me levanté para dar el pecho a mi hijo, vi que estaba muerto. Pero a la luz del día lo miré, y me di cuenta de que aquel no era el hijo que yo había dado a luz.

La otra mujer dijo:

—No, mi hijo es el que está vivo, y el tuyo es el muerto.

Pero la primera respondió:

—No, tu hijo es el muerto, y mi hijo el que está vivo.

Así estuvieron discutiendo delante del rey. Entonces, el rey se puso a pensar: Esta dice que su hijo es el que está vivo, y que el muerto es el de la otra; ¡pero la otra dice exactamente lo contrario! Luego, ordenó:

—¡Tráiganme una espada!

Cuando le llevaron la espada al rey, ordenó:

—Corten en dos al niño vivo, y denle una mitad a cada una.

Pero la madre del niño vivo se angustió profundamente por su hijo, y suplicó al rey:

—¡Por favor! ¡No mate su majestad al niño vivo! ¡Mejor déselo a esta mujer!

Pero la otra dijo:

—Ni para mí ni para ti. ¡Que lo partan!

Entonces intervino el rey y ordenó:

—Entreguen a aquella mujer el niño vivo. No lo maten, porque ella es su verdadera madre.

Todo Israel se enteró de la sentencia con que el rey había resuelto el pleito, y sintieron respeto por él, porque vieron que Dios le había dado sabiduría para administrar justicia."

Primer libro de Reyes, Capítulo 3:16-28

Una gran odisea de camino al banquete

Dejé el Condado de Orange a las 16:00 y me dirigí al Aeropuerto Internacional de Los Ángeles para llevar a mi esposa e hijas. Tenía que regresar para dar una conferencia en un banquete. Cuando nos dirigíamos al aeropuerto, el tránsito era terrible. Los primeros cuarenta y cinco minutos en la autopista de San Diego fueron como sentarse en un estacionamiento. Los automóviles apenas se movían. Lo que normalmente toma cuarenta y cinco minutos, llevó una hora y media. Cuando estábamos a ocho kilómetros del aeropuerto, me di cuenta de que necesitaba ir al baño. Habíamos estado sentados en el vehículo cerca de dos horas. Sin embargo, sentí que no tenía tiempo para estacionar en el aeropuerto y buscar un baño. Así que a las 17:30, dejé a mi esposa y a nuestras tres "chicas súper poderosas" en la acera y me dirigí al mar de vehículos que estaban "estacionados" en las autopistas del sur de California.

El banquete era en Covina, como a cincuenta y seis kilómetros del aeropuerto. Mi plan original era volver al Condado de Orange y recoger algunos materiales para el banquete y, luego, partir hacia Covina. No obstante, reconocí que no había suficiente tiempo. Así que planeé un recorrido que me llevaría directo a Covina, donde la hora del banquete se fijó para las 19:00. Después de entrar a la Autopista Interestatal 105, que lleva directamente fuera de Los Ángeles, descubrí que miles de automóviles estaban detenidos debido a un accidente. Sintonizar la noticias del tránsito fue más desalentador. Cada autopista entre el aeropuerto y Covina tenía los carriles cerrados o estaba en reparación. La 405 Norte y la 10 Este estaban detenidas. Ir por la 110 dirigiéndose a Los Ángeles a las 17:30 un atardecer de viernes es sinónimo de "embotellamiento".

De modo que cambié de autopista. Volví a la 405 hacia el sur, a fin de evitar la acumulación de vehículos. Desafortunadamente, la 405 Sur no se movía más rápido que la 105. La velocidad promedio era de dieciséis kilómetros por hora. Los cinco carriles estaban completos. Después de ocho kilómetros por la autopista y de treinta minutos de estar sentado en medio del tránsito, salí por el Bulevar Artesia y me dirigí al este, que eventualmente se convierte en la Autopista 91. El tránsito se movía maravillosamente en el bulevar, hasta donde comenzaba la autopista. Cuando ingresé a esta, también se convirtió en un estacionamiento. No podía creerlo. ¿Cuáles eran las probabilidades de que cada autopista de mi elección tuviera un accidente o estuviera saturada su capacidad?

Según todos los informes de tránsito en la radio, la mayoría de las autopistas tenía accidentes, salvo la 710. Así que pensé: "¿Qué tengo que perder?" Me arriesgué y tomé esa autopista hacia el sur. Irónicamente, no había tránsito en los ocho kilómetros que me tomó volver a la 405 Sur, donde, una vez más, desaceleré a unos once kilómetros por hora. Para entonces, eran las 18:30 y no había forma alguna de llegar a tiempo a Covina para el banquete. No obstante, todavía había esperanzas, pues, generalmente, la primera hora de los banquetes se dedica a comer y a escuchar a los conferencistas preliminares.

El banquete en Covina era el más grande de la gira. El año anterior, ellos habían recaudado US$ 97.000 para literatura y habían esperado levantar más de US$ 100.000 esta vez. Yo no quería echarlo todo a perder. No quería decepcionar a nadie. Era el orador principal y tenía la gran responsabilidad de cumplir bien con todo.

Decidí que necesitaba seguir mi plan original, que era pasar por el Condado de Orange y dirigirme directamente al norte, hacia Covina. Así que decidí atravesar Costa Mesa. En Long Beach el tránsito comenzó a aligerarse un poco y las velocidades de los vehículos aumentaron como a cuarenta y ocho kilómetros por hora. A los diez minutos la autopista se había despejado completamente y cada vehículo estaba viajando al límite de velocidad permitido. Supe que iba a dejar "los pelos en el alambre". Pensé que había tomado la decisión correcta, aunque sabía que iba a ser un final para "comerse las uñas". Todo dependía del tránsito en las cinco autopistas restantes que me llevarían a Covina: la 55, la 5, la 57, la 60 y la 10.

En todo esto tuve que enfrentar tres barreras independientes. Primero, la de encontrar una manera para ingresar en el tránsito; cada autopista con rumbo a Covina parecía estar detenida. Segundo, la situación se tornaba más complicada. No solo estaba incómodo, sino que experimentaba dolor, ya que necesitaba un baño desesperadamente; había pasado casi tres horas en el automóvil hasta que descubrí que necesitaba un sanitario. Cada estación de servicio que pasaba en la autopista me llamaba, así como las sirenas que causaron tantos naufragios en la mitología griega. A pesar de que mantuve mi enfoque y soporté el malestar, a las 18:50 estaba pagando el precio. Tercero, el comité del banquete había fijado una meta financiera para recaudar más dinero que el año anterior, con cien personas menos que en el banquete pasado.

Cuando llegué a Costa Mesa, eran las 19:00. Todavía me quedaba una hora y diez minutos para llegar, presentarme en nuestra mesa e iniciar mi discurso. Entré al estacionamiento donde iba a trasladar los materiales a otro vehículo. Era en nuestro complejo de oficinas del distrito, una oficina asociada con la denominación de nuestra iglesia en Irvine. Corrí a la puerta del frente del edificio a fin de usar el baño, e hice un horrendo descubrimiento: estaban cerrados. Pero no solo eso, el área de la recepción estaba en tinieblas y no había nadie allí. Sentí cómo el pánico se apoderaba de mí.

Era la sensación que todos tenemos en el patio de recreo de la escuela. Jugamos y jugamos, negando la necesidad de ir al baño. Ocasionalmente, empezamos a bailar la "danza de la necesidad" y las personas nos dicen:

-Necesitas hacer la uno o la dos, ¿verdad?

-No, estoy bien -respondemos, y seguimos negándolo porque no queremos perdernos la diversión. Finalmente, no podemos con la presión. Empezamos a correr hacia el baño esperando llegar a tiempo antes de estallar. Durante la ruta descubrimos que ahí viene y no hay nada que podamos hacer al respecto. El pánico que nos golpea en ese momento fue exactamente el que sentí mientras contemplaba la oscuridad en el área de recepción, a través de las puertas de vidrio cerradas con llave.

Así que hice lo que cualquier hombre haría en mi lugar. Miré alrededor del estacionamiento y encontré una palmera muy bonita y le pedí que fuera mi amiga. ¡Y qué amiga llegó a ser esa palmera! A medida que la presión comenzó a menguar, puse mi brazo alrededor del árbol y apoyé mi cabeza contra su tronco, como diciéndole: "Gracias, ayudaste a un extraño en un momento de desesperación".

Después de unos segundos de gratitud por sus servicios, comencé a mirar a todos lados, porque mi experiencia con el tronco sin ramas no duró treinta segundos, sino casi dos minutos. Creo que la sequía del sur de California acabó en ese momento. Mi miedo era que alguien saliera del edificio y llamara a la policía, acusando al hombre que estaba ilegalmente regando los arbustos. Finalmente, terminé.

Aliviado, corrí hacia mi automóvil, transferí los materiales y regresé a la autopista. Justo antes de que entrara, oí otro informe de tránsito que indicaba la existencia de otro accidente en la autopista a la cual estaba a punto de ingresar. Quedé paralizado. No tenía ninguna otra ruta alternativa. La Autopista 55 era la única vía al norte, hacia Covina. ¿Qué podía hacer? Oré por otra solución.

El Señor puso una idea en mi cabeza. Llamé a mi amigo Steve Rutledge y le dije:

-Steve, necesito tu cuerpo en mi vehículo para así poder viajar por el carril rápido de varios pasajeros.

Si llevas a otras personas en tu auto en lugar de viajar solo, se te premia con la posibilidad de ir por un carril más rápido. Lo que se busca es la menor cantidad de vehículos en las autopistas.

-Me dirijo a un banquete -continué-, y necesito tu ayuda para llegar. Sin ti no puedo entrar al carril rápido de varios pasajeros y no estaré a tiempo para mi intervención. ¿Podemos encontrarnos en alguna de las rampas de acceso a la Autopista 5?

Él estuvo gustoso de ayudar. Me dijo la ruta más rápida a la 5 y se encontró conmigo en una rampa de la ciudad de Tustin.

Ingresamos a la Autopista 5 y nos pasamos al carril rápido de varios pasajeros. Desafortunadamente, el tránsito se movía muy lento, incluso más que el resto de las autopistas. Tan lejos como se podía ver, se observaba un lento río de luces rojas. Yo era un saco nervios. Pero Steve me aseguró que íbamos a lograrlo. Él me ayudó a calmarme un poco. Finalmente, después de diez minutos, el tránsito empezó a fluir. En ese momento eran las 19:40. Nos conectamos con la Autopista 57 hacia el norte. Para entonces, una de las personas encargadas del banquete me llamó para saber dónde me encontraba. Le expliqué todo y le dije que llegaría no más tarde de las 20:10.

El tránsito era un constante detenerse y seguir por varios kilómetros. Accedimos a la Autopista 60, después a la 57 de nuevo y finalmente a la 10 Oeste. Para cuando llegamos al banquete, había conducido por cada autopista principal del sur de Los Ángeles con excepción de la 605 y la 110.

Llegamos a nuestro destino a las 20:13. "Salté" del automóvil frente a la puerta principal, brinqué por la baranda y corrí a toda velocidad hacia el salón del banquete. Entretanto, Steve estacionó el automóvil y comenzó a instalar nuestra mesa con información del ministerio en el vestíbulo. En unos pocos minutos me presentaron para hablar. En lugar de tener treinta minutos, mi tiempo se redujo a aproximadamente quince. La tarea era desafiante.

¿Cómo podría recaudar US$ 100.000 en quince minutos? Soy consciente que levantar fondos tiene poco que ver con mi habilidad de persuasión para que las personas den. Aunque la mayoría viene a estos banquetes lista para invertir en el ministerio u organización sin fines de lucro en el que creen, a estas alturas mis escuchas estaban cansados, pues acababan de terminar un bistec con papas cocidas con "todas las extras".

Debido al preludio de cuatro horas llenas de estrés que acababa de experimentar, estaba agitado y distraído. Mi confianza estaba baja y me sentía completamente desconectado del grupo. Necesitaba la dirección y la sabiduría de Dios. Otra idea del Señor apareció en mi cabeza. En lugar de abrir mi Biblia y predicar un largo sermón, me enfoqué en las historias que Dios quería que dijera.

Romanos 10:17 dice: *"Así pues, la fe nace al oír el mensaje, y el mensaje viene de la palabra de Cristo"*. La palabra "mensaje" está directamente relacionada a la historia de Cristo actuando en las vidas de aquellos que lo siguen. Un testimonio así tiene el poder para convencer a las personas de creerle y seguirle.

Así que conté las historias del impacto que Dios orquestó con la literatura evangelística. Hablé de aquellos cuyas vidas fueron transformadas a través del material que se refiere al poder de Cristo para libertar a los cautivos. Para cuando terminé eran las 20:45. Entonces entregué el podio a la persona que presidía.

Las personas empezaron a llenar sus compromisos financieros y a entregarlos a los coordinadores. Pronto la calculadora estaba "escupiendo" el papel blanco a medida que los números empezaban a aumentar. Miré a la mesa donde las promesas eran contadas. Observé sonrisas y comentarios agradables. Cuando caminé hacia ellos, les dije:

-Bien, díganme, ¿cómo salimos?

-Bueno, rompimos los US$ 100.000.

A las 21:20, la cuenta final estaba hecha. Se recaudó US$ 100.500. Otro milagro había ocurrido.

Después de una breve celebración, era tiempo de regresar a casa. Steve y yo guardamos todos los materiales y caminamos hacia el automóvil. Oh, casi olvido mencionarlo: fui una vez más al baño... solo por si acaso.

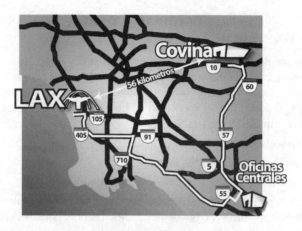

En el capítulo anterior consideramos la importancia de ver las cosas desde la perspectiva de Dios. A fin de obtener la sabiduría de Cristo, necesitamos poseer su visión. Si vamos a romper las barreras, debemos adoptar su paradigma y ver el mundo a través de sus lentes.

Desde todos los ángulos, Dios vio cada autopista y cada "embotellamiento". No obstante, supo desde el principio cuál era la ruta más apropiada. Su perspectiva era perfecta. Por otro lado, yo me sentía como un ratoncito en un laberinto, con una calle sin salida tras otra y con una perspectiva limitada. Sabía que necesitaba su sabiduría, así que le pedí al Señor su visión. Le pedí ayuda...

La respuesta de Dios vino en la forma de un amigo. El Señor respondió dándome una solución creativa. Entonces llamé a Steve y le pedí que se me uniera. De repente, tenía acceso a los carriles rápidos de varios pasajeros del sur de California. Él no solo vivía cerca de la entrada de la autopista, sino que, también, me acompañó cuando me encontraba en una situación muy estresante. Me ayudó a viajar cinco veces más rápido, en lugar de utilizar los carriles normales de las autopistas. Estacionó el automóvil cuando llegamos y preparó nuestra mesa de información en el vestíbulo, mientras yo daba la conferencia. Con todo y todo, me hizo ahorrar más de una hora entre conducir e instalarnos en el banquete.

La sabiduría de Cristo es tener la visión, la perspectiva y la habilidad de Dios para tomar buenas decisiones. También significa aprovechar la creatividad de Dios en nuestra búsqueda por romper las barreras, superar la adversidad y alcanzar nuestro máximo potencial.

NUEVOS PARADIGMAS Y PERSPECTIVAS

Las respuestas que buscamos muchas veces están justo frente a nuestros ojos. Es como cuando buscamos las llaves de la casa y estas estuvieron en nuestra mano todo el tiempo. Revisamos frenéticamente la cartera, el portafolio, el escritorio, el llavero y otros diez lugares más. Entonces, nuestro cónyuge nos dice:

-¿No son esas que están en tu mano?

Y nos decimos a nosotros mismos:

-Si hubiera sido una serpiente, me habría mordido.

¿Qué nos impidió ver nuestras llaves? Los lentes con los cuales vemos el mundo nos impiden ver cosas desde ángulos distintos. Nuestra perspectiva a veces nos impide ver la opción más importante y obvia. Por esa razón, mucho del modo en que interactuamos y reaccionamos está determinado por nuestra mentalidad. Para cambiar esto, necesitamos un paradigma nuevo. Para ver las barreras que enfrentamos, necesitamos un punto de vista "fresco". Necesitamos ver nuestras circunstancias desde la perspectiva de Dios.

Cuando tenía diecisiete años, decidí asistir a la Universidad Vanguardia para prepararme para el ministerio a tiempo completo. Estaba decidido a convertirme en un pastor. Mis padres no estaban entusiasmados con la idea. Temían que después de mi graduación no pudiera sobrevivir a las presiones financieras de la vida. Mi papá me dijo:

-Hijo, solo recuerda: si entras al ministerio, no vas a ganar mucho dinero.

Al mirar hacia atrás, honestamente puedo decir que tenía razón. Pienso que mis padres me hubieran alentado más si yo hubiera escogido una universidad secular. Aunque ellos apoyaban mis convicciones cristianas, estaban preocupados respecto a si podría vivir en California trabajando como ministro. Por varias semanas estuvimos en ascuas y había una tensión incómoda entre nosotros.

Un día, mientras mi padre trabajaba en su restaurante, un cliente habitual entró al local. Su nombre era Chick Hearn. Había sido relator de radio de Los Ángeles Lakers por más de tres décadas. Se mudó de Minnesota con los Lakers, cuando estos "instalaron sus tiendas" en Los Ángeles. La mayoría considera a Chick como uno de los mejores relatores que el deporte tuvo alguna vez. Al menos, la gente de Los Ángeles estaría de acuerdo conmigo.

Chick entró al local de mi papá y esperó por una mesa en el salón para cenar. Normalmente, tomaba una taza de café mientras ambos conversaban acerca de la vida y de los Lakers.

Esa noche Chick descubrió que mi papá estaba un tanto distraído. Le dijo:

-¿Qué es lo que te preocupa, Bob?

-Es mi hijo. Quiere ir a una universidad a prepararse para el ministerio. Mi única preocupación es que no pueda pagar sus cuentas. No estoy seguro de qué hacer -le contestó.

Chick puso su taza de café en la barra y miró fijo a los ojos a mi padre. Después de hacer una pausa durante un breve instante, dijo:

-Bueno, yo perdí a un ser muy amado por una sobredosis de drogas. Si pudiera rebobinar las cintas de su vida y verlo graduarse en la escuela de ministros, lo haría en un dos por tres.

Chick vio las cosas desde una perspectiva diferente, desde el punto de vista eterno. Su experiencia dolorosa le dio una visión única dentro de la sabiduría de Dios. Podía acercarse a la situación con la sabiduría divina. Y si debo darle crédito a mi padre, él también tuvo el suficiente sentido común como para ver las cosas desde ese punto de vista. Ese único comentario inclinó la balanza a mi favor, y mi padre apoyó mis esfuerzos para ir a la universidad y prepararme para el ministerio.

De un momento a otro, mi padre tuvo un cambio de paradigma y vio las cosas desde un ángulo diferente. Su percepción e interpretación con respecto a las prioridades en la vida, cambiaron. Durante mis cuatro años de universidad, llevó la mayor parte de la carga financiera. Durante varias semanas cada año, trabajó dieciséis horas al día para cubrir el costo de mi matrícula y alojamiento. Estoy agradecido a él por sus esfuerzos y por su apoyo con la universidad. Y estoy aún más impresionado por su voluntad de considerar el mundo desde una perspectiva diferente.

Mucho de lo que pensamos y cómo nos acercamos a nuestras barreras es determinado por nuestro punto de vista, por nuestro paradigma mental. Una de las cosas más sabias que podemos hacer a medida que intentamos romper las barreras, es permitir que la sabiduría de Cristo cambie nuestra perspectiva.

En nuestro deseo por romper las barreras, es indispensable extendernos más allá de nuestra perspectiva natural. Necesitamos crecer en la sabiduría de Dios, y permitirle cambiar nuestro punto de vista acerca de nuestras circunstancias. Cualquier barrera puede ser abordada desde ángulos diferentes. Más que todo, debemos tener cuidado en no pensar que la manera en que vemos el mundo es el único modo de verlo.

En ocasiones, caemos en un bache que inhibe nuestra habilidad para superar justo la barrera que nos impide alcanzar nuestro máximo potencial. Nos acostumbramos a ver y analizar nuestras barreras desde un ángulo en particular. Tristemente, cuando concluimos que no hay forma de superar el problema, nos condenamos al fracaso.

PENSEMOS FUERA DE LA CAJA

El ejercicio de abajo probará tu habilidad para ver potencialidades. No hay respuestas correctas o equivocadas. Está diseñado para retarte a ver todas las posibilidades.

Considerando que las cajas vienen en una variedad de formas, ¿cuántas puedes ver en la figura de abajo?

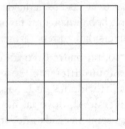

Después de examinar el diagrama, puedo ver el potencial para centenares de cajas. ¿Suena ridículo? Quizás. Pero recuerda, una caja no es un cuadrado. Puede venir en todo tipo de formas y tamaños.

Ahora, intenta ver las cosas desde una perspectiva diferente. Todos podemos ver claramente las nueve cajas que constituyen un juego de "tres en raya" o "gato". Ellas tienen la siguiente forma y tamaño:

Sin demasiado esfuerzo, puedes ver la caja más grande que rodea las nueve cajas principales y que toma la siguiente forma:

Entonces, si combinas cuatro cajas más pequeñas, hay cuatro de estas que toman la forma siguiente:

Hay dos juegos de las siguientes formas:

Hay seis unidades de las siguientes formas:

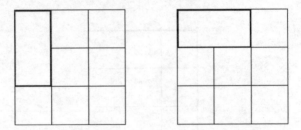

Hay tres unidades de las siguientes dos formas:

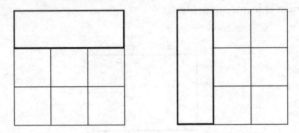

Hay treinta y seis cajas si vemos el gráfico desde una perspectiva bidimensional. Imagina ver la figura como si fuera una caja tridimensional. Si puedes visualizar el bloque de cajas en una escena tridimensional, podrían potencialmente convertirse en cientos de cajas.

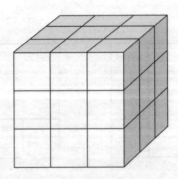

El punto aquí es que las posibilidades son interminables. Tu habilidad para ver el potencial está limitada por una cosa: tu perspectiva. Tu destreza para romper las barreras está limitada por tu capacidad de ver las interminables posibilidades alrededor de ellas. Abrir tu mente a la sabiduría de Dios te da las llaves para ver las posibilidades que Él ve.

CONFRONTA LO QUE TE ENFRENTA

Saber que mi corazón está alineado con el carácter de Dios hace que cuando enfrento una barrera busco primeramente su sabiduría. Me siento y la imagino como si tuviese alguna clase de forma física. Entonces, visualizo la confrontación con la barrera y la enfrento en forma directa. Huir de mis problemas no es una opción. Esconderme no es una alternativa. Debo enfrentarlos. Pongo en orden cinco pasos que sé que debo completar a fin de ver a mi barrera como un obstáculo superado. A medida que explico estos cinco pasos, anota algunas de las ideas que vienen a tu mente, las cuales coinciden con ellos. Sin duda alguna, te ayudarán en tu viaje para romper tus barreras.

El primer paso es la oración. Antes de que intentemos romper aquello que nos impide superar la adversidad, debemos orar. Conectarse con Dios es el punto de partida de todo lo que hacemos. Pídele al Señor sus perspectivas y su sabiduría para enfrentar el problema. Pídele que te permita ver la barrera desde su perspectiva. Ver la barrera desde el punto de vista de Dios te permitirá no solo visualizar sus fortalezas, sino también sus debilidades.

Mi esposa Cindee y yo queríamos comprar una casa, pero teníamos muy poco dinero. No teníamos capital alguno y nunca antes habíamos tenido una propiedad. Puesto que somos de California, las probabilidades de comprar una casa eran menos de las imaginadas, debido al alto costo de los bienes raíces. Creímos que era nuestro tiempo para hacer una compra y sentimos que Dios abriría las puertas correctas. Así que oramos. Ese fue nuestro punto de partida. Le pedimos al Señor que abriera nuestras mentes para percibir las posibilidades que estaban más allá de nuestra perspectiva limitada. Sentíamos paz y creímos que nuestros motivos eran los correctos y, por lo tanto, podíamos continuar con el proceso.

Después de orar, pasamos al siguiente paso. Observamos e investigamos la barrera desde cada ángulo posible. En lugar de ver solo las aplastantes circunstancias de un mercado inmobiliario que constantemente está escalando y moviéndose más allá de nuestras capacidades financieras -al menos en nuestras mentes-, desarmamos la barrera en segmentos más pequeños. En vez de enfrentar el problema desde un ángulo en particular, decidimos buscar una perspectiva diferente. Lo asemejo a volar en un helicóptero alrededor de una montaña, rodeándola una cuantas veces. Hablando en forma figurada, esto nos permitió ver el problema desde todos los ángulos y obtener una perspectiva distinta de nuestra barrera. También, nos permitió desmenuzar el problema en partes más pequeñas. Como resultado, pudimos ver los puntos fuertes y los débiles de la barrera que estaba en nuestro camino.

Cada barrera, no importa cuán grande sea, puede resquebrajarse en segmentos más pequeños. Comprar una casa trae consigo muchos detalles. Además de encontrar una casa apropiada, también necesitas un pago inicial de contado (prima). Calificar para el préstamo correcto y ser capaz de hacer los pagos mensuales no es un logro menor. Por supuesto, el depósito involucra muchos detalles.

Cindee y yo, junto con nuestro asesor inmobiliario, desarmamos la barrera de comprar una casa en segmentos más pequeños y enfrentamos cada uno independientemente. Lo tomamos un día a la vez, un obstáculo a la vez, una barrera pequeña a la vez. Si hubiéramos pensado por un momento que necesitábamos conseguir los fondos para el pago inicial y los siguientes -todo en un solo día-, hubiésemos entrado en pánico. Si hubiéramos tenido que encontrar una casa decente cerca de buenas escuelas para nuestras hijas, y manejar todos los detalles del depósito -todo en un solo día-, habríamos estado agobiados por la barrera que teníamos enfrente. Sin duda, hubiésemos renunciado. Así que la desarmamos en segmentos más pequeños y nos enfocamos en cada uno independientemente.

Comprendimos algo sobre los inmuebles en California. Personas iguales a nosotros compran propiedades y encuentran maneras posibles de romper esa barrera. No es una fortaleza impenetrable. Puede hacerse. A medida que rompíamos la barrera en segmentos más pequeños, empezamos a descubrir sus debilidades. Por ejemplo, hay dueños que están ansiosos por mudarse y venden su propiedad en menos de su valor. Hay tasas de interés bajas, que reducen los pagos mensuales de aquellos que tienen hipotecas grandes. Nunca fue más fácil construir una casa. Dependiendo de la perspectiva de cada uno, los precios son bajos comparados a los que serán en quince años, cuando la población de California crezca a treinta o a más de cincuenta millones de personas. Comenzamos a ver las grietas en la "impenetrable" barrera, que podrían permitirnos alcanzar nuestra meta.

Esto nos guió a nuestro siguiente paso: mantenernos y abrazar cada posible solución. Miramos cada solución imaginable y la anotábamos en un papel. Observábamos los condominios adyacentes y aparte, casas distantes y económicas de pueblo y casas nuevas en construcción. Escribimos el nombre de cada miembro de nuestra familia a quien podríamos pedir dinero prestado para pagar el anticipo. Analizamos nuestro ingreso proyectado y miramos nuestras cuentas de jubilación y ahorro. Aún más, hicimos un inventario de todo lo que poseíamos y lo estimamos para eventualmente convertirlo en dinero en efectivo. Consultamos a tres gestores hipotecarios y les dijimos a cada uno que estarían luchando y ofreciendo el uno contra el otro nuestro préstamo. Les consultamos por préstamos y consideramos la cantidad de nuestros pagos mensuales basados en una prima del veinte, diez y cinco por ciento.

De pronto, la creatividad de la sabiduría de Dios empezó a formular en nuestra mente algunas ideas muy interesantes. Nos sentamos y escribimos todas nuestras opciones. A medida que enfrentes creativamente tu barrera, anota cada solución posible que te llegue. Ninguna respuesta o solución es ridícula. Cada idea que anotes en papel es digna de ser tomada en cuenta. No borres ni descartes ninguna, no importa cuán absurda parezca. Una vez que anotes cada idea y te sientas positivo respecto a tu lista, podrás moverte hacia el cuarto paso.

Luego de confeccionar una lista de cada solución posible, comienza a reducirla a las cinco más importantes, y anota estrategias de seguimiento para cada una de ellas. Construye un plan cronológico o secuencial con los pasos necesarios para llevarla a término. Esto te permitirá ver los puntos fuertes y débiles de cada idea. Para nosotros, esto fue especialmente útil cuando analizábamos las diferentes opciones de préstamo y tasas de interés. Los créditos varían de país en país. Nunca hubo tantas opciones para préstamos hipotecarios como las hay hoy. Si no hubiéramos observado cada opción de manera independiente y anotado el camino a seguir, nos habríamos arrepentido al decidirnos por una inadecuada.

Un amigo mío, Don Judkins, me dijo una vez:

-No importa qué solución escojas para un problema, siempre ten una salida. Asegúrate de que puedes salir de tu compromiso en caso de necesidad. Siempre ten una estrategia de escape.

Este es un gran consejo, dado por alguien que trabajó en bienes raíces toda su vida. Para cada solución debe haber una estrategia de salida tangible y decente. No importa lo buena que parezca una opción, siempre ten una segunda vía de salida. Si algo le ocurre a tu salud o algo te impide avanzar, ten un camino alternativo. Siempre piensa en un plan "B" y "C". Una vez que hicimos nuestra elección de casa, préstamo, cantidad de prima y oferta, nos movimos hacia el quinto paso.

Finalmente, aprende constantemente consultando a las personas sabias que están a tu lado. Durante todo el proceso Cindee y yo continuamos solicitábamos información a aquellos que habían transitado el camino hacia donde nos dirigíamos. Les preguntamos a quienes compraron propiedades en California para conocer su perspectiva y su opinión. Interrogamos amablemente y pudimos extraer sabiduría de los que habían viajado por ese mismo camino.

Cindee y yo habíamos hecho toda nuestra tarea. Oramos, observamos la barrera y la desarmamos en pequeños segmentos, mantuvimos y abrazamos cada posible solución, pensamos en las cinco principales opciones y nos retroalimentamos constantemente al consultar a otros. Finalmente, decidimos que nuestros pagos mensuales serían demasiado altos debido a nuestra prima del diez por ciento. No íbamos a poder comprar la casa y estábamos muy desilusionados. Después de varias semanas de buscar una propiedad, de informarnos sobre los préstamos y de calcular nuestros presupuestos, nos entristecimos grandemente. Justo antes de darnos por vencidos, llamamos a nuestro asesor inmobiliario. Así, siguiendo el consejo de nuestro asesor Sandy Birtwell, llamé a un amigo que había hecho lo que nosotros intentábamos hacer.

Doug Petersen y su familia son misioneros en Centroamérica. Luego de muchos años de servicio, habían comprado una casa en el sur de California. Lo llamé y le expliqué nuestra situación. Doug dijo:

-Como misionero, tu problema no es un problema de hipoteca, sino de flujo de dinero en efectivo. Jason, creo que necesitas entrar en el mercado. Si estás planeando vivir en California, ahora es mejor que después. Los precios solo subirán.

Después de que entendió nuestra situación financiera y dilemas, dijo:

-¿Por qué no intentas dar solo un cinco por ciento de prima en lugar de diez. Tus pagos mensuales subirán un poco, pero podrás usar el otro cinco por ciento como un colchón en caso de que te sea difícil hacer los pagos mensuales. De acuerdo al presupuesto que estableciste, el colchón del cinco por ciento te ayudará a abonar los pagos mensuales durante dos o tres años. Durante ese tiempo la casa habrá subido de valor y podrás refinanciar. Si no puedes hacerlo, simplemente vende la casa. Habrá adquirido valor y generado, como mínimo, una modesta ganancia. Vale la inversión.

Doug tenía razón. De repente la luz se encendió. Vimos las cosas desde una perspectiva diferente. La respuesta estaba tan clara como el día. Esa noche Cindee y yo nos fuimos a la cama sabiendo que, con nuestro sueldo actual, podríamos hacer nuestros pagos mensuales hipotecarios durante los próximos tres años. En lugar de pagar el alquiler que entraría en el bolsillo de otro, estaríamos invirtiendo en nuestro futuro. Después de tres años podríamos evaluar si nos quedábamos con la casa o nos movíamos en otra dirección. Doug había aprendido algo de sus luchas con el sueldo de un misionero, y nos lo explicó. Aprendimos la importancia de pedir consejo a quienes ya habían recorrido el camino que deseábamos hacer.

Mis recursos más grandes son los individuos sabios que están a mi alrededor. Tus más grandes recursos son las personas sabias que están cerca de ti. Probablemente, tienes la gente, el conocimiento y la información necesarios a tu disposición. Por consiguiente, pregunta a quienes superaron exitosamente una barrera como esta o similar, para que te den la visión, la perspectiva y la aproximación que encaje mejor a tu situación. En la mayoría de los casos, estarán más que dispuestos a ayudar.

A medida que apliques estos pasos a tu propia vida, di: "Es tiempo de enfrentar el desafío". Dios usará tu creatividad y la de aquellos a tu alrededor para ayudarte a trazar el camino a seguir, a fin de romper las barreras. Aquí hay un acróstico sencillo para ayudarte a recordar los pasos que desarrollé anteriormente. Se deletrea R.O.M.P.E. Dios te ayudará a aplicar su sabiduría a cada situación que enfrentes:

1. Recibe la perspectiva de Dios a través de la oración. Pídele a Él su punto de vista.

2. Observa (investiga) la barrera. Mírala desde cada ángulo y desármala en segmentos más pequeños.

3. Mantén y abraza cada posible solución, no importa si parece ridícula.

4. Piensa en las cinco principales opciones y desarrolla una estrategia de seguimiento para cada una.

5. Edúcate constantemente al consultar a personas sabias.

CÓMO TOCAR A UNA NACIÓN ENTERA A TRAVÉS DE LA CREATIVIDAD DE DIOS

Estábamos planeando recientemente uno de los proyectos más grandes en la historia de nuestro ministerio evangelístico. El evento se llevaría a cabo en el estadio de fútbol más grande de Costa Rica. En los últimos siete años nuestras cruzadas estuvieron divididas en dos segmentos. El primero es el de los niños, y comienza a las 17:30; el segmento es el de los jóvenes y adultos, y comienza a las 19:00. Mientras mi esposa y su equipo coordinan un programa maravilloso que alcanza a miles de niños cada noche, yo hablo a la juventud y a los adultos.

En esa oportunidad buscábamos buscando una manera de alcanzar a miles de niños e invitarlos al evento. Una mañana, después de disfrutar con mi esposa un tiempo juntos en nuestro tradicional café italiano, pasamos cerca de un McDonald's. Al ver los "arcos dorados", una idea saltó a mi mente. Pensé: "¡Qué bueno sería poner alguna clase de invitación en cada 'Cajita Feliz' para promover el segmento de niños en la cruzada!"

PowerMark es una revista de historietas diseñada por Ministerios Quest Internacional y publicada por la editorial Gospel Publishing House. Presenta el mensaje de salvación y el amor de Dios de una manera sencilla, que los niños pueden entenderlo fácilmente. Es una literatura de primera, impresa con la misma calidad que cualquier tira cómica como Batman, Spiderman o Superman. Decidimos pedirle a nuestra denominación varios cientos de miles de copias de la serie en seis partes. Nuestra estrategia era colocar una copia en cada "Cajita Feliz" que se vendiera, durante los tres meses previos al evento.

Concerté una cita con los ejecutivos de McDonald's en Costa Rica. Ellos tomaron varias muestras y prometieron presentar nuestra propuesta en su próxima reunión de junta directiva. Pero había un pequeño problema: sus ventas de "Cajita Feliz" solo eran de 30.000 al mes. Eso no era suficiente para cubrir a la nación. Hablamos entonces con Kentucky Fried Chicken y Quizno's. Sus ventas mensuales eran inferiores a las de McDonald's.

Parecía que estábamos atrapados en una situación difícil. Queríamos alcanzar a los niños de la nación, pero ¿cómo? Nuestra meta era llegar a varios cientos de miles de costarricenses antes del evento. Comenzamos a pensar en los medios de distribución que ya estaban en funcionamiento. Nos preguntamos: "¿De qué modo podríamos repartir varios cientos de miles de copias de una sola vez?" Entonces nos llegó la idea. El más poderoso medio de distribución en Costa Rica es el periódico más grande del país: "La Nación", con cerca de trescientos mil ejemplares diarios. Es uno de los medios gráficos más distinguidos e influyentes de Centroamérica. Puede compararse al "U.S.A. Today" o a cualquier otro medio del imperio "Times". Inmediatamente concertamos un encuentro y hablamos con sus directivos.

Ellos me dieron la cifra de su distribución dominical. Entre 250.000 y 300.000 ejemplares se entregaban todos los domingos por la mañana. Esa era la red de distribución que buscábamos. Rebeca Ruiz, mi asociada ministerial, fue la punta de lanza en las negociaciones. Ella dijo:

-Necesitamos poner esta literatura en las manos de cada niño de este país. Queremos invitarlos a un evento que celebraremos en el Estadio Ricardo Saprissa. Creemos que Dios ama a los niños de Costa Rica y queremos hablar a ellos de su amor de una manera que levante su autoestima y dignidad. Necesitamos de su ayuda para lograrlo. Queremos que ustedes coloquen una copia del volumen uno de la serie en el centro del diario del domingo, el fin de semana anterior al evento.

Sin vacilación, los directivos estuvieron de acuerdo.

La publicación era una serie de historias continuadas en seis entregas consecutivas. A fin de averiguar cómo se desarrollaba y concluía cada historia, cada una de las partes era necesaria. Recibimos varios cientos de miles de copias del volumen uno, que serían distribuidas con el periódico. Los volúmenes dos al cinco serían repartidos en la cruzada. En la parte de atrás de la revista había un espacio en blanco que podía usarse para imprimir un mensaje. Pusimos uno que atrapó la atención de cada niño con instrucciones sobre cómo asistir a la cruzada y obtener las otras copias de la serie. El mensaje decía así: "Para averiguar el resto de esta emocionante historia y su gran final, ven al Estadio de Fútbol del Saprissa y recibirás tu copia gratis".

Cada noche, miles de niños corrieron hacia las puertas del estadio en busca de su copia gratuita. En cada oportunidad mi esposa presentó claramente el mensaje del evangelio, y varios cientos de niños pasaron al frente para ser salvos. La respuesta fue sobrecogedora, para decir poco. Después de la cuarta noche de cruzada, los niños habían recibido los volúmenes del uno al cinco. Finalmente, en la última noche se anunció: "Para recibir el último volumen gratis con su gran final, debes ir a una de estas iglesias". Seguidamente había una lista de congregaciones que apoyaron el evento. Cada iglesia participante tenía todas las copias de la serie de PowerMark. El domingo siguiente, miles de niños entraron por las puertas de las iglesias evangélicas de Costa Rica. No solo encontraron la copia final de la serie de seis partes, sino también un hogar espiritual.

La creatividad de Dios sobrepasó una gran barrera. Los niños de Costa Rica recibieron el primer volumen de la revista de tiras cómicas a través de una red de distribución secular. Entonces, fueron guiados hacia un evento evangelístico donde encontraron el amor de Cristo. Cada noche recibieron la continuación de una intrigante historieta para niños. Luego fueron guiados a una iglesia local donde recibieron el volumen final de la serie, y encontraron un lugar donde fueron aceptados, se sintieron amados y continuaron siendo discipulados en las enseñanzas de La Biblia. La nueva idea funcionó mejor que cualquier otra que hubiéramos alguna vez intentado. Como resultado, decenas de miles de niños fueron alcanzados. Miles llegaron a la cruzada, tuvieron un encuentro personal con Cristo y están siendo discipulados.

Recibimos la perspectiva de Dios por medio de la oración, observamos la barrera y mantuvimos y abrazamos cada idea posible. Entonces pensamos en las mejores opciones y nos relacionamos con personas sabias que trabajaron en esto anteriormente. La creatividad de Dios tocó a una nación entera, y una barrera insuperable fue rota.

Hasta ahora, consideramos la importancia de explorar nuevos paradigmas e ideas. Hablamos acerca de "pensar fuera de la caja" y ensanchar nuestra habilidad de ver más allá de aquello que está frente a nuestras narices. También aprendimos que es necesario enfrentar nuestras barreras, orar hasta traspasarlas, abrazar cada solución posible y resquebrajarlas fragmentos. En lo que resta de este capítulo, hablaremos de dos cualidades importantes que son necesarias para ser exitosos en nuestra adquisición de la sabiduría de Dios: la humildad y el arte de escuchar. Estas cualidades nos ayudarán en nuestra búsqueda de la sabiduría divina.

Mantén tu cabeza abajo

La humildad es una parte vital de la sabiduría. Es la cualidad de ser modesto o respetuoso. Ser humilde significa que somos modestos por naturaleza. Si deseamos convertirnos en personas sabias, está implícito que también nos volveremos humildes. Es causa y efecto. Las personas sabias reconocen que no lo saben todo. Entienden que no tienen todas las respuestas consigo, y que no son la autoridad final sobre la vida. La humildad nos ayuda de dos modos. Primero, una actitud de humildad nos permite estar abiertos a ideas nuevas que no se originan en nosotros; segundo, nos ayuda a aceptar la corrección cuando la necesitamos.

En 1997 mi esposa comenzó el proyecto de alcance evangelístico para niños en nuestras cruzadas. Cindee creció en el extranjero y ayudó a sus padres a plantar varias iglesias. Domina muy bien el castellano y ministró en una cultura diferente a la suya. Sin embargo, nunca estuvo satisfecha con el *"status quo"*, siempre busca una forma de mejorar su programa.

Un día se sintió desafiada a crecer más allá de sus habilidades y a transformar toda su presentación. Pensó que los niños necesitaban tomar un papel más protagónico, a fin de que su equipo alcanzara su máximo potencial. En los años treinta y cuarenta había un programa de televisión llamado: "Los pequeños traviesos", en el que los niños tenían los papeles principales. De modo similar al viejo programa televisivo, Cindee sintió que su proyecto de alcance evangelístico para niños, llamado "Club E", debía tener a los pequeños en los papeles principales, mientras que los adultos debían estar en los papeles de apoyo. Ella escuchó el consejo de otros y abrió su corazón y su mente a nuevas ideas.

A pesar de que estaba más calificada que otros y tenía más experiencia en el ministerio que ninguna otra persona en su posición, humildemente buscó la sabiduría de otros. Puso a un lado su propia importancia a fin de aprender a alcanzar a los niños más eficazmente. Con humildad, aprendió nuevos alcances y formas de mejorar su ministerio. No asumió una postura defensiva ni se retiró cínicamente a una esquina para proteger lo que tenía. En cambio, se extendió más allá de su capacidad y humildemente aceptó una nueva forma de alcanzar a los niños para Cristo. Fue de sabios humillarse y aprender a lograr un impacto mayor.

La humildad también nos da la claridad mental para escuchar la corrección cuando es necesaria. La sabiduría acepta la corrección y abraza la instrucción. Después de perder más de veinte kilos en 1997, la presión arterial descendió a nivel normal. Desafortunadamente, mi colesterol siempre estuvo alto. Me cuidé en las comidas, evité las grasas saturadas y las frituras, y eliminé las carnes rojas. En mi mejor día, mi colesterol estaba en ciento ochenta. Nunca lo tuve más bajo. Siempre esperé controlar mi presión arterial y el colesterol con dieta y ejercicio.

Hace seis meses fui al consultorio del médico para una revisión general. Mi peso era el ideal para mi edad y mi altura. La presión arterial era 160/90 y mi colesterol era de doscientos setenta y cuatro. Estaba devastado. Durante casi ocho años trabajé duro, corrí casi 5 kilómetros por día. Me propuse evitar toda medicación y hacerlo por mí mismo. Finalmente, mi padre me dijo:

-Hijo, si el médico te dice que tomes los medicamentos, hazlo.

Me opuse a la moción. Mejor dicho, odié la idea. Sentía que podía trabajar más duro y hacer desaparecer mis problemas. "Tal vez pueda correr ocho kilómetros al día y solo comer frutas y verduras frescas", pensé. Cuando me reuní de nuevo con el médico, controló mis signos vitales y me dijo:

-Bueno, nada cambió. Sugiero que tomes la medicación para tu hipertensión leve y tu colesterol elevado.

Mi frustración llegó a su punto de ebullición, a medida que las lágrimas inundaron mis ojos. Rechinando mis dientes e intentando controlar mi enojo, dije:

-Trabajé muy duro. Todos los días me cuido en lo que como. Todas las mañanas hago ejercicio. Otras personas en este mundo comen lo que quieren y nada parece afectarlos. ¡Esto no es justo!

Mi esposa se inclinó hacia mí y dijo:

-Jason, está bien. Si tienes que tomar el medicamento, hazlo. Tu vida es más importante.

Cindee tenía razón; mi papá, también. Finalmente, accedí. A los dos días, comencé a tomar la medicación. Si no me hubiera humillado y recibido la corrección de mi padre, mi esposa y mi médico, ¡quién sabe dónde estaría hoy! Estaba en riesgo y mi orgullo me impedía ver la sabiduría de Dios. Cuando desplacé mi orgullo y obedecí humildemente la corrección, mi problema fue transformado. Ya no me afano por mi salud. Soy más saludable a causa de la humildad.

El orgullo es la antítesis de la humildad. Recuerda, el orgullo es como el mal aliento: todo el mundo se da cuenta de que lo tienes, excepto tú. Trabajar con el fin de eliminarlo, esto te ayudará a colocarte en posición para romper las barreras, superar la adversidad y alcanzar tu máximo potencial.

La Biblia afirma que si deseamos romper las barreras y alcanzar todo lo que fuimos destinamos a ser, la humildad debe ser una parte integral de quienes somos. Todavía más, La Biblia une la sabiduría con la humildad. En el libro de Daniel, capítulo 10 y versículo 12, un ángel le habló al profeta y le dijo: *"No tengas miedo, Daniel, porque desde el primer día en que trataste de comprender las cosas difíciles y decidiste humillarte ante tu Dios, él escuchó tus oraciones. Por eso he venido yo"*. La Biblia se refiere a la humildad y al romper las barreras en Santiago 4:10, donde afirma: *"Humíllense delante del Señor, y él los enaltecerá"*.

Además de tener una actitud humilde, el arte de escuchar es una habilidad indispensable que necesitamos desarrollar en nuestra búsqueda de la sabiduría de Dios.

ESCUCHEMOS

Escuchar es un arte que muy pocas personas dominan. La habilidad de incorporar información a través de nuestros oídos no es sencilla. La mayoría de nosotros oímos lo que queremos escuchar, en lugar de lo que la otra persona quiere decir. Desgraciadamente, lo que la otra persona quiere decir, muchas veces, no es lo que dice. Por esa razón, hay inmensos baches comunicacionales en muchas conversaciones. A fin de reducir nuestros interminables problemas comunicativos, debemos mejorar nuestra habilidad para escuchar. Al hacerlo, esto nos ayudará en nuestra búsqueda de la sabiduría divina.

En La Biblia, el verbo "hablar" -y sus conjugaciones- se utiliza 658 veces. El verbo "escuchar" u "oír" -en sus formas diversas- se usa más de 1.300 veces, casi dos veces más que el verbo "hablar". Solamente en el libro de Proverbios, el mandato a escuchar aparece más de dieciocho veces. Dios coloca la habilidad de escuchar y considerar el consejo como una prioridad alta. Alguien dijo una vez: "Dios nos dio una boca y dos orejas. Probablemente hay una buena razón para esa proporción". Si vamos a convertirnos en personas sabias y a crecer en la sabiduría de Cristo, debemos perfeccionar nuestra habilidad para escuchar, y absorber la información que personas sabias nos dan. Al entrar en una conversación con alguien, intenta recordar algunas de estas "pepitas".

Sentarte con alguien, a fin de obtener un consejo sabio, requiere implementar varias técnicas para asegurarte que obtienes todo lo que él o ella intenta decir.

En primer lugar, tu prioridad es escuchar todo lo que la persona quiere decirte, en lugar de oír lo que deseas que diga. Demanda una concentración profunda y estar libre de distracciones e interrupciones mentales. Los matrimonios luchan con esto todos los días. A veces los maridos y las esposas se ven forzados a comunicarse entre sí en circunstancias desfavorables. El teléfono suena, los niños gritan, la cena se quema y el agua sigue corriendo. Y, desafortunadamente, los hombres y las mujeres captan de un modo particular lo que quieren escuchar, en lugar de lo que la otra persona desea comunicar. Cuando comiences una conversación, "limpia la pizarra" y libérate de todas las distracciones y los motivos inútiles para el cultivo de la sabiduría de Dios en tu vida.

En segundo lugar, ten un pedazo de papel y un lápiz listos para ayudarte a formular las preguntas que te vienen a la mente. ¿Cuántas veces dijiste: "Eh, ¿qué iba yo a decir?"? Normalmente, seguimos a esa declaración con: "Oh, bien. No debió ser algo importante". Eso no es cierto, la mente constantemente está pensando hacia adelante y resolviendo problemas. A veces la pregunta que necesitamos contestar para resolver el problema es la que olvidamos.

Si anotamos unas pocas palabras de nuestra pregunta o comentario, nuestras mentes estarán libres para escuchar atentamente lo que nuestro amigo nos dice, sin perder una pregunta importante. También, muchos somos atacados con distracciones mentales al escuchar a otros. Te insto a que anotes cualquier actividad o encargo que te viene a la mente. Al escribir un par de palabras con respecto a la distracción o la tarea fuera del tema, tu mente estará libre para volver a considerarlo y, así, estarás más enfocado e involucrado en el asunto.

Finalmente, retroalimenta a la persona. Dile cómo entiendes lo que ella intenta decirte. Esto le da la oportunidad de clarificarse, en caso de que estés escuchando algo que no está tratando de decir. O, esto le da una oportunidad para decir de nuevo algo que tuvo dificultad en comunicar. Cada vez que aclara un punto, puedes decir algo como esto: "Está bien, déjame ahora hacerte una pregunta. ¿Tú sientes que...?" O, "¿Te puedo hacer una pregunta? ¿Dices que...?" Tendrás mucho más éxito al hacerlo de esta forma, que al usar frases como: "¡Debes estar loco(a)!" O, "¡No puedes estar hablando en serio!" Usar la técnica correcta aumentará la comprensión en el diálogo y reducirá también las distorsiones. Cuando la persona que habla contigo siente que la entiendes, estará más dispuesta a transmitir información más valiosa en el futuro.

Aquí hay una lista de pautas discutidas anteriormente sobre cómo escuchar en una conversación con alguien, en quien buscamos la sabiduría de Dios.

PAUTAS PARA ESCUCHAR

1. Tu compromiso principal es escuchar y aprender de lo que la persona trata de decir, y no lo que deseas oír. Concéntrate en lo que él o ella dice.

2. Utiliza papel y lápiz para anotar cualquier pregunta, pensamientos no relacionados o quehaceres que continúan agolpándose en tu mente.

3. De vez en cuando, repítele al individuo lo que él o ella intenta decir usando frases como: "Muy bien, déjame ver si entiendo lo que me dices. ¿Estás diciéndome que...?"

Tomemos un momento para considerar lo que aprendimos hasta ahora sobre cómo romper las barreras en nuestras vidas. Un entendimiento claro de nuestro propósito es el primer requisito para romper cualquier barrera que esté frente a nosotros. El siguiente es tener un corazón como el de Dios. Una vez que cultivamos un corazón como el suyo, necesitamos su sabiduría. La sabiduría de Cristo nos da su perspectiva a medida que ganamos su visión y su habilidad para tomar decisiones correctas. La perspectiva de Dios nos abre los ojos a formas nuevas y creativas de triunfar sobre la adversidad en nuestras vidas.

A medida que nos aproximamos a las barreras que enfrentamos, necesitamos el punto de vista de Dios, un nuevo paradigma. Para ello debemos poner a un lado nuestras perspectivas limitadas que nos impiden ver la opción obvia, porque nuestra mentalidad determina en gran medida cómo reaccionamos ante el mundo. Entonces, nuestras mentes estarán libres para pensar creativamente y para "pensar fuera de la caja".

A medida que te acercas a tu barrera, comienza a recibir la perspectiva de Dios a través de la oración. Ella es el punto de partida para alcanzar la perspectiva divina cuando enfrentas los obstáculos. Entonces observa la barrera, abraza cada posible solución, piensa en tus mejores opciones y consulta a las personas sabias que te rodean.

La humildad es una de las características más fuertes de la sabiduría de Dios. Es necesaria porque nos permite estar abiertos a las ideas nuevas y a recibir la corrección en tiempos de necesidad. La humildad va de la mano con el arte de escuchar. Mejorar tus habilidades de escucha te abrirá la puerta para tomar decisiones sabias. Te permitirá absorber la experiencia de aquellos que anduvieron el camino que deseas transitar.

A medida que concluimos juntos este capítulo, voy a pedirte que ores una simple oración. Recuerda, de todas las cosas que Salomón podría haber recibido del Señor, pidió sabiduría. Ella trajo muchas bendiciones y perspectivas, que muy pocos en este mundo alguna vez experimentaron. Dios quiere darte su sabiduría, porque te ama. Eres la niña de sus ojos. A medida que le pedimos al Señor su sabiduría, recordemos lo que Cristo dijo en Lucas 11:9-13:

"Así que yo les digo: Pidan, y Dios les dará; busquen, y encontrarán; llamen a la puerta, y se les abrirá. Porque el que pide, recibe; y el que busca, encuentra; y al que llama a la puerta, se le abre.

¿Acaso alguno de ustedes, que sea padre, sería capaz de darle a su hijo una culebra cuando le pide pescado, o de darle un alacrán cuando le pide un huevo? Pues si ustedes, que son malos, saben dar cosas buenas a sus hijos, ¡cuánto más el Padre celestial dará el Espíritu Santo a quienes se lo pidan!"

Por consiguiente, pidámosle al Señor su sabiduría. Podemos estar seguros de que nos dará lo que pedimos porque Él es bueno y nos ama.

"Señor, te agradezco por traerme hasta aquí en este viaje. Me diste un propósito y creaste en mí un corazón como el tuyo. Comprendo que no puedo romper las barreras a menos que me impartas tu sabiduría. Señor, te pido sabiduría y tu perspectiva acerca de la vida. Dame la mente de Cristo, para que tus pensamientos sean mis pensamientos. Señor, que vea las barreras que me confrontan con tus ojos. Ayúdame a ser una persona que camina en tu bondad y sabiduría. Abro mi corazón a tus ideas nuevas y a tu corrección. Abro mi mente a tu visión y perspectiva. Por la fe, recibo tu sabiduría...

Ahora, ayúdame no solo a ser una persona buena y sabia, sino también una persona fuerte. Ayúdame a desarrollar la fuerza y la perseverancia necesarias para enfrentar la adversidad y superar los obstáculos que me impiden cumplir el gran propósito que me diste. Pido el poder del Espíritu Santo para darme la disciplina y la fuerza para romper las barreras que obstaculizan lo que tú destinaste que yo sea. Una vez más, te entrego mi vida y te pido que guíes cada paso que tome. Oro todas estas cosas en el nombre de Cristo, amén."

LA DISCIPLINA
DEL ESPÍRITU

El Espíritu Santo sopla vida y fuerza emocional al creyente. Nos da paz para vencer los temores que nos detienen para alcanzar todo lo que Dios nos destinó a ser. Como resultado, nuestros recursos emocionales aumentan para que tengamos la fuerza para vencer nuestros temores y movernos más allá de las barreras.

Lo llamo "el tercer pilar". El Espíritu Santo nos provee la fuerza y la disciplina para poner en acción todo lo que sabemos que es bueno y sabio. Si hacemos esto, pondremos una base firme para vivir una vida llena de paz, fuerza emocional, placer de Dios y victoria sobre las adversidades que enfrentamos. Combinando los tres pilares, creamos una vida llena de sentido y significado.

DISCIPLINA DE DIOS	FUERZA-SOBRENATURAL
PAZ	
RECURSOS EMOCIONALES	MEDITACIÓN
CONFIANZA	EL HABLA DE DIOS
REDEFINIENDO EL PLACER	SIN TEMOR

"Estoy seguro de que mis compatriotas estadounidenses esperan que, en mi inducción a la Presidencia, me dirija a ellos con la sinceridad y la decisión que la presente situación de nuestra Nación demanda. Esta es preeminente. Es el tiempo para hablar la verdad, toda la verdad, franca y audazmente. No necesitamos encogernos para enfrentar honestamente las condiciones que vivimos en nuestro país hoy. Esta gran Nación resistirá como ha resistido, reavivará y prosperará. Así que, en primer lugar, permítanme declarar mi firme creencia de que la única cosa que debemos temer es el temor en sí mismo -terror anónimo, irracional e injustificado que paraliza los esfuerzos necesarios para convertir la retirada en avance-. En cada oscura hora de nuestra vida nacional, un liderazgo de franqueza y vigor se ha encontrado con la comprensión y el apoyo de las personas, que es esencial para la victoria. Estoy convencido de que ustedes, de nuevo, darán ese apoyo al liderazgo en estos días críticos."

FRANKLIN D. ROOSEVELT
Discurso inaugural del presidente de Estados Unidos frente al Capitolio, Washington, D.C., 4 de marzo de 1933

CAPÍTULO 7

PAZ PARA TU ALMA

Era nuestra tercera cruzada en Los Cuadros. Teníamos altas expectativas porque nuestros dos eventos anteriores en ese pueblo tuvieron una buena asistencia. Unos días antes de la primera noche evangelística, nuestros camiones llegaron al gran campo de fútbol y nuestro grupo de treinta personas empezó a descargar el pesado equipo eléctrico de iluminación y de sonido. Niños curiosos se congregaron para ver de cerca cómo veinte toneladas de equipo eran ensambladas como si fueran un gran juego de Lego.

Después de dos días de trabajo arduo, el grupo completó su tarea justo antes de empezar la cruzada. A las 19:00 ya habíamos empezado. Cuando el grupo musical comenzaba la segunda canción, una leve llovizna proveniente del este empezó a caerse suavemente sobre la plataforma y toda la audiencia.

No había confusión en mi mente. Sabía lo que eso significaba: grandes problemas para el éxito de la primera noche. Si una leve llovizna se convierte en lluvia en un evento al aire libre, lo mejor es guardar todo e irse a casa, porque la muchedumbre ya estará buscando la salida.

Comencé a orar. Minutos antes de que me dieran el micrófono, la llovizna se convirtió en gotas pequeñas. Oré más fervientemente. Al final de la obra de teatro que precedía al mensaje, subí a la plataforma y fui recibido con una ovación de gotas que de pronto se convirtieron en "gatos y perros".

Antes de dirigirme a la multitud, le dije a Dios:

-Oh, Señor, ¿qué voy hacer ahora?

-¿Por qué no envías la lluvia a otra parte? -sentí que me decía.

-¿Debo suponer que deseas que use el micrófono delante de estas personas que ya se están dirigiendo hacia la salida? -contesté.

Sin duda alguna, sentí que debía enviar la lluvia en otra dirección, y hacerlo públicamente. Así que le di la espalda a la muchedumbre, enfrenté a la lluvia y dije:

-Lluvia, en el nombre de Jesús de Nazaret, te ordeno detenerte e irte en dirección opuesta.

Instantáneamente la lluvia se detuvo a medida que un viento del oeste comenzaba a soplar. Para mis adentros, le dije al Señor:

-¡Asombroso, Señor! ¡Esto realmente funciona!

En ese momento la mitad de la muchedumbre se detuvo atónita sobre sus pasos, dio media vuelta y regresó al humedecido campo de juego.

Como podrás imaginar, empecé a predicar con una confianza audaz. Una nueva unción vino sobre mí. Me sentía con la libertad de caminar fuera de la plataforma y hablar entre las primeras filas de la concurrencia. Prediqué uno de los mejores mensajes de mi vida, y la respuesta al llamado fue muy buena.

La noche siguiente la reunión empezó a horario, sin amenaza alguna de lluvia. Erguidos en el ímpetu de la noche pasada, la cruzada se estaba desarrollando en forma poderosa. Aproximadamente, había unas mil personas más que la noche anterior. Como a la mitad del mensaje, un hombre caminó hacia la plataforma. Nunca lo había visto antes. Vestía una chaqueta de cuero negra y un pantalón de mezclilla Levi's. Su largo pelo rizado de color negro descansaba sobre sus hombros. Al principio, no noté su comportamiento... Debajo de su chaqueta de cuero y escondida en la parte de atrás de su pantalón tenía una pistola cargada. Su dedo estaba en el gatillo. Me estaba acechando. En minutos, uno de los ujieres lo identificó, corrió hacia otro ujier y le dijo que Juan, el narcotraficante más buscado en Los Cuadros, estaba detrás de la consola de sonido. El miedo golpeó los corazones de aquellos que conocían su reputación.

Juan era buscado por el OIJ (Organismo de Investigación Judicial, el FBI de Costa Rica) por crímenes múltiples. Formaba parte de un eje del crimen organizado y se buscaba para interrogarlo por varios casos de homicidio.

Uno de los ujieres que había rodeado el perímetro para verificar que todo estuviera seguro, caminó detrás de Juan y vio el arma. Pronto, todos los ujieres sabían que Juan estaba allí y que portaba un arma de fuego. Al principio ninguno de ellos quiso sobresaltar a los estábamos involucrados en el evento.

Cuando llegué al cierre del mensaje, Juan comenzó a deslizarse en medio del gentío y se aproximó por el lado izquierdo de la plataforma. Continuó con su mano metida bajo su chaqueta, apenas fuera de la vista.

Considerando su reputación, cada ujier temía que fuera a hacer algún estrago. Desconociendo su presencia e intenciones diabólicas, caminé por el borde de la plataforma e hice la siguiente declaración:

-Algunos de ustedes necesitan el perdón de Dios. Necesitan su mano para libertarlos. Ustedes pueden salir de este lugar libres de la esclavitud en la que viven. Mi única pregunta es: ¿Quién es usted?

Ese fue el momento en que sacó su mano de la chaqueta, la levantó en alto y sin más... aceptó la invitación para dirigirse a la libertad espiritual... sin arma en mano... Llamé a aquellos que levantaron sus manos junto a Juan, para que me acompañaran al frente de la plataforma donde oraría con ellos. Cuando bajé y estuve frente a él, un enjambre de ujieres nos rodeó. No tenía idea de por qué ellos habían respondido tan agresivamente. Nunca vi ujieres tan protectores.

Él los miró y dijo:

-¿Qué quieren conmigo? ¿Cuál es su problema? ¿Por qué no nos dejan solos?

Entonces, se volvió a mí y me dijo:

-Esto fue bueno para mí. Ha pasado largo tiempo desde que hablé con el Hombre Grande de arriba.

Después de un intercambio muy corto de palabras, dio media vuelta y salió del campo.

Aquella noche, en el automóvil de camino a casa, mi coordinador de cruzadas me dijo:

-¿Sabes quién era él? -preguntó.

-No -contesté.

-¡Ese era Juan! -exclamó.

-Eso es grandioso. Pero ¿quién es Juan? -pregunté.

-Es el narcotraficante más temido en todo el pueblo, pero pasó al frente esta noche porque necesitaba a Dios.

-¡Gloria a Dios! -exclamé.

-No solo eso, él está en la lista de los más buscados del OIJ, y pasó al frente porque necesitaba conectarse con Dios.

-¡Gloria a Dios! -volví a exclamar.

-Él está ligado a varios crímenes terribles en este área y es buscado para ser interrogado en relación con varios homicidios. Pero él pasó al frente porque quería ser libre -me dijo.

-¡Gloria a Dios! -exclamé nuevamente.

-Sí, y esta noche llevaba un arma, tuvo su dedo en el gatillo toda el tiempo e iba a dispararte. Pero en lugar de eso vino al frente, porque quería cambiar su vida.

Cuando dijo eso, me quedé mudo. No salió nada de mi boca. Seguramente él esperaba un último "¡Gloria a Dios!", pero ninguno más fue pronunciado. Pensé: "¿Cómo puede ocurrir esto? ¿Por qué nadie me advirtió?"

La tercera noche estaba alerta, cuidándome de Juan como un conejo que evita a un depredador. Completamente distraído por lo que pasé la noche anterior, estaba preocupado por si iba a presentarse de nuevo o no. Para mi alivio, no lo hizo. La noche siguiente yo seguía en "alerta roja". Durante la última noche, después de la quinta canción, Juan hizo su entrada. Sus ojos se fijaron en mí una vez más, mientras se paseaba de un lado a otro a unos quince metros detrás de la consola de sonido. Tenía la misma mirada y la misma conducta que la primera vez.

Mi corazón comenzó a latir aceleradamente. El sudor empezó a correr por mi rostro. No podía ver si portaba un arma o no. Realmente, no importaba. Simplemente reconocí la misma conducta que él había demostrado noches antes, cuando caminaba de un lado a otro como un animal enjaulado. Al concluir el mensaje extendí una invitación para que las personas entregaran sus vidas al Señor. Juan también pasó al frente. Esta vez, a medida que caminaba hacia la plataforma me miraba fijamente, como si pudiera ver a través de mí. Nunca lo vi pestañear, ni una sola vez. Pasó al lado de la consola de sonido y se acercó aún más. Finalmente, caminó hacia el área de enfrente. Por aproximadamente cinco largos segundos el tiempo se detuvo. Entonces, cayó boca abajo y comenzó a llorar como un bebé.

Me volví hacia uno de mis colegas y le pedí que me ayudara. Rick Ryan era un misionero que había tratado con muchas personas conflictivas en sus veinticinco años de ministerio. Antes de ser misionero, fue por muchos años Director de Juventud de las Asambleas de Dios para Arizona. Le dije:

-Rick, ¿te molestaría orar por este hombre para que pueda sobrellevar sus dificultades espirituales?

Amablemente, aceptó. Se agachó y puso sus manos y rodillas en el suelo y comenzó a orar por el más temido narcotraficante de la localidad de Los Cuadros, quien se encontraba tirado boca abajo. Juan lloró y sollozó durante cuarenta y cinco minutos.

Cuando la reunión terminó, Rick finalmente levantó a Juan, le sacudió el polvo y le dijo:

-Ahora, necesito dejarte algo completamente en claro. Necesitas empezar a leer La Biblia y unirte a una iglesia local... Ahora puedes comenzar una vida nueva ayudándonos a desarmar todo este equipo de cruzada.

Juan afirmó con la cabeza y procedió a enrollar cables, levantar parlantes y llevar bancos de regreso a la iglesia. Fue uno de los últimos en dejar el campo del fútbol esa noche. ¡Juan tuvo un encuentro poderoso con Dios!

Me quedé de pie, admirando a Rick. Nunca detecté temor alguno en él. En cambio yo me sentía paralizado. Parecía un ciervo ante los faros de un camión de dieciocho ruedas que avanza rápidamente. Supe que Juan vino la primera noche queriendo cancelar la cruzada y para hacerme daño. Amigo y amiga, te confieso que el miedo asió mi corazón. A pesar de que Juan se derrumbó boca abajo y parecía relativamente inofensivo durante mi invitación al final de esa noche, no tenía ningún deseo de estar ni a cien metros de él. Rick, en cambio, se sentía seguro en su identidad y posición en Cristo. Se sentía seguro de su destino eterno. Sentía paz al lidiar con uno de los criminales más peligrosos de la zona. No tenía ninguna preocupación ni miedo alguno de ser atacado.

Como resultado de este incidente aprendí una lección muy valiosa. El miedo que experimenté me paralizó. Agotó todos mis recursos emocionales. Acabó con mi fuerza y me quitó la energía para realizar lo que sabía que debía hacerse. Como la mayoría de las personas, cuando mis recursos emocionales se vaciaron, pasé al "modo de supervivencia".

También aprendí que el miedo es la fuerza paralizante más poderosa del mundo. Nos lleva a la inacción. Todo nuestro potencial para romper las barreras y convertirnos en todo lo que fuimos destinados a ser, se debilita. Lo peor de todo es que el miedo consume la energía emocional necesaria para alcanzar la disciplina, que es esencial para romper las barreras.

En las dos secciones anteriores descubrimos que, para romper las barreras y llegar a ser todo lo que Dios quiere que seamos, necesitamos estar conectados con el propósito divino para nuestras vidas. Al hacer esto, podremos establecer el primer pilar, que es tener un corazón como el de Dios. Este es el primer gran paso en nuestro camino, porque nos da la misión correcta.

A pesar de todo, ser bueno no es suficiente. También necesitamos poseer la sabiduría divina. Este segundo pilar nos da el discernimiento necesario para movernos en la dirección correcta. La sabiduría de Dios guía nuestro corazón y nos enseña a juzgar cabalmente, para que no nos extraviemos por causa de la ignorancia. Muchas personas son buenas, pero pocas son buenas y sabias.

Pero solo porque alguien es bueno y sabio no significa que tenga la fuerza suficiente como para llevar a cabo lo que debe ser hecho. La sabiduría te ayuda poco, a menos que tengas la fuerza emocional y la disciplina para poner en práctica lo que sabes que debes hacer. Insensato es el hombre que conoce lo que debe hacer y, aun así, no hace nada debido a su falta de disciplina.

De modo que la disciplina de Dios se convierte en el tercer pilar. Es la fuerza que el Altísimo nos ofrece para comportarnos de una manera controlada y tranquila, en una situación difícil o estresante. Él nos ayuda a desarrollar el autodominio mental y emocional necesario para dirigir o cambiar nuestra conducta, aprender o entrenarnos para algo. La disciplina de Dios no se nutre de la sabiduría o el intelecto humanos. No es impulsada por la creatividad ni por un buen corazón. Tampoco es movida por los sentimientos, aunque todos estos atributos ayudan. La disciplina y la fuerza vienen de nuestros recursos emocionales, y nada los taladra mejor que el miedo. El temor nos desgasta, nos agota. El primer paso para lograr la disciplina de Dios está en alejar nuestros miedos y en recibir la paz de Dios. Antes de que consideremos maneras de vivir en la paz de Dios, necesitamos mirarnos al espejo para ver si son estables nuestros recursos emocionales.

¿ERES QUIEN DESEAS SER?

Toma unos diez segundos y hazte esta pregunta una vez más. ¿Eres quien deseas ser? ¿Te agrada la persona que ves en el espejo? Si no, todos tus esfuerzos en ser disciplinado y poner en acción lo que sabes que es correcto, se quedarán cortos. ¿Por qué? Porque nuestra fuerza y disciplina se ponen en marcha cuando nuestros recursos emocionales están estables.

Uno de los obstáculos más grandes que las personas enfrentan hoy es el desconocimiento de sí mismas. Con esto quiero decir que muchos no saben qué sienten realmente. Pocas personas poseen una autoestima sana. Algunos ni siquiera la ven claramente. A fin de tener una mejor idea de la condición de tus recursos emocionales, hagamos un inventario emocional.

Contesta cada una de las siguientes preguntas colocando un 1, 2, 3, 4 ó 5 después de cada una.

Si estás muy de acuerdo, pon un 5 en el espacio correspondiente.

Si la pregunta se aplica bastante consistentemente a ti, pon un 4 en el espacio.

Si no estás seguro, pon un 3.

Si crees que la pregunta raramente se aplicaría a ti, pon un 2 en el espacio.

Si discrepas fuertemente, pon un 1.

Contesta la verdad. La prueba solo puede ser exacta si tus respuestas son honestas. No hay respuestas correctas o incorrectas. La prueba está diseñada para darte una visión profunda acerca de la fortaleza de tus recursos emocionales.

1. ¿Te es difícil aceptarte cuando otros te rechazan? _____

2. ¿Dejaste de avanzar en un proyecto debido al miedo al fracaso? _____

3. ¿Te es difícil pensar de ti como una persona valiosa? _____

4. ¿Tu jefe te ofreció una oportunidad para avanzar, pero la rechazaste debido a tu temor de no cumplir sus expectativas?_____

5. ¿Te pones nervioso cuando estás rodeado de ciertas personas? _____

6. ¿Te es difícil verte como una persona valiosa e igual a otros, que para ti lo son? _____

7. ¿Cancelaste las vacaciones o cambiaste los planes que tenías con tu cónyuge por temor a que algo le pudiera pasar a tus hijos, si los dejabas con familiares? _____

8. ¿Te disgusta estar entre la muchedumbre?_____

9. ¿Sientes que el mundo entero te persigue? _____

10. ¿Experimentas dificultad al tomar decisiones? _____

11. ¿Te es difícil cuidar de tus necesidades físicas y emocionales? _____

12. ¿Te resulta difícil aceptar cómo te estás desarrollando como persona? _____

13. ¿El miedo al compromiso te llevó alguna vez a separarte de alguien a quien amabas? _____

14. ¿Dejaste de conducir por las noches para evitar un potencial accidente automovilístico o una tragedia?____

15. ¿Deseas cambiar de profesión, pero te parece demasiado riesgoso?____

16. ¿Hay algo que siempre quisiste decirle a tus padres, pero debido al miedo al rechazo no lo hiciste?____

17. ¿Te pasas las noches despierto en tu cama preocupado(a) acerca de si podrás o no hacer los pagos de la hipoteca?____

18. ¿Te obsesiona tu salud por la preocupación de que podrías tener una dolencia física?____

19. ¿Te resulta difícil aceptar la corrección?____

20. ¿Estás consumiéndote por el temor de que algo pudiera pasarle a tus hijos?____

21. ¿Estás obsesionado por tu peso?____

22. ¿Luchas con la desconfianza de ti mismo(a)?____

23. Debido al temor al terrorismo, ¿dejaste de volar en avión?___

24. ¿Te sientes a menudo deprimido?____

25. Cuando te miras en el espejo, ¿deseas ser diferente?____

26. ¿Le temes a la muerte?____

27. ¿Te es difícil hacer ejercicios por lo menos tres veces por semana?____

28. ¿Experimentas ansiedad cuando dejas el hogar?____

29. ¿Sientes que otras personas no te aceptarían si supieran quién eres realmente?____

30. ¿Te preocupa excesivamente tu apariencia?____

31. ¿Tienes dificultad en creer que Dios te ama?____

32. ¿Te cansas o te agotas fácilmente?____

33. ¿Te preocupa lo que otras personas puedan decir acerca de ti a tus espaldas?____

34. ¿Tienes dificultad en dormir por las noches?____

35. ¿Te es difícil reírte de ti mismo?____

36. ¿Permites que otros tomen decisiones por ti?____

37. ¿Deseas que tu matrimonio sea más gratificante?____

38. ¿Te niegas a hablar con tus jefes de los problemas laborales, por temor a ser despedido o a ser colocado en una "lista negra"?

___

39. ¿Estás preocupado porque uno de tus familiares está envuelto en las drogas, pero no tienes el valor para confrontarlo(a)?

___

40. ¿Deseas a veces ser otra persona?____

Suma todas tus respuestas y aplica la suma total a la escala de abajo.

40-79 puntos: Estableciste modelos saludables que te ayudan a cuidar y manejar tus recursos emocionales. Tienes una fuerza emocional significativa para romper las barreras y convertirte en lo que Dios te destinó a ser.

80-119 puntos: Aunque hay algunas áreas en tu vida donde necesitas cuidar mejor de ti, tus recursos emocionales pueden darte la fuerza para atravesar la mayoría de las barreras y las áreas de transición.

120-149 puntos: Muchos de tus recursos emocionales están al nivel mínimo necesario para poder funcionar. A pesar de que puedes trabajar a un nivel básico, necesitas tomar los pasos apropiados para levantar tus recursos emocionales.

150-200 puntos: Hay un déficit significativo en tus recursos emocionales. Necesitas tomar pasos inmediatos para reedificar tu fuerza emocional a través de la consejería o la ayuda profesional.

¡NO TIENES QUE NADAR MÁS RÁPIDO QUE UN TIBURÓN!

Mi esposa y yo somos buzos certificados. En el mundo del buceo, siempre hay que sumergirse con un compañero. Nuestro instructor nos enseñó que no importa lo que pase bajo la superficie, no debemos entrar en pánico. Él diría:

-Si te quedas sin oxígeno, no entres en pánico. Siempre debes ascender despacio a la superficie. A medida que lo hagas, tus pulmones lentamente se llenarán de oxígeno. Si te pierdes, no entres en pánico. Puedes usar tu brújula o dirigirte hacia la superficie. Si ves un tiburón, no entres en pánico. ¡No tienes que nadar más rápido que él! ¡Solo tienes que nadar más rápido que tu compañero de buceo!

Esa filosofía de "no nadar más rápido que el tiburón", tan chistosa como parece, es la que hoy motiva a muchos. Implica que debemos correr más rápido que nuestros problemas. Está basada en la supervivencia, en lugar de la proactividad.

En muchas formas, es como en la serie de televisión *"Viaje a las estrellas: La segunda generación"* ("Star Trek: The Next Generation"). El capitán de la nave Enterprise era Jean-Luc Picard. Vez tras vez, a medida que la tripulación enfrentaba grandes adversarios, el capitán los guiaba a la batalla. A veces, se veía forzado a "redirigir toda la potencia a los escudos" que protegían a la nave. Al hacerlo, dejaba otras secciones vitales de la nave espacial expuestas y vulnerables, como el apoyo vital, los filtros de aire y la propulsión. El temor nos hace lo mismo. Cuando redirigimos todas nuestras energías a nuestro sistema de defensa, agotamos nuestros niveles de energía y dejamos otras áreas emocionales de nuestra vida, indefensas.

El primer paso para tener la disciplina divina es establecer la paz de Dios en nuestras vidas. Su paz debe ser la base sobre la cual establecemos todos nuestros recursos emocionales y nuestra disciplina para llevar a cabo lo que sabemos es la sabiduría y el corazón de Dios. El temor a la muerte no puede ser nuestra fuerza motivadora primordial. Tampoco la ansiedad, la adrenalina o el deseo de éxito pueden serlo. Toda nuestra seguridad emocional, incluyendo quiénes somos, qué nos deparará nuestro futuro y dónde pasaremos la eternidad, debe estar basada en la paz de Dios. Su seguridad nos trae paz.

El temor es uno de los factores motivadores más poderosos que tenemos. Bien manejado, nos permite sobrevivir. Puede ponernos a dieta, hacernos correr rápido o buscar refugio. Puede hacernos pagar nuestras cuentas a tiempo o motivar a una persona mentirosa a decir la verdad. No obstante, también podría impedirnos volar, conducir o salir por la noche. El miedo modifica la conducta. Sin embargo, el temor podría disminuir o perder su efecto. Por ejemplo, muchos de los que tuvieron una cirugía a corazón abierto cambian su dieta, comienzan a realizar ejercicio físico y a reducir su tensión. Algunos hacen estos ajustes debido a su temor a la muerte. Sin embargo, otros caen de nuevo en sus viejos hábitos alimenticios, dejan de hacer ejercicio y trabajan más que nunca. ¿Por qué? Porque su temor a la muerte menguó y ya no los motiva a ser disciplinados.

Así que, a pesar de que el temor puede ser una fuerza motivadora poderosa para corregir la conducta, no siempre es saludable. Por otro lado, a causa de sus efectos a corto plazo, la disciplina no puede depender de él. Cuando el temor disminuye, también lo hace nuestra disciplina. Como alternativa, debemos buscar una aproximación más saludable para tener la disciplina de Dios. Es necesario poner a un lado la ansiedad y el temor como nuestras motivaciones primordiales, y convertirnos en buscadores de la paz de Dios.

Pero, ¿cómo obtenemos la paz de Dios? Primero, debemos tener presente lo que consideramos en el capítulo 1. Necesitamos permanecer enfocados en el propósito de Dios para nuestras vidas. Cumplir el destino que Dios trazó para nosotros trae paz eterna al corazón. Nos ayuda a tener serenidad durante los tiempos de ansiedad y confusión. El apóstol Pablo dice en Filipenses 3:14: *"Prosigo a la meta, al premio del supremo llamamiento de Dios en Cristo Jesús"*. Pablo fue uno de los líderes más influyentes de la iglesia del primer siglo. Escribió más del veinticinco por ciento del Nuevo Testamento. Siempre mantuvo claro y lúcido el propósito de Dios para su vida. Nunca lo perdió de vista.

Pablo enfrentó innumerables luchas y persecuciones. Fue puesto en prisión, sufrió tres naufragios y fue mordido por una serpiente venenosa, entre otras muchas cosas. Terminó su vida siendo llevado ante el emperador romano y ejecutado por su fe en Cristo. No le importaba lo que viniera, él recordaba el propósito y la voluntad de Dios para su vida. Pablo nunca sufrió un colapso nervioso, jamás maldijo a Dios ni se quejó de que la vida era injusta. En cambio, se mantuvo fiel al mensaje que predicó, y vivió cada minuto de acuerdo al propósito que Dios le dio.

Al igual que Pablo, si entendemos el propósito de Dios para nuestras vidas y vivimos con ese fin, estaremos a medio camino de obtener su paz perfecta. En consecuencia, el siguiente paso para alcanzar su paz es tener la mente de Cristo. Hacemos esto al trabajar diligentemente con Dios para cambiar nuestra forma de hablar acerca de nosotros mismos.

El hablar de Dios

Algunos definen la expresión "hablar de Dios" como la manera en que pensamos, definimos y describimos a Dios. Para los propósitos de esta sección, me gustaría usar la frase "auto-hablarse de Dios", para describir lo que llamo "tener sus pensamientos en nuestra mente".

Luego de descubrir el propósito de Dios para nuestras vidas, debemos comenzar a reemplazar los guiones que están en nuestra mente y que nos llenan de temor. Deben reescribirse con una "autoconversación" saludable tomada de la Palabra de Dios. Nuestra "autoconversación" negativa, que produce sentimientos de inestabilidad y preocupación, puede reescribirse para que en tiempos de turbulencia podamos caminar en paz y serenidad. A medida que los pensamientos de Dios se vuelven nuestros, empezamos a caminar en la confianza y la tranquilidad. Hacemos esto al aprender, aceptar y aplicar lo que Dios piensa respecto a nosotros en su Palabra.

A medida que renuevas tu mente con la Palabra de Dios, su paz comenzará a llenar tu corazón. El resultado final será una vida plena de alegría y una conexión significativa entre tú y Él. En última instancia, verás tu vida cambiada dramáticamente y obtendrás la estabilidad necesaria para iniciar una vida disciplinada.

A fin de reescribir los guiones en nuestras mentes, necesitamos tener una aproximación práctica. Uno de los modos más saludables de responder a nuestros sentimientos de ansiedad y miedo, es usar La Biblia. Tengo un ejercicio que me ayudó a lo largo de los años. Tomo un trozo de papel y trazo una línea vertical. En el lado izquierdo, apunto la "autoconversación" negativa que escucho en mi cabeza durante los tiempos de crisis o tensión. No omito nada. No importa cuán ridículo suene. Todo pensamiento que es contrario a lo que Dios piensa acerca de mí es escrito allí. No me detengo hasta que haya vaciado mi alma en ese papel. Una vez que apunté todo lo que parece tener un patrón destructivo en mis pensamientos, le pido a Dios que me ayude a ver las cosas desde su perspectiva y a verme a mí mismo como Él me ve.

En el lado derecho del papel anoto lo que Dios dice acerca de mí en su Palabra. Describo mis atributos y cualidades según Él. Después de todo, La Biblia dice en Romanos 9:26 que fuimos creados a la imagen de Dios y que fuimos destinados para ser sus hijos e hijas. ¿Quién conoce a sus hijos mejor que un padre? Con esto en mente, anoto lo que Dios dice que son mis cualidades como hijo suyo.

La Biblia afirma que Dios me ama y que se preocupa profundamente por mí. Él se preocupa por mi bienestar. Hace provisión para mí, así como desea que alcance mi máximo potencial. Me creó con un propósito y desea que lo alcance plenamente. No puedo hacer nada para impresionarlo o hacer que me ame más. Su amor es sólido, consistente e infinito. No depende de mis acciones. La Biblia dice que Jesús vino a la Tierra y murió por todas mis transgresiones. Cristo murió en mi lugar. Él me ve como una persona digna, alguien que tiene valor eterno. Si Dios me ama tal como soy, con manchas y todo, ¿quién soy yo para sugerir que soy "menos persona"? ¿Quién soy para cuestionar su autoridad en proclamar quien soy?

Tú, amigo y amiga, no eres la excepción. Así es exactamente cómo Dios piensa de ti. Él te ama. Tú no puedes hacer nada para lograr que Dios te ame más. Es imposible para ti impresionarlo. No importa lo que hiciste. No importa cuán bueno(a) o malo(a) seas. Dios te ve con un gran potencial y desea que te conviertas en su hijo o hija. Eres de gran estima y valor eterno. Por esa razón, envió a su hijo a morir en la cruz por ti. Te ve como alguien digno de ser redimido. Si Dios envió a su hijo para ayudarte hace dos mil años, ¿por qué dejaría el trabajo a medio terminar y no te ayudaría hoy? Dios es fiel en completar aquello que empezó. Primera de Tesalonicenses 5:24 dice: *"Fiel es el que os llama, el cual también lo hará"*. Tú, amigo y amiga, no eres excepción alguna a esa regla.

Si descubres que nada viene a la mente al empezar a anotar los atributos que Dios dice que tienes, quizás algunos de los siguientes versículos de La Biblia, que hablan acerca de lo que Dios piensa de sus hijos, te ayuden. Como un hijo o una hija de Dios, estos pasajes son para que seas edificado y animado.

Deuteronomio 32:10: *"Le halló en tierra de desierto, y en yermo de horrible soledad; lo trajo alrededor, lo instruyó, lo guardó como a la niña de su ojo"*.

Zacarías 2:8: *"Porque así ha dicho Jehová de los ejércitos: Tras la gloria me enviará él a las naciones que os despojaron; porque el que os toca, toca a la niña de su ojo"*.

Salmo 17:8: *"Guárdame como a la niña de tus ojos; escóndeme bajo la sombra de tus alas"*.

Juan 16:27: *"Pues el Padre mismo os ama, porque vosotros me habéis amado, y habéis creído que yo salí de Dios"*.

El Salmo 139:1-16 dice:

> *"Oh Jehová, tú me has examinado y conocido.*
> *Tú has conocido mi sentarme y mi levantarme;*
> *has entendido desde lejos mis pensamientos.*
> *Has escudriñado mi andar y mi reposo,*
> *y todos mis caminos te son conocidos.*
> *Pues aún no está la palabra en mi lengua,*
> *y he aquí, oh Jehová, tú la sabes toda.*
> *Detrás y delante me rodeaste,*

y sobre mí pusiste tu mano.
Tal conocimiento es demasiado maravilloso para mí;
alto es, no lo puedo comprender.
¿A dónde me iré de tu Espíritu?
¿Y a dónde huiré de tu presencia?
Si subiere a los cielos, allí estás tú;
y si en el Seol hiciere mi estrado, he aquí, allí tú estás.
Si tomare las alas del alba
y habitare en el extremo del mar,
aun allí me guiará tu mano,
y me asirá tu diestra.
Si dijere: Ciertamente las tinieblas me encubrirán;
aun la noche resplandecerá alrededor de mí.
Aun las tinieblas no encubren de ti,
y la noche resplandece como el día;
lo mismo te son las tinieblas que la luz.
Porque tú formaste mis entrañas;
tú me hiciste en el vientre de mi madre.
Te alabaré; porque formidables, maravillosas son tus obras;
estoy maravillado,
y mi alma lo sabe muy bien.
No fue encubierto de ti mi cuerpo,
bien que en oculto fui formado,
y entretejido en lo más profundo de la tierra.
Mi embrión vieron tus ojos,
y en tu libro estaban escritas todas aquellas cosas
que fueron luego formadas,
sin faltar una de ellas..."

Empieza a construir tu autoestima usando la Palabra de Dios. Haz de sus pensamientos, tus pensamientos. Dios inspiró estos versículos de La Biblia para animarte y ayudarte, así que aprovéchalos. Haz de Dios tu compañero y reescribe tu "autoconversación". Reescribe la forma en que piensas. Vuelve grabar la cinta en tu cabeza. Reinventa tu diálogo interno. La Biblia explícitamente nos dice que renovemos nuestras mentes. Por esa razón Pablo reconoció la gran necesidad de cambiar la cinta que tenemos en nuestra cabeza. Él declara en Romanos 12:2: *"No os conforméis a este siglo, sino transformaos por medio de la renovación de vuestro entendimiento, para que comprobéis cuál sea la buena voluntad de Dios, agradable y perfecta".*

El siguiente diagrama es un ejercicio para ayudarte a escribir tu "autoconversación". Contrástala con lo que Dios dice sobre ti en su Palabra. Entonces empieza a decirte constantemente a ti mismo a lo largo del día, cómo Dios piensa y qué siente por ti. Después de varios días notarás una diferencia significativa en tus actitudes, sentimientos y recursos emocionales. Lo que haces es poner un casete nuevo en tu mente, reemplazando la "autoconversación" negativa que agota tus recursos emocionales.

Columna de "autoconversación" negativa	Columna de comunicación de Dios

No tienes que continuar con los mismos patrones de temor, ansiedad y tensión. El futuro no está grabado en piedra. El propósito de Dios está delineado para ti. Él puede cambiar el curso de tu destino. Cuando tu mente te dice que no eres digno o que eres tonto o gordo, o alguien no muy valioso, empieza a decir cosas sobre ti, remplaza las mentiras de Satanás con la verdad de Dios. Lee la Palabra de Dios. Escucha lo que Él dice de aquellos que lo aman y siguen. A medida que empieces a oír a Dios y a absorber sus palabras en tu mente, notarás una gran transformación dentro de ti. La paz comenzará a permear tu mente y espíritu. Notarás que tus recursos espirituales empezarán a tomar fuerza y, como resultado, tus recursos emocionales se potenciarán.

IMAGÍNATE ESTO

El tercero paso para tener la paz de Dios, es meditar en su Palabra. Eso nos ayuda a traer paz y estabilidad a nuestro ser. Durante siglos las personas meditaron sobre porciones diferentes de La Biblia. Los Salmos, los Proverbios y las historias bíblicas, tanto del Antiguo como del Nuevo Testamento, son maravillosas fuentes para visualizar. Después de leer un pasaje de la Escritura, reviso la historia bíblica que leí, y me imagino a mí mismo como uno de los personajes. Parecido al desarrollo de una película, recreo todos los diferentes símbolos culturales, matices y personalidades individuales.

Una de mis historias favoritas para meditar se encuentra en el Nuevo Testamento. Al lado del camino hay un hombre que nació ciego. Su nombre es Bartimeo. El pueblo es pequeño y todos lo conocen. Desde hace muchos años se sienta todos los días a la orilla del camino a pedir dinero. Con el tiempo, el sol oscureció su piel, y debido a su condición, es incapaz de cuidar de su apariencia adecuadamente. El día comienza como cualquier otro. Los olores de los animales de las granjas cercanas llenan el pueblo a medida que el tránsito peatonal levanta polvo a lo largo del sucio camino. Con unas pocas y esparcidas nubes, la temperatura es de aproximadamente veintiocho grados. La hora del mediodía se acerca rápidamente y las mujeres del pueblo empiezan a preparar el almuerzo.

Pocas personas le prestan atención al mendigo. De pronto él oye un sonido distante que parece acercarse. A medida que cada segundo transcurre, su curiosidad aumenta. Al principio es incapaz de distinguir el bullicio. Después de varios minutos puede entender que un grupo de personas viene hacia él. Cientos de personas se mueven -como una perezosa manada- de toda la periferia del pueblo. Como un desfile de Año Nuevo, las personas empiezan a alinearse al lado del camino, esperando descubrir quién está en el centro de la muchedumbre. Las conversaciones esparcidas a lo largo del camino, preguntan: "¿Es un político o un líder religioso?" "¿Quién podrá ser?" La emoción aumenta, pero Bartimeo permanece un tanto desorientado. No puede ver nada. Solo tiene un sentido en el cual confiar su oído.

Bartimeo espera para saber más sobre lo que alborota al gentío. Mueve su bastón y golpea la tierra alrededor de su manto, en un esfuerzo por descubrir un pie o una pierna. Alguien a su lado le grita:

-¡Ay!

-Perdóneme -contesta-. ¿Me puede decir qué es todo ese ruido que oigo viniendo hacia nosotros?

-Las personas en el camino piensan que es ese sanador famoso. El que suponen podría ser el Mesías. Lo llaman "Jesús de Nazaret" -contesta el hombre-. Sí, sí, de hecho es él. Jesús de Nazaret está pasando por aquí.

Sorprendido y entusiasmado, Bartimeo pregunta:

-¡¿Qué?! ¡¡Jesús de Nazaret?! ¡¡El gran sanador?! ¡¡El Mesías enviado de Dios para ayudar a Israel?! ¡¡Él está aquí, en mi pueblo y está caminando por mi calle?!

Bartimeo está impactado. La única persona que sana a los ciegos es Jesús.

-Quizás Él me sane -pondera un Bartimeo optimista.

A medida que las personas se aproximan, el solitario mendigo empieza a gritar con el resto de aquellos apostados a la vera del camino:

-¡Jesús! ¡Jesús! Jesús!

El Maestro se acerca como a veinticinco metros, y Bartimeo clama a todo pulmón:

-¡Jesús, Hijo de David, ten misericordia de mí!

Las personas a su alrededor intentan callarlo.

-Él es el Mesías. No tiene interés en ti. ¡Tú no eres importante! -replican.

Pero él levanta su voz aun con mayor desesperación:

-¡Jesús, Hijo de David, ten misericordia de mí!

De pronto Jesús se detiene y da media vuelta. El tiempo se detiene.

Todo se congela. Jesús y Bartimeo quedan conectados. De algún modo, de alguna forma, Jesús oye la súplica de este hombre. Logra filtrar toda conversación, alabanza o ruido ambiental. Se enfoca en la petición de un sencillo varón. Se dirige a sus discípulos y les dice con autoridad:

-Tráiganlo a mí.

Sin vacilación dos discípulos son enviados como fuerzas especiales en una misión, y penetran la muchedumbre que se agolpa.

Cuando los que intentaron callar a Bartimeo ven a los discípulos viniendo hacia ellos, inmediatamente se convierten en los mejores amigos del ciego.

-Oye, anímate. El Maestro te llama. Este es tu día de suerte. Levántate sobre tus pies.

Entonces lo ayudan a ponerse de pie y amablemente lo entregan a los discípulos, quienes a su vez lo guían a Cristo. La burbuja que rodea al Señor es penetrada a medida que las personas hacen un pequeño camino para que Bartimeo se encuentre con Jesús. El murmullo de la muchedumbre llega a silenciarse. Solo ellos están en medio de un círculo de cientos de personas que los miran calladamente. Jesús mira fijamente al mendigo y hace una breve pausa.

Aunque Bartimeo no puede ver, siente como si Cristo estuviera mirando su alma. Una calidez lo envuelve a medida que una luz anaranjada toca sus nervios ópticos, como cuando uno mira al Sol con ojos cerrados. Al recibir toda la atención, su corazón palpita aceleradamente. Entonces, Jesús hace la pregunta que Bartimeo esperó oír toda su vida:

-¿Qué quieres que haga por ti?

Sin vacilar responde:

-Quiero ver.

Jesús alarga su mano y dice:

-Recibe la vista; tu fe te ha sanado.

Al tocar el rostro del hombre ciego, una reacción molecular comienza inmediatamente. Sus nervios ópticos son estimulados y empiezan a enviar señales al cerebro. Por primera vez, colores, dimensiones y perspectivas son interpretadas de pronto por su cerebro. Literalmente, todo un nuevo mundo aparece ante sus ojos recientemente desarrollados. Jesús sonríe, le guiña un ojo y le dice:

-¡Cuídate! ¡Y recuerda darle la gloria a Dios!

La historia de Bartimeo que aparece en Lucas 18:35-43 es mucho más corta. Toma solo nueve versículos en total. Entonces, ¿por qué la alargo? Me ayuda a meditar en la Escritura. Me permite conectarme con Dios. A medida que desarrollo la historia, intento experimentar los olores, ver el paisaje y observar a las personas. Intento imaginarme allí, mientras esto sucedía. Me ayuda a entender el amor y la preocupación de Cristo por las personas. Me imagino siendo Bartimeo, o uno de los discípulos que trajo al hombre ciego a Jesús, o uno de los otros actores principales. A medida que hago el papel de Bartimeo, imagino al Señor sanando mi cuerpo, ayudándome a superar algún temor o ansiedad, dándome discernimiento para romper mis barreras financieras, o socorriéndome para ser un mejor marido y padre. Cuando visualizo a Cristo ayudándome y mostrándome su apoyo, su paz comienza a llenar mi corazón. Mi depósito emocional empieza a llenarse de nuevo.

Después pienso que si Cristo estuvo dispuesto a detenerse y ayudar a un solitario mendigo, entonces, ¿por qué no estaría deseoso en ayudarme a mí? Romanos 8:31: dice: *"Si Dios es por nosotros, ¿quién contra nosotros?"* Si Dios está a mi lado no importa quién o qué esté contra mí. Si Cristo es por mí, entonces puedo descansar en su paz.

La paz de Dios es la fuerza estabilizadora más poderosa del planeta. El diccionario define a la paz como un estado de calma y serenidad mental o espiritual, donde no hay ansiedad. Este es nuestro punto de partida para incrementar nuestros recursos emocionales y edificar la disciplina de Dios.

EDIFIQUEMOS RECURSOS EMOCIONALES

Una vez que aprendimos a descansar en la paz de Dios, el fundamento estará listo para que rompamos las barreras en nuestra vida. Establecer la paz de Dios calma las aguas de nuestros recursos emocionales y nos permite llenar nuestros depósitos a su máxima capacidad. Entonces, tendremos la energía, la fuerza y la motivación suficientes para poner en acción lo que sabemos que es bueno y sabio.

Nunca olvidaré la primera vez que hice las pruebas para entrar al equipo superior de béisbol de mi colegio. Estaba nevando y la temperatura afuera era de doce grados bajo cero. Debido a que los entrenamientos empezaban en febrero, el equipo se vio obligado a practicar todos los días a las 05:00.

Oso Grande es un pueblo pequeño localizado a dos mil ciento cincuenta metros sobre el nivel del mar, en las montañas de San Bernardino, en el sur de California. Como en muchos pueblos, muchos atletas practican varios deportes. Durante mis años de colegio, esa no fue la excepción. Así que cuando la temporada de fútbol americano terminaba, la de baloncesto empezaba. Esta rebasaba a su vez a la temporada de béisbol por varias semanas. Muchos de los atletas se mantenían en forma todo el año, al tiempo que saltaban de un deporte a otro. Por otro lado, yo no jugaba ni fútbol americano ni baloncesto. Sin tener que explicar por qué, estaba totalmente fuera de forma.

La primera mañana, los veteranos caminaron hacia la cancha de baloncesto del gimnasio para empezar a entrenar. Para decir poco, me sentía intimidado. Ellos corrían más rápido y por mucho más tiempo que yo. Mientras estaba inclinado, clamando por oxígeno a causa de la altitud, ellos se reían y burlaban de mí. Pensé: "Nunca saldré vivo de esta práctica, ni llegaré a ser parte de este equipo". Después de ese día afrontaba una barrera inevitable. ¿Cómo podría estar en forma? ¿Cómo encontraría la disciplina para hacer ejercicio todos los días y alcanzar a los deportistas del Colegio Oso Grande?

Precisaba un punto de partida. Necesitaba colocar un fundamento y construir mi depósito emocional, a fin de lograr la disciplina requerida para estar en forma. Necesitaba una victoria y un edificador de confianza. Decidí enfocarme en mi única ventaja. Desde que era muy niño podía pegarle a la pelota de béisbol, y podía hacerlo muy bien. Mi papá me enseñó cómo hacer contacto con la pelota. Siempre me decía:

-¡Mira a la pelota pegarle al bate! ¡Nunca apartes tu vista de la pelota!

Esa filosofía taladró mi cabeza desde los tres años de edad, y me ayudó a transformarme en un excelente bateador. Sin embargo, como la mayoría de los fanáticos del béisbol saben, hay mucho más en este deporte que solo pegarle a la pelota.

El lanzar la pelota, correr y atraparla deben implementarse con precisión. A fin de correr bien, uno debe estar en buena condición física. Cada día corríamos por unos veinte o treinta minutos, y todas las veces pensaba que me moriría. Diariamente, los otros jugadores insinuaban que no entraría en el equipo, y se burlaban de mí en sus grupos pequeños.

Finalmente, el asistente sacó la máquina que tiraba pelotas de béisbol. Cuando llegó mi turno para la práctica de bateo, le pegué a la pelota mejor que la mayoría de ellos, y el entrenador tomó nota de eso. Después de la práctica, me llamó a un lado y me dijo:

-Oye, Frenn, tú obviamente estás fuera de forma. Nunca practicaste deporte alguno en el colegio. Ahora, podemos hacerte correr todos los días hasta que tu gran trasero desaparezca y enseñarte cómo tirar y atrapar la pelota. Pero nadie puede enseñarte cómo batear. O sabes pegarle a la pelota, o no. Siempre y cuando sigas bateando como lo hiciste hoy, tendrás un lugar como titular en mi equipo.

Esta fue la pequeña victoria que necesitaba para recargar mis recursos emocionales. Entré al vestuario como un hombre con una posición nueva en la vida. Mi perspectiva cambió instantáneamente. Sabía que trabajar sobre el único talento que tenía me ayudaría a encontrar la fuerza para avanzar y ponerme en buena condición física.

Con un clima helado, cada noche corría por unos tres kilómetros y medio. Había veces que la nieve tenía doce centímetros de espesor, pero igual seguía corriendo. A las tres semanas, mi rendimiento empezó a incrementarse. Perdí como unos tres kilos. No estaba fatigado, como el primer día. Mi bateo también mejoró. Eventualmente, empecé a verme como "en forma", igual que cualquier otro jugador del equipo. El cambio más notable llegó a ser evidente en la práctica. Comencé a correr más rápido que los otros jugadores que se burlaron de mí. A medida que corríamos, los sobrepasaba unas dos o tres veces en una prueba de veinte minutos.

Con una pequeña victoria, mis recursos emocionales se recargaron y me dieron la fuerza para pasar al nivel siguiente. A medida que superaba un nivel, me abocaba al próximo. La barrera se hizo cada vez más pequeña y manejable. No me convertí en el mejor jugador de la noche a la mañana. Mi posición no estuvo segura hasta que el entrenador anunció quién entró y quién no en el equipo. A medida que lograba una victoria, mi fuerza crecía hasta desarrollar la disciplina necesaria para llegar al nivel siguiente. Mis recursos emocionales se recargaron con cada victoria.

Hasta el último juego de la pretemporada fui jugador suplente en primera base. Después de nuestro calentamiento, el entrenador anunció la lista titular. El jugador titular en primera base creyó que él estaría en esa lista. Cuando miré la lista, me sorprendí al ver mi nombre entre los titulares. Tomé mi guante y me dirigí a primera base. Él también lo hizo, y me miró como diciendo: "¿Qué estás haciendo aquí?" Lo miré como diciendo: "Soy titular". Finalmente el entrenador le gritó desde el banco: "Frenn es el titular en este juego". Él caminó humildemente fuera del campo.

La primera vez que bateé, mandé la pelota fuera del campo. Un jugador del equipo contrario tuvo que saltar en la barda para atrapar la pelota y evitar un *"homerun"* de tres carreras. Durante el juego hice varias jugadas asombrosas en el campo, incluyendo un doble ponche (*"doble play"*). Cuando el juego terminó, habíamos perdido. Pero había bateado un "sencillo" y un "triple", impulsando varias carreras.

Cuando la temporada comenzó, el entrenador me puso en la cuarta posición de bateo. De nuevo, todos los veteranos quedaron asombrados. El jugador regular de primera base fue remplazado. Cuando el entrenador anunció que yo era el titular, esto me motivó a continuar corriendo y practicando mi bateo cuantas veces pudiera. El resultado final de la temporada mostró una persona que llegó a ser disciplinada y empezó a romper sus barreras. Fui titular en cada juego de la temporada. En la primera mitad de la temporada, bateaba arriba de quinientos. Lo más importante fue que gané el respeto y la amistad de aquellos que se burlaron de mí el primer día de práctica. Hasta el momento, tengo una buena relación con muchos de mis compañeros de equipo.

Cuando enfrentes una barrera que sabes que Dios quiere que superes, busca su sabiduría. Una vez que tengas una comprensión clara de cómo vencerla, busca la primera victoria que te ayudará a recargar tus recursos emocionales. Busca el área en que sabes que puedes tener éxito. Una victoria te guiará a la siguiente. Todos necesitamos victorias periódicas y progresos visibles. Esto nos da combustible emocional que nos impulsa a continuar. También nos ayudará a desarrollar otro elemento importante y que es esencial para la disciplina de Dios.

TENER LA CONFIANZA DE DIOS

La confianza es un elemento importante, al desarrollar la disciplina divina. Dios es un Dios seguro. No le falta ninguna autoconfianza. Es completamente seguro de sí mismo y vive en la certeza completa. Si somos hijos e hijas de Dios, entonces también podemos estar seguros acerca de nuestra dirección. Podemos caminar en la convicción que Dios quiere que lleguemos a nuestra meta: caminar del punto A al B.

Confiar en Dios nos ayuda a recargar nuestros recursos emocionales.

Busca oportunidades para fortalecer tu confianza en Dios. Recuerda: Él quiere que desarrollemos la fuerza para comportarnos de una manera controlada y tranquila, incluso cuando nos encontremos en una situación difícil o estresante. Quiere que tengamos el autodominio mental adecuado para que podamos cambiar nuestra conducta, aprender algo nuevo o entrenarnos para algo.

Hasta hace un par de años yo tenía miedo de volar. Había tenido terror a volar desde que tenía dieciocho años. Nunca había cancelado un vuelo por causa de mis temores. Sin embargo, cada vez que caminaba hacia el avión, comenzaba a orar. A medida que cruzaba el umbral para entrar a la aeronave, colocaba mi mano por fuera del fuselaje y le pedía al Señor que protegiera al avión de cualquier falla mecánica o error de los pilotos. Durante todo el vuelo era un saco de nervios.

A través de los años el Señor me ayudó a superar mi miedo a volar. Un factor que contribuyó a esto fue darme cuenta del propósito de Dios para mi vida. Llegué a la conclusión de que mi vida está, en última instancia, en las manos de Dios. Si completé mi propósito en la tierra, no hay razón alguna para estar aquí más de lo necesario. Si no lo hice, entonces Dios me guardará hasta que lo haga.

Además, soy un viajero frecuente, lo cual me ayuda a fortalecer mi confianza. Cada vez que el avión despega y aterriza de forma segura, continúo comprendiendo lo que las personas dicen: "Es el modo más seguro de viajar".

Una noche estaba en un vuelo de Los Ángeles a San José, Costa Rica. Hicimos una pequeña escala en Ciudad de Guatemala. Después de una hora de recargar combustible y descargar y cargar pasajeros, continuamos nuestro viaje. Cerca de las 06:00 el avión empezó a recorrer la larga pista de concreto hasta que completamos un giro de ciento ochenta grados, y nos preparamos para el despegue. El piloto recibió el permiso de la torre de control para partir. Los motores del Boeing 757 empezaron a incrementar sus revoluciones. El piloto soltó los frenos y empezamos a correr por la pista. La aeronave estaba escasamente llena y parecía como si el impulso de sus motores succionara a todos los pasajeros en sus asientos, un poco más fuerte de lo normal. Con cada segundo, las fuerzas "G" aumentaron hasta que finalmente estábamos en el aire.

Los primeros cientos de metros volamos a través de las nubes y de una turbulencia ligera. A los dos mil metros de altitud, aproximadamente, la nariz del ave metálica de quinientos veintiocho toneladas traspasó las nubes y pudimos ver el Sol por primera vez en ese día. ¡Qué preciosa vista era esa! No hay nada como surgir de las nubes y ver los cielos azules y transparentes. Despegamos hacia el norte, así que empezamos a girar a la derecha hacia el sur, a San José.

Algunos miembros de la tripulación sacaron sus carritos de servicio para ofrecernos café. Imprevistamente, el piloto hizo un anuncio: "Por favor, todo el personal de abordo tome asiento inmediatamente y abróchese el cinturón". Rápidamente devolvieron sus rodados y se abrocharon sus cinturones. De pronto el avión empezó a "bailar" por el cielo. En todos mis años de vuelo nunca experimenté tal turbulencia. El avión comenzó a inclinarse hacia la derecha y a descender rápidamente. Algunas personas gritaban, y la señora sentada a mi lado vio su taza de café flotar en el aire y derramarse por todo su regazo.

Cada voz de pánico penetró en mi cabeza. Era como si hubiera diez niños llorando y gritando sin control y sin nadie que los consolara. Entonces, la voz de confianza de Dios me dijo:

-Todo está bien, todo está bajo control. Solo serénense. Nada le va a pasar a este avión.

Era el modo de Dios para tranquilizarme y ayudarme a lidiar con esta circunstancia. Esto me ayudó a comportarme de una manera controlada, a pesar de que estaba en una situación difícil y estresante. Entonces, me dijo:

-Jason, si no te gusta el tiempo, reprende la tormenta.

-¿Estás hablando en serio? -pregunté.

-Sí -me contestó.

Así que le dije a la tormenta:

-¡Viento fuerte, te reprendo y te ordeno que te calmes en el nombre de Jesús!

Inmediatamente la turbulencia cesó. El avión se niveló. Era como si hubiéramos aterrizado. El vuelo fue placentero hasta que llegamos a nuestro destino.

Hasta el día de hoy recuerdo esa experiencia y cómo Dios me ayudó a hablar como Él lo hubiera hecho. Puedo ver cómo Dios fortalece nuestra confianza para romper barreras mayores. Veo cómo me ayudó a superar mi miedo a volar. Hasta ahora me guía a sobreponerme a mis miedos y mis ansiedades. Todas estas cosas trabajan juntas para reconstruir nuestros recursos emocionales, para que a su vez nos convirtamos en personas disciplinadas de Dios. Estas se unen para que tengamos la fuerza para poner en práctica lo que sabemos es bueno y sabio.

Tener la disciplina de Dios es hacer lo que sabes es lo correcto, en medio de una tormenta emocional y la apatía. Implica que haces lo correcto cuando nadie está dispuesto a apoyarte. Sobre los valles y las montañas, pasando los tiempos altos y bajos, frente al temor y el pánico, la disciplina de Dios nos da la fuerza para implementar consistentemente lo que sabemos es bueno y sabio.

Fuiste creado con un gran propósito y destino. Dios te ama y tiene maravillosos planes para tu vida. Te hizo con talentos y dones. Nadie más fue hecho como tú. Amigo y amiga, eres único, creado por Dios para alcanzar tu máximo potencial y llevar su gloria.

A medida que nos aproximamos al último capítulo de este libro, quiero animarte a que cuides de ti mismo como Dios lo haría. Cuida de tu espíritu leyendo La Biblia, orando y adorando al Señor. Cuida de tus emociones, encontrando la paz de Dios y reemplazando la cinta de "autoconversación" negativa de tu cabeza con los pensamientos divinos. Finalmente, te animo a que cuides de tu cuerpo comiendo bien, ejercitándote apropiadamente y teniendo suficiente descanso y sueño. Practicar todos estos hábitos te ayudarán a establecer la disciplina de Dios en tu vida.

Dirijamos nuestros corazones hacia el Señor y pidamos ayuda para ser personas disciplinadas, que tienen la fuerza para llevar a cabo aquello que es bueno y sabio. A medida que oras esta plegaria, imagina al Señor sonriendo en aceptación de tu petición.

> "Querido Señor, una vez más te pido ayuda. Tantas veces me encuentro débil e incapaz de llevar a cabo lo que sé que es correcto. Ayúdame a alejarme de mis miedos y mis ansiedades para que pueda levantar mi fuerza emocional. Quiero que mi autoestima sea edificada sobre tu confianza y sobre cómo te sientes respecto a mí. Muchas veces me siento indigno como persona, y siento que otros son mejores que yo. Sé que tu Palabra dice que nos amas a todos por igual. Así que ayúdame a cambiar la manera en que pienso y siento acerca de mí mismo. Sé que no puedo hacer esto solo. Necesito tu ayuda. Ayúdame a tener tus pensamientos. Ayúdame a verme como un hijo(a) de Dios. La cinta en mi cabeza se contaminó con modelos

destructivos que me tiran hacia abajo. Mi "autoconversación" es negativa y sé que deseas que cambie la manera de pensar. Solo tú, oh Señor, puedes ayudarme a cambiar.

Te pido que edifiques mi confianza y me ayudes a convertirme en una persona disciplinada. Quiero ser alguien bueno y sabio, como tú propusiste que yo fuera. Sobre todo, ayúdame a exaltar tu nombre en cada área de mi vida, y que cada barrera que rompa traiga gloria y honra a tu nombre. Te pido estas cosas en el nombre de Cristo, amén."

CAPÍTULO 8

ℳANOS A LA OBRA

El accidente fue horrendo. Un domingo, aproximadamente a las 11:00, un camión de carga cruzó la doble línea amarilla y convirtió el vehículo Land Rover Defender en un montón de metal retorcido. Nuestro querido amigo y fotógrafo oficial de nuestras cruzadas, Armando Rojas, estuvo aprisionado por más de veinte minutos mientras los bomberos intentaban extraerlo del vehículo siniestrado. El camión cargaba tierra y se dirigía a un lugar remoto para descargarla. A medida que el conductor se aproximaba a una curva en la ruta, el peso de su carga hizo que el eje delantero se rompiera en dos. Las dos ruedas delanteras inmediatamente se desmontaron, llevaron al camión "Mack" de treinta toneladas a desviarse fuera de control y dirigirse al tránsito que venía en sentido contrario.

La colisión ocurrió de frente y fue un milagro que Armando no muriera instantáneamente. Se encontraba en una posición difícil, inconsciente y con necesidad de ayuda médica inmediata. Una vez liberado del automóvil, los paramédicos lo llevaron rápidamente a un hospital estatal, donde descubrieron que uno de sus pulmones tenía una ruptura y que había otras fracturas severas a lo largo de su cuerpo. Recibí la noticia cuando aterricé en Los Ángeles para abordar mi conexión a Costa Rica. Desgraciadamente, su estado empeoraba. Inicialmente los doctores pensaron que tendrían que amputar uno de sus brazos. Después descubrieron un punto más apremiante: los riñones estaban dejando de funcionar. Los médicos se preocupaban cada vez más.

Luego de volar durante casi diez horas, finalmente aterricé a las 07:15 del lunes. Tenía cinco mensajes de varias fuentes preguntándome si podía ir al hospital a orar por él. Sus hermanos estaban en estado de conmoción. Los que trabajaban para él no podían creerlo.

Lamentablemente, yo luchaba con un fuerte resfriado y no me permitieron entrar al hospital. Poco sabía que esa sería la única oportunidad para verlo. La siguiente mañana su condición empeoró. Llamé a

Alex, su hermano, y le informé con mucho dolor que estaba demasiado enfermo para entrar al hospital a ver a Armando. Él amablemente me disculpó.

El miércoles a las 8:00, Armando pasó a la eternidad. Los miembros de nuestro equipo evangelístico no podían creerlo. Esto levantó una ola de consternación en todo el país. Era difícil imaginar que el hombre que tomaba las fotos de cada llamado al altar y que había viajado a todas las ciudades donde las cruzadas se realizaron -incluyendo otros países- y que hizo sonreír a tantos de nosotros con su bondad y su calor, ya no estaba con nosotros. Se había ido a estar con el Señor.

Sentado en su funeral, recordé el momento en que lo conocí. Fue en su estudio fotográfico, en el invierno de 1996. Era uno de los mejores fotógrafos de Costa Rica. Para entonces había ganado varios premios internacionales, capturado magistralmente los rostros de muchísimas personas, prendido la belleza de cientos de paisajes y arrebatado los corazones de todos aquellos que observaban su trabajo. Le pedimos que nos tomara una fotografía familiar. Más tarde solicité sus servicios para que llegara a nuestra siguiente cruzada. La primera fue en Barranca, Costa Rica. Miles de personas vinieron a oír las buenas noticias de Cristo. De modo que fotografió a centenares y centenares de personas que manifestaban por primera vez su decisión de dedicar sus vidas al Señor. Después, me dijo:

-Nunca formé parte de ningún evento como este. No estuve dentro de una iglesia desde que era un niño. Recibí unas "buenas vibras" esta noche al estar aquí.

Por supuesto, supe lo que eso significaba. Dios estaba empezando a tocar la puerta de su corazón.

Luego de la cruzada decidí que Armando debía ser nuestro fotógrafo oficial. Le di una camiseta y una gorra del ministerio. A pesar de que no había hecho un compromiso con Cristo, sabía que Dios tenía algo maravilloso reservado para su vida. Me confesó que nunca había asistido a una iglesia evangélica y que era muy inexperto en temas espirituales. Pasaron varios años y, de vez en cuando, me contó sobre varias luchas con las cuales lidiaba. Una vez me llamó y me pidió que fuera a su oficina a orar, para que pudiera dejar de beber licor. Despacio, pero seguro, Armando comenzó a reconocer que necesitaba que Jesús rompiera sus cadenas y lo libertara.

Una noche, mientras estábamos en una de nuestras cruzadas más grandes, en un gimnasio techado ubicado a varios kilómetros del centro de una gran ciudad metropolitana, Dios hizo el milagro. Esa última noche de cruzada hice un llamado a recibir a Cristo y vi a varios miles de personas venir al frente para orar por su salvación. Pensé: "¡Esto es grandioso! ¡Seguramente Armando capturará esto en película mejor que nadie!" Mientras miraba hacia la cabina de sonido, vi la cámara de Armando junto al mezclador. Quedé confundido. Le hice señas a nuestro ingeniero de sonido: "¿Dónde está Armando?" Él apuntó hacia mí. Miré hacia abajo, al frente. Allí estaba él, de pie a dos metros, con lágrimas rodando por sus mejillas, recibiendo a Cristo gloriosamente y pidiéndole a Dios que lo perdonara. Bajé de la plataforma y oré por él. Ambos fuimos conmovidos profundamente.

Con cada cruzada que pasaba, su fe aumentaba. Vi su carácter cambiar y crecer en Cristo. Cada vez que iba a su estudio a recoger un paquete con fotografías de la cruzada, me saludaba con abrazos y con gran entusiasmo. Fui testigo de cómo las cadenas del alcoholismo se rompieron en su vida por el poder de Dios, cómo la esclavitud a una conducta adictiva empezaba a resquebrajarse, cómo el Señor rehacía su vida y lo llevaba a alturas mayores como uno de los fotógrafos más talentosos del mundo. Sin embargo, de todos sus logros, el más grande fue tener una relación personal con Cristo.

Mientras estaba sentado en el servicio fúnebre, pensé respecto a la última vez que conversamos. Fue muy parecida a la primera vez que lo vi: en su estudio. Dos meses exactos antes de su accidente, mi esposa, nuestras hijas y yo fuimos para otra sesión de fotos de familia. Él nos recibió con gran hospitalidad, como de costumbre. Pero antes de que saliéramos, me miró y dijo:

-Jason, tengamos una palabra de oración juntos.

¡Qué gran contraste a cuando lo conocí! ¡Qué transformación hizo Dios! Solo Él puede cambiar así las vidas.

A partir de la noche en que hizo un compromiso con Cristo, comenzó a enfocarse en romper la barrera del alcoholismo. Empezó a leer la Palabra de Dios y a orar y buscar su ayuda. Como resultado, el corazón de Dios empezó a formarse dentro de él. Escuchó el consejo de Dios en otros y, de esta forma, asió la sabiduría divina. Implementó un nuevo régimen de ejercicios, dieta y meditación. Se levantaba cada mañana y nadaba varias veces a lo largo de una piscina olímpica. Cambió sus hábitos alimenticios y empezó a meditar en versículos de la Escritura que yo le daba. También puso en práctica los principios escritos en mi primer libro: *"Poder para cambiar"*.

Cuando lo conocí estaba lleno de ansiedad y tenía dificultad en manejar sus emociones. Mediante su relación con Cristo encontró la paz de Dios, que levantó los niveles de sus recursos emocionales. A medida que hacía ejercicio, su resistencia empezó a incrementarse. Llegó a ser más productivo y creativo. Pronto estaba implementando consistentemente aquello que sabía que era de Dios y era sabio. A medida que el Señor empezó a ayudarlo a ser disciplinado, pudo atravesar su barrera y enfocarse en el propósito que Dios le había dado. Como resultado, pudo alcanzar algunos de los premios más codiciados en fotografía, y capturar algunas de las tomas más impresionantes que el mundo alguna vez vio.

Viajó a Estados Unidos y a varios países de América latina para participar en algunas de las ceremonias y seminarios más prestigiosos. Anduvo a lo ancho de Costa Rica, a veces durante tres o cuatro semanas, cruzando la selva más densa, capturando con su cámara de treinta y cinco milímetros lo que pocos ojos humanos vieron. A los cuarenta y siete años, Armando Rojas era, posiblemente, el mejor fotógrafo de Centroamérica. Lo cierto es que será respetado como uno de los profesionales más renombrados del mundo.

A pesar de todo su éxito y notoriedad internacional, nunca permitió que su estudio atendiera solo a los adinerados. En cambio, continuó fotografiando cada escuela y colegio que le pidió que sacara fotos individuales de sus estudiantes y de toda la clase. Fotografió a cientos de miles de niños del sistema escolar de Costa Rica. Y tomó cada foto escolar de mis hijas hasta el día en que murió. Sin duda, Armando rompió sus barreras, superó la adversidad y alcanzó su máximo potencial. En sus últimos años llegó a ser muy consciente de que fue Dios quien le dio la habilidad de capturar la belleza de la vida cotidiana con su cámara Nikon.

Hasta este momento, hablamos acerca de los elementos necesarios para enfrentar y romper nuestras barreras. Primero, necesitamos tener un corazón como el de Dios. Sin embargo, esto no es suficiente. Ser bueno no es suficientemente, necesitamos la sabiduría de Dios. Ésta nos posiciona en la dirección correcta para que nos dirijamos hacia lo que es de Dios. Pero ninguna de estas cualidades nos permitirá alcanzar nuestro potencial a menos que implementemos su disciplina para ejecutar lo bueno y sabio.

La disciplina de Dios es la habilidad de implementar de modo consistente lo que sabemos que es el propósito divino para nuestras vidas.

Una vez que tenemos un corazón como el de Dios y su sabiduría, podemos empezar a desarrollar su fuerza y su disciplina para completar (o ser consistentes en ejecutar) cualquier tarea que tengamos por delante.

En el capítulo anterior hablamos de los elementos necesarios para desarrollar la disciplina de Dios. Esta se inicia con la paz de Dios, que nos ayuda a alejarnos del temor y de la ansiedad. De este modo incrementamos nuestros recursos emocionales y cambiamos nuestra "autoconversación" negativa por aquello que Dios piensa de nosotros. En este capítulo estudiaremos el siguiente paso en nuestra búsqueda para desarrollar la disciplina de Dios: redefinir nuestros placeres, lograr mayor resistencia, adquirir fuerza sobrenatural y visualización.

REDEFINAMOS EL PLACER

Cuando miras los Juegos Olímpicos, ¿alguna vez te preguntaste cómo lo hacen? ¿Cómo invierten tanto tiempo para estar en buena condición física? Probablemente, tú mismo contestaste la pregunta diciendo: "Nunca tendría el tiempo para invertirlo en un compromiso tan grande". Además, cuando pensamos en el dolor y la dificultad necesaria para alcanzar la condición física de tales atletas, no estamos seguros de que tengamos lo que se requiere para hacer el trabajo. Mi pregunta para ti es: "¿Cuál es la diferencia entre ellos y tú?" Después de todo, todos sangramos cuando nos cortamos, envejecemos con el tiempo, comemos cuando tenemos hambre, vamos al baño, dormimos y nos ponemos los zapatos uno a la vez. Así que ¿cuál es la diferencia? La diferencia, aparte de cualquier ventaja física y genética que puedan tener, es bastante simple. Ellos fueron exitosos en redefinir el placer.

Como seres humanos Dios nos formó para que nos enlazáramos a aquellas cosas que nos traen placer. Cuanto mayor placer recibimos de alguien, de un evento o de una experiencia, más unidos nos volvemos a ello. Con el pasar del tiempo nos volvemos más eficaces en alcanzarlo. Eventualmente, nuestra búsqueda del placer se convierte en un hábito o una adicción.

Los atletas olímpicos son exitosos al redefinir ciertos placeres. Para un corredor olímpico, llegar a su máxima velocidad le produce gran alegría. En lugar de odiar la carrera de cien metros, se deleita en que su ritmo cardiaco aumenta, su pulso es fuerte, su respiración es profunda y su cuerpo suda. Cuando escucha el rugido de la muchedumbre, su corazón se llena de euforia. Cuando es el primero en cruzar la línea de llegada, se da cuenta que todo el entrenamiento valió la pena. Sudar llega a ser irrelevante; quedarse sin aire, no importa. La tensión muscular no es una distracción, porque el placer obtenido cuenta más que el dolor requerido para alcanzar la meta. El atleta puede interpretar todo su dolor, tensión y desafío como una fuente de placer.

Cuando nos aproximamos a una barrera, sabiendo que Dios está de nuestro lado y que su sabiduría nos guía, podemos comenzar a redefinir el placer. Vemos todo el trabajo que es necesario para superar nuestra adversidad y redefinirlo en nuestras mentes. Cuando nos enfocamos en un estilo de vida sencillo y sin deudas, con más tiempo para nuestra familia y una carrera alineada a lo que Dios nos llamó a hacer, las dificultades que nos confrontan no se ven tan sobrecogedoras, incluso pueden interpretarse como una fuente de placer. Eventualmente, los retos que enfrentamos llegan a ser tan fáciles de superar como tomar un helado.

Mencioné al inicio del libro que alguna vez llegué a pesar mucho. Tenía el colesterol alto y la presión elevada. Vivía cansado y tenía la mitad de la energía que tengo ahora. Mi ropa me quedaba muy ajustada. Un día decidí que no quería vivir el resto de mi vida como el "monstruo come galletas", dotado de una gran capacidad en convertir oxígeno en anhídrido carbónico. Decidí que necesitaba hacer algunos cambios significativos en mi estilo de vida. Sabía que Dios quería que me cuidara mejor que hasta ese momento.

Después de establecer un programa consistente de ejercicio semanal, me enfoqué en mi ingesta calórica. Aquí es donde necesitaba redefinir mis placeres culinarios. A fin de bajar mi colesterol, reduje significativamente la cantidad de grasa saturada que consumía. Debido a que realizaba ejercicio físico, necesité mantener la cantidad de proteínas que ingería. Así que todas las mañanas comía media docena de claras de huevo cocinadas con una cucharadita de aceite de canola. Al principio, esto fue una tortura. No hay nada tan insípido como claras de huevo revueltas. De modo que agregué un par de cucharadas de salsa y una pizca de sal. Eso me ayudó significativamente.

Pero... no solo de claras de huevo vive el hombre. Necesitaba algunos carbohidratos saludables. Agregué una taza grande de cereal de salvado con una cucharadita de canela rociada encima. Esto, combinado con leche descremada, me dio la fibra que precisaba. Aproveché el vivir en el trópico para comer una rodaja de ananá y una banana. La ingesta calórica total para el desayuno era de 575 calorías, 8 gramos de grasa, 0.5 gramos de grasa saturada y 3 miligramos de colesterol. Al inicio fue difícil. Pero después de varias semanas comencé a sentirme mucho mejor. La diferencia fue notable. Ya no estaba tan cansado ni apesadumbrado en las tardes como antes. Empecé a asociar cómo me sentía con la comida que ingería. De pronto comencé a redefinir el placer. Empecé a ver las claras de huevo y la salsa como si fueran tostadas con manteca y miel. Comencé a ver una manzana como si fuera un café doble. Mi mente empezó a reinterpretar lo que era bueno para mí, como si fuera algo con sabor y fuera de este mundo. Eventualmente, fui capaz de hacer lo mismo con las ensaladas, la espinaca, el brócoli, el pollo hervido y otros alimentos.

Por otro lado, con el tiempo y como casi nunca comía alimentos saturados en grasa, azúcar y sodio, empecé a verlos como dañinos y repulsivos. Entraba a un restaurante de comida rápida y sumaba las calorías y gramos de grasa con solo mirar el menú. Comencé a ver lo que antes anhelaba, como algo asqueroso. A medida que empecé a reinterpretar lo que eran los placeres culinarios de mi vida, comencé a comer mejor, me sentía mejor y rendía mejor. El resultado final fue una vida mejor.

El desafío para todos nosotros es cambiar la manera en que pensamos e interpretamos nuestros placeres. Pablo vivió esta lucha y puede identificarse con nosotros de muchas maneras. Esto es lo que él escribe en Romanos 7:15-19:

> *"Porque lo que hago, no lo entiendo; pues no hago lo que quiero, sino lo que aborrezco, eso hago. Y si lo que no quiero, esto hago, apruebo que la ley es buena. De manera que ya no soy yo quien hace aquello, sino el pecado que mora en mí. Y yo sé que en mí, esto es, en mi carne, no mora el bien; porque el querer el bien está en mí, pero no el hacerlo. Porque no hago el bien que quiero, sino el mal que no quiero, eso hago".*

Pablo supo lo que significaba luchar contra los placeres que lo descarrilaban de los propósitos de Dios. Reconoció que uno de los retos más difíciles surge cuando caemos en lo que no es bueno para nosotros. Con el tiempo interpretamos lo que Dios quiso que fuera agradable y bueno para nosotros, como algo repulsivo, aburrido, pesado o demasiado trabajoso. Asimismo, lo que es perjudicial y dañino para nuestra salud y bienestar llega a verse como emocionante, incitador, sensual y atractivo. Pablo vivió muchas luchas que lo llevaron a la conclusión de que necesitamos traer cada pensamiento en sumisión a los pensamientos de Dios. En 2 Corintios 10:5 dice: *"Derribando argumentos y toda altivez que se levanta contra el conocimiento de Dios, y llevando cautivo todo pensamiento a la obediencia a Cristo..."* También escribe en 1 Corintios 2:16: *"Porque ¿quién conoció la mente del Señor? ¿Quién le instruirá? Mas nosotros tenemos la mente de Cristo".*

Así que, entonces, para redefinir los placeres que nos bombardean, necesitamos tener lo que Pablo llama *"La mente de Cristo"*. Tener la mente de Cristo es tener sus pensamientos, que nos ayudan a reinterpretar lo que nos produce placer. A medida que redefinimos esto, nos unimos más a las cosas de Dios, que nos ayudan a romper nuestras barreras y alcanzar nuestro máximo potencial. Al fin de cuenta, ser disciplinado es tener la habilidad de redefinir el placer para que se alinee con lo que es de Dios, que es bueno para nosotros.

Para aquellos que quieren ser disciplinados, no es difícil comenzar. Lo difícil es mantenerse en carrera. Es por eso que tantas personas dejan la dieta después de un par de semanas. Personas que intentan ahorrar para conseguir una casa, muchas veces se desaniman después de un mes o dos. Empezar es fácil, mantenerse es difícil.

¡Anímate!

En nuestra búsqueda por ser personas disciplinadas, necesitamos incrementar nuestros recursos emocionales. Debemos llenarnos de la paz de Dios, empujar nuestros miedos y nuestras ansiedades a un lado y reemplazar nuestra "autoconversación" con la Palabra de Dios. Una vez que redefinimos lo que nos trae placer, podemos empezar a construir la longevidad de nuestra disciplina: el rendimiento (la energía para resistir y conquistar).

Hay cuatro maneras de incrementar tu rendimiento. **Primero, desarrolla un programa de ejercicios moderado.** Esto tendrá un efecto poderoso en muchas áreas de tu vida. El ejercicio ayuda a regularizar el metabolismo de tu cuerpo. No solo te sentirás mejor físicamente, sino que tendrás más fuerza emocional para confrontar los problemas. Tu claridad mental aumentará y, en general, tu fuerza para romper las barreras, también.

Como con cualquier hábito nuevo, necesitas medir tu propio ritmo. Si no lo haces, corres el riesgo de intentar lograr demasiado en corto tiempo. Como resultado, puedes desanimarte y rendirte. Sugiero que intentes con una carrera lenta o una caminata rápida durante treinta minutos, tres veces por semana. Después de tres semanas, agrega otro día. Después de seis semanas, aumenta la práctica a cinco veces por semana.

Una vez que sientas que tu cuerpo se ajustó al programa, puedes aumentar la intensidad de cada entrenamiento para que camines, corras o trotes todo el tiempo. Al cabo de cuatro semanas, notarás un cambio profundo en tus niveles de energía. Si no puedes caminar debido a problemas de espalda o rodillas, intenta con la natación, el ciclismo o algún entrenamiento aeróbico de bajo impacto. El punto aquí es elevar tu ritmo cardíaco y sudar durante treinta minutos cada vez que hagas ejercicio. Recuerda: el ejercicio ayudará a incrementar tus recursos emocionales y tu rendimiento.

Segundo, descansa lo suficiente. Alrededor del mundo hay personas que menosprecian la importancia de una buena noche de sueño. Los estudios demostraron que los individuos que duermen menos de seis horas y media cada noche, tienen más probabilidades de tener sobrepeso e, inclusive, llegar a ser obesos. Tienen más inclinación a padecer presión alta y fatiga. Probablemente, son mucho más propensos a la depresión y al desarrollo de problemas físicos.

Para descansar lo suficiente puede ser que tengas que dejar de ver tu programa favorito de televisión, que se emiten tarde por la noche. O quizás tengas que dormir un poco más. Cada cuerpo humano necesita tener suficiente descanso. En todos mis años de consultar con doctores y consejeros, nunca oí a alguno decir: "Ten cuidado con dormir demasiado". Dios hizo el cuerpo, que funciona como una máquina maravillosa. Si descansas lo suficiente, te despertarás fresco y tu día será mucho más fácil. No hay temor alguno a entrar en un coma o dormir demasiadas horas. Personalmente, intento dormir entre ocho y nueve horas por noche.

Desde el año 2004, superviso mi presión arterial de forma bastante consistente. Descubrí que siempre que duermo menos de seis horas por noche por más de una semana, mi presión sanguínea sube. Comienzo a agotar mis reservas de energía, y también me vuelvo más vulnerable a la enfermedad. En consecuencia, decidí hacer del dormir una prioridad. Si haces lo mismo, tu cuerpo te amará por hacerlo.

Si es imposible acostarse más temprano o levantarse más tarde, intenta hacer una siesta durante el día. Muchos ejecutivos luego de almorzar, buscan un lugar tranquilo para desenchufar sus mentes y descansar sus cuerpos. Si no puedes detenerte y descansar durante el día, busca un lugar donde puedas estar solo y en silencio. Durante diez minutos, cierra tus ojos e intenta meditar en una historia de La Biblia. Practica la visualización que comentamos en el capítulo anterior. Al final de tu tiempo de meditación, pídele al Señor que te llene con su paz y que ayude a tu cuerpo, mente, alma y espíritu a recobrar la energía que gastaste. El Señor es fiel ayudándonos a recargar nuestras baterías. Él se deleita al vernos descansar en su presencia y nos anima a que lo hagamos muy menudo. La Biblia dice en el Salmo 23:1-6:

> *"Jehová es mi pastor; nada me faltará.*
> *En lugares de delicados pastos me hará descansar;*
> *junto a aguas de reposo me pastoreará.*
> *Confortará mi alma; me guiará por sendas de justicia*
> *por amor de su nombre.*
> *Aunque ande en valle de sombra de muerte,*
> *no temeré mal alguno, porque tú estarás conmigo;*
> *tu vara y tu cayado me infundirán aliento.*
> *Aderezas mesa delante de mí en presencia de mis*
> *angustiadores; unges mi cabeza con aceite;*
> *mi copa está rebosando.*
> *Ciertamente el bien y la misericordia me seguirán*
> *todos los días de mi vida, y en la casa de Jehová*
> *moraré por largos días."*

Tercero, come bien. Siempre me gusta ejemplificar este punto con la siguiente ilustración. Imagina por un momento que estás de pie en medio un lote de automóviles donde acabas de comprar un vehículo nuevo que cuesta unos US$ 30.000. Fue pintado por la fábrica de acuerdo a tus especificaciones. El interior es de cuero y el estéreo fue diseñado especialmente para la acústica del automóvil. Es el modelo del año que viene con todos los extras. Lo conduces fuera del predio y te diriges a una estación de servicio. Pero en lugar de llenarlo con nafta sin plomo, caminas hacia un local comercial y compras una bolsa grande de azúcar. Entonces procedes a verter el contenido en el tanque de combustible, junto con una bolsa de harina y un poco de grasa porcina. ¿Hasta dónde crees que tu automóvil nuevo podría llegar usando tal combustible?

Me sorprende que llenemos nuestros cuerpos de esas mismas sustancias y esperemos que trabajen como un automóvil nuevo. El cuerpo humano es superior a cualquier invención humana. Dura más, es más inteligente y hace más que cualquier vehículo. Entonces, ¿por qué lo tratamos como un basurero? El otro día leí una estadística interesante: los estadounidenses consumen *per capita* más de setenta kilos de azúcar por año. Esto es el doble de lo que consumían nuestros abuelos.

¿Cuál es la raíz del problema? La mayoría de las personas no tiene idea de qué y cuánto consume al día. La gente me dice constantemente: "No como comida chatarra. No como mal. No entiendo, no puedo bajar de peso". De la misma manera en que no somos conscientes de cuánto dinero gastamos sino al llegar a fin de mes, también no nos damos cuenta de cuánto comemos. Así que te daré el mismo consejo: ¡SÚMALO! Lleva un papel contigo y apunta cada cosa que comes y bebes durante el día hasta que te vas a la cama. Al final, suma todas las calorías, gramos de grasa y azúcar. Estoy seguro de que te sorprenderá. Después de una semana, quedarás asombrado.

El hombre adulto promedio debe consumir alrededor de dos mil calorías al día, dependiendo de su contextura, altura y nivel de actividad. La mujer adulta promedio debe consumir aproximadamente mil seiscientas calorías diarias, dependiendo de su contextura, altura y nivel de actividad. Debe existir un equilibrio entre las frutas frescas, las verduras, la proteína baja en grasa y las fuentes saludables de grasa. Si mantienes tu ingesta total de grasa en menos de treinta gramos diarios, las grasas saturadas en menos de cinco gramos al día y las calorías alrededor de los promedios arriba señalados, llegarás a ser saludable y delgado, y te sentirás mucho mejor.

Tu cuerpo es como una cuenta bancaria. Cada vez que haces una extracción sin hacer un depósito, el saldo va disminuyendo. Eventualmente, te quedas sin fondos y tu banco te envía un aviso. Si no escuchas la advertencia, la cuenta se pone "en rojo". Cuando el crédito bancario se acaba, el banco congela tu cuenta y te cobra intereses por el descubierto. De la misma forma, si no ejercitas tu cuerpo, descansas y te alimentas correctamente, retiras energía de tu cuenta. Si no escuchas las advertencias que te envía, corres el riesgo de que se te apague. El resultado será un cuerpo que no trabaja bien y, consecuentemente, se enfermará. Tu energía emocional menguará y se secará. Así que dale a tu cuerpo el ejercicio, el descanso y el combustible que necesita.

Cuarto, prémiate periódicamente. Una de las razones de por qué no hacemos ejercicio, sacrificamos nuestro sueño y no preparamos comidas saludables, es debido a nuestra falta de tiempo. Estamos muy ocupados trabajando e intentando salir adelante para tener una vida mejor para nosotros y nuestra familia. Sin embargo, a menos que dediquemos tiempo para cuidar de nosotros mismos, no estaremos vivos para disfrutar todo aquello por lo que trabajamos tan duro.

En un reciente vuelo el Señor habló a mi corazón. Me dijo: "Jason, disfruta el vuelo y sobre todo la vista desde los once mil metros. Pocas personas en el mundo verán lo que tú verás hoy". Muchas veces en la vida necesitamos detenernos y oler las rosas, disfrutar las estrellas por la noche y empaparnos de la creación de Dios. Necesitamos invertir tiempo, tan a menudo como nos sea posible, para disfrutar de nuestra familia y amigos. Sobre todo, necesitamos recompensarnos periódicamente y tomarnos el tiempo para atesorar el momento.

Las mejores cosas para recompensarnos son las que no "nos tiran abajo". Cuando digo: "Toma tiempo para recompensarte", no estoy refiriéndome a comerte un bistec de medio kilo o una caja de chocolates. No te digo que te compres tu auto deportivo favorito. Hablo de las cosas que producen el placer de Dios, que son edificantes para ti y tus seres queridos. Busca las cosas que deleitan Dios y que son significativas, y después disfruta realizándolas.

Pasa una tarde romántica con tu cónyuge. Lleva a tus hijos a un parque de diversiones. Toma treinta minutos y escucha tu álbum favorito. Investiga sobre tu tema favorito o la afición que tienes. Quizás quieres ir a un balneario o tomar un baño de aromaterapia. ¡Consiéntete! Ve y mira a tu equipo jugar la próxima vez que estén en la ciudad. Bucea, anda en bicicleta, haz una caminata o mira una buena película. Ve y recompénsate periódicamente. Incluye el disfrute y la recompensa dentro de tu horario semanal. Date a ti mismo algo que esperar cada día, cada semana, cada mes y cada año. Te sentirás bien, Dios estará contento, tus amigos y tu familia estarán satisfechos, y tu rendimiento se multiplicará.

Si no nos cuidamos, le fallaremos a las personas y descuidaremos las cosas importantes de nuestra vida. Cuando trabajamos en exceso, nos ponemos a la defensiva en forma excesiva, nos esforzamos demasiado y descuidamos las cosas significativas: la familia, las amistades y la salud. Es irónico ¿verdad? Trabajamos duro para proveer para nuestra familia y nuestro futuro y, al mismo tiempo, desprotejemos aquello que intentamos cuidar.

Si implementas estos cuatro hábitos básicos, notarás que tu rendimiento se incrementará. Tómate el tiempo, en tu cronograma diario, para el ejercicio físico, el sueño reparador, las comidas sanas y el disfrute merecido. Hazlas prioridades en tu vida. A medida que te cuidas en estas cuatro áreas, tu cuerpo dejará de ser una carga. En lugar de ponerte un peso, notarás que tu cuerpo, mente y alma serán un sistema de apoyo poderoso a medida que enfrentas las barreras que te impiden alcanzar todo lo que Dios te destinó a ser. Serás recargado con la fuerza necesaria para romper las barreras y vencer la adversidad.

Un amigo sobrenatural para la disciplina de Dios

Desarrollar la disciplina de Dios comienza encontrando la paz divina, que nos ayuda a superar cualquier miedo y ansiedad existencial. Esto permite incrementar nuestros recursos emocionales y acrecentar la confianza divina, a medida que confrontamos las barreras. A fin de avanzar, debemos al mismo tiempo redefinir nuestros placeres y cuidar nuestros cuerpos. A lo largo de todo este proceso, debemos pedirle ayuda al Señor. Necesitamos volvernos a la fuente que Él nos ofrece. Esta nos fortalecerá y equipará para romper las barreras. En resumen, debemos depender de la fuerza y del poder del Espíritu Santo.

Tengo un amigo que nació y se crió en Costa Rica. En su adolescencia dio su corazón a Cristo y comenzó a seguirlo con devoción. Pero a medida que los años pasaron, se distrajo, como muchos adolescentes lo hacen. Después de cumplir diecisiete años, decidió trasladarse a los Estados Unidos para ganar dinero. Compró un pasaje aéreo de Costa Rica a México e intentó cruzar ilegalmente la frontera.

Minutos después de cruzar el río que separa ambos países, fue capturado por el control fronterizo estadounidense. Fue llevado inmediatamente a un centro penitenciario juvenil, en la ciudad californiana de San Diego. Allí estuvo confinado por varias semanas. Eventualmente, se acostumbró a su encierro. Por la ventana veía a los aviones despegar y aterrizar del aeropuerto. Tenía una celda alfombrada, televisión por cable, tres comidas al día, una visita semanal de un médico y servicio religioso los domingos.

Finalmente un pariente pagó la fianza para sacarlo. El joven espetó:

—Bueno, la verdad es que estoy bastante feliz aquí donde estoy.

—Estás en la cárcel —le contestó su tío.

-Sí, lo sé. Pero vivo mejor aquí que en Costa Rica. Como muy bien. Tengo un cuarto alfombrado, con aire acondicionado y televisión por cable con más de setenta canales. Veo a un médico una vez por semana. Tengo una vista del aeropuerto. Puedo adorar al Señor y recibir buena enseñanza bíblica una vez por semana. Y lo mejor de todo, es que puedo repetir comidas en la cafetería. Preferiría quedarme aquí durante algún tiempo.

Su tío señaló:

-En cuanto el papeleo termine, te van a deportar de regreso a Costa Rica. O puedes venir y vivir conmigo en Nueva Jersey, si llenas estos formularios. La decisión es tuya.

Mi amigo lo pensó por unos dos días. Finalmente, aceptó la oferta de su tío. Después de ser liberado, quedó bajo la custodia de éste y se mudó a Nueva Jersey, donde vivió dos años antes de regresar a Costa Rica. Hoy, él y su esposa son pastores en ese país. Son obreros excepcionales con los cuales tuve el privilegio de servir.

En ese momento fue una decisión difícil. Se había acostumbrado a su celda. Se sentía cómodo y seguro. Las autoridades lo cuidaban. Tenía a su disposición todo lo que había querido en la vida. El único impedimento era que no podía dejar el lugar. Tenía todo, excepto su libertad.

Hay momentos en nuestra vida cuando Dios envía a alguien, como el tío de mi amigo, para preguntarnos si deseamos salir de nuestra celda y ser libres. Él da la provisión perfecta para que podamos superar los obstáculos que nos mantienen prisioneros. Envía a alguien que nos ofrece la fortaleza que necesitamos para vivir por fe y seguir la guía del Señor, sin importar cuán difícil se vea el camino. La pregunta que debemos responder es: "¿Podemos aceptar la ayuda para salir de nuestra celda?" Algunos preferirían quedarse en su esclavitud, detrás de los barrotes de su celda. ¿Por qué? Porque para ellos es cómodo, es su hogar...

Entendemos que Cristo murió en la cruz por nuestros pecados y que vino a salvarnos. Una vez hecho un compromiso con Él, necesitamos fortaleza cada día para consistentemente romper nuestras barreras. Así que, ¿a quién envía el Señor y cómo dependemos de Él para recibir fuerza sobrenatural y disciplina para superar la adversidad?

Jesús dijo a sus discípulos que partiría y les dejaría un Consolador en su lugar. Ese otro es el Espíritu Santo. Juan 16:5-7 dice: *"Pero ahora voy al que me envió; y ninguno de vosotros me pregunta: ¿A dónde vas? Antes, porque os he dicho estas cosas, tristeza ha llenado vuestro corazón.*

Pero yo os digo la verdad: Os conviene que yo me vaya; porque si no me fuera, el Consolador no vendría a vosotros; mas si me fuere, os lo enviaré". Y Juan 14:26 sostiene: *"Mas el Consolador, el Espíritu Santo, a quien el Padre enviará en mi nombre, él os enseñará todas las cosas, y os recordará todo lo que yo os he dicho".*

FUERZA SOBRENATURAL

En el libro de Los Hechos el Espíritu Santo jugó un papel primordial en la tarea de guiar, fortalecer y equipar a los discípulos. Las palabras de Jesús se hicieron realidad. Jesús ascendió al cielo y, diez días después, el Espíritu Santo vino sobre los suyos con poder (Hechos 2). A partir de ese momento los discípulos dependieron de Él para obtener guía, fuerza, resistencia y poder. La siguiente historia muestra cómo Pablo y Silas estaban conectados al Espíritu Santo y cómo este les ayudó a que rompieran una gran barrera y superaran la adversidad. Hechos 16:16-40, dice:

> *"Aconteció que mientras íbamos a la oración, nos salió al encuentro una muchacha que tenía espíritu de adivinación, la cual daba gran ganancia a sus amos, adivinando. Ésta, siguiendo a Pablo y a nosotros, daba voces, diciendo: Estos hombres son siervos del Dios Altísimo, quienes os anuncian el camino de salvación. Y esto lo hacía por muchos días; mas desagradando a Pablo, éste se volvió y dijo al espíritu: Te mando en el nombre de Jesucristo, que salgas de ella. Y salió en aquella misma hora.*
>
> *Pero viendo sus amos que había salido la esperanza de su ganancia, prendieron a Pablo y a Silas, y los trajeron al foro, ante las autoridades; y presentándolos a los magistrados, dijeron: Estos hombres, siendo judíos, alborotan nuestra ciudad, y enseñan costumbres que no nos es lícito recibir ni hacer, pues somos romanos. Y se agolpó el pueblo contra ellos; y los magistrados, rasgándoles las ropas, ordenaron azotarles con varas. Después de haberles azotado mucho, los echaron en la cárcel, mandando al carcelero que los guardase con seguridad. El cual, recibido este mandato, los*

*metió en el calabozo de más adentro, y les aseguró los pies
en el cepo.*

*Pero a medianoche, orando Pablo y Silas, cantaban himnos a
Dios; y los presos los oían. Entonces sobrevino de repente un
gran terremoto, de tal manera que los cimientos de la cárcel
se sacudían; y al instante se abrieron todas las puertas, y las
cadenas de todos se soltaron. Despertando el carcelero, y
viendo abiertas las puertas de la cárcel, sacó la espada y se
iba a matar, pensando que los presos habían huido. Mas Pablo clamó a gran voz, diciendo: No te hagas ningún mal,
pues todos estamos aquí. El entonces, pidiendo luz, se precipi-
tó adentro, y temblando, se postró a los pies de Pablo y de Silas; y sacándolos, les dijo: Señores, ¿qué debo hacer para ser
salvo? Ellos dijeron: Cree en el Señor Jesucristo, y serás salvo,
tú y tu casa. Y le hablaron la palabra del Señor a él y a todos
los que estaban en su casa. Y él, tomándolos en aquella misma
hora de la noche, les lavó las heridas; y en seguida se bautizó
él con todos los suyos. Y llevándolos a su casa, les puso la mesa; y se regocijó con toda su casa de haber creído a Dios.*

*Cuando fue de día, los magistrados enviaron alguaciles a
decir: Suelta a aquellos hombres. Y el carcelero hizo saber
estas palabras a Pablo: Los magistrados han mandado a decir que se os suelte; así que ahora salid, y marchaos en paz.
Pero Pablo les dijo: Después de azotarnos públicamente sin
sentencia judicial, siendo ciudadanos romanos, nos echaron
en la cárcel, ¿y ahora nos echan encubiertamente? No, por
cierto, sino vengan ellos mismos a sacarnos. Y los alguaciles
hicieron saber estas palabras a los magistrados, los cuales
tuvieron miedo al oír que eran romanos. Y viniendo, les ro-
garon; y sacándolos, les pidieron que salieran de la ciudad.
Entonces, saliendo de la cárcel, entraron en casa de Lidia, y
habiendo visto a los hermanos, los consolaron, y se fueron."*

Este maravilloso pasaje de las Escrituras puede enseñarnos muchas
cosas acerca de cómo el Espíritu Santo nos ayuda a superar la adversidad. Antes de ascender a los cielos, Jesús prometió enviar al Espíritu
Santo para que nos guiara.

En el capítulo 17 Pablo y Silas caminaban en un pueblo cuando tro-
piezan con un obstáculo muy grande. Debido a la codicia de personas

inescrupulosas, fueron señalados como alborotadores. A Pablo, como ciudadano romano, se le debió procesar según el Derecho Romano. Había leyes que le garantizaban ciertos derechos inalienables. Entre ellos, debió tener un juicio imparcial donde podría argumentar su posición. En cambio, él y sus compañeros fueron azotados severamente y arrojados en una cárcel de máxima seguridad.

Los apóstoles superaron sus barreras con el poder del Espíritu Santo. Nosotros podemos aprender cuatro lecciones poderosas de esta historia:

Primero, el Espíritu Santo nos guía en nuestras oraciones. Cuando los discípulos estaban en la celda de más adentro, con sus pies y sus manos aprisionados en el cepo que estaba sujeto a la pared, no podían gritar por ayuda ni enviar una paloma mensajera, ni hacer una llamada telefónica ni sobornar al guarda. Estaban atrapados sin tener a dónde ir. Del único del que dependían era del Espíritu Santo. La única manera de encontrar una solución era mediante el Espíritu de Dios, quien los guió a hacer la única cosa que podían realizar: orar y cantar. Así que alzaron sus corazones al Señor, abrieron sus bocas y empezaron a adorarlo. El Espíritu Santo nos guía y salva en la tormenta, nos muestra cómo orar y, más importante, nos conecta con una solución sobrenatural cuando no parece haber salida. A medida que los discípulos fueron guiados a cantar y orar, el Espíritu Santo respondió exactamente con lo que se necesitaba: un terremoto.

Segundo, el Espíritu Santo nos levanta y fortalece al cruzar los tiempos de prueba. En lugar de desanimarse, volverse desobedientes o rebeldes, Pablo y Silas enfocaron sus corazones en el Señor y, como resultado, se rejuvenecieron. En muchas ocasiones, cuando las personas enfrentan la adversidad y las dificultades, se desaniman e incluso se deprimen. Cuando los obstáculos insuperables nos arrinconan, podemos correr y escondernos, o podemos unirnos en fuerza con el Espíritu de Dios y asirnos a su guía. Eso fue lo que Pablo y Silas hicieron. El Espíritu Santo los guió a cantar himnos y orar. Como resultado, sus corazones fueron animados y ellos sintieron la presencia divina en lo que era una circunstancia difícil y aterradora. De la misma forma, cuando estamos llenos del poder celestial, el Espíritu Santo nos da la fuerza para triunfar sobre la depresión espiritual.

Tercero, el Espíritu Santo nos ayuda a resistir al diablo y a la tentación. Luego del terremoto, ellos podrían haber dejado la prisión inmediatamente junto con los otros presos. La mayoría de las personas se habría escapado sin mirar atrás. En cambio, ellos hicieron lo correcto.

El terremoto dejó esa cárcel en escombros. En seguida, todas las puertas de la prisión quedaron abiertas y las cadenas de todos se soltaron. Pero ni Pablo ni Silas se movieron. Cuando el carcelero se despertó y vio las puertas de la prisión abiertas, sacó su espada e intentó quitarse la vida. Prefería suicidarse antes que sus superiores lo mataran por permitir la fuga de los prisioneros. Notemos cómo reaccionó Pablo. Dijo: *"No te hagas ningún mal, pues todos estamos aquí"*. Los discípulos resistieron la tentación y se mantuvieron fieles a sus convicciones.

En Juan 16 Jesús habla de cómo el Espíritu Santo guiará nuestra conciencia. Los versículos 8 al 11 afirman: *"Y cuando él venga, convencerá al mundo de pecado, de justicia y de juicio. De pecado, por cuanto no creen en mí; de justicia, por cuanto voy al Padre, y no me veréis más; y de juicio, por cuanto el príncipe de este mundo ha sido ya juzgado"*. El Espíritu Santo convence a las personas cuando éstas se involucran en actividades inmorales. También afirma nuestra buena conducta cuando dirigimos nuestros corazones a Dios y buscamos cumplir su propósito. Él opera como una pequeña voz dentro de cada uno de nosotros, que nos dice cuándo actuamos correcta o incorrectamente.

¿Por qué esto es tan importante? Porque debes prepararte. Cada vez que enfrentes una barrera, el diablo te presentará un modo fácil de obrar. Te mostrará una manera secreta de escapar. Serás atraído, incitado y tentado a proceder incorrectamente. Por lo general el diablo proporciona una solución sin Dios, que parece insignificante y no provoca daño alguno. No hay cosa más difícil que resistir la tentación, mientras enfrentas una gran barrera. Es complicada, debido a que Satanás nunca nos permite ver las consecuencias de nuestras acciones, sino hasta que es demasiado tarde. Somos cegados de tal modo que no vemos las repercusiones potenciales de nuestro mal obrar. Por esta razón las personas que caen en la trampa de una relación extramatrimonial, usualmente dicen: "No tenía idea de que mis acciones causarían tanto dolor al resto de mi familia".

En la mayoría de los casos, si no resistimos a la tentación, terminamos pagando un precio altísimo. No pasaron doce horas después del terremoto, cuando las autoridades concedieron a Pablo y Silas la libertad. Imaginemos lo que habría pasado si ellos huían. Si eran atrapados, los habrían matado. Solo la disciplina del Espíritu Santo te permitirá resistir la tentación de tomar una solución fácil. Solo la fuerza del Espíritu te permitirá vivir con el corazón de Dios que el Señor creó en ti.

Cuarto, el Espíritu Santo nos da poder para ser testigos y ayudar a otros a encontrar a Cristo. Cuando el carcelero estuvo a punto de poner fin a su vida, Pablo intervino. Para el apóstol había algo mucho más importante que su libertad, la salvación del carcelero estaba también en la balanza.

Pablo sabía que cada barrera era una oportunidad para presentar el Evangelio de la esperanza. A pesar de su agotamiento, el apóstol dependía del Espíritu Santo para recibir el poder y presentar al carcelero y a toda su familia el mensaje de libertad en Cristo. Cuando el carcelero los sacó y les preguntó: *"¿Qué debo hacer para ser salvo?"*, ellos respondieron: *"Cree en el Señor Jesucristo, y serás salvo, tú y tu casa"*. Después de llevarlos a su hogar, el carcelero y toda su familia fueron bautizados.

A pesar de esta experiencia horrible, Pablo y Silas caminaron la milla extra a fin de ayudar al carcelero y a su familia. Pudieron hacer solo porque Dios les dio la fuerza del Espíritu Santo. Cuando fueron echados a la cárcel, escucharon al Espíritu del Señor y oraron. Dependían del Señor para recibir edificación y fortaleza. Resistieron la tentación y pidieron al Espíritu Santo la fuerza para bendecir al hombre que estaba encargado de su prisión. ¡Y de hecho, lo bendijeron a él y a toda su familia! Le dieron el más grande regalo de todos.

¡Así que conéctate al Espíritu Santo! Haz del Espíritu de Dios tu mejor amigo y pídele la fuerza necesaria para mantenerte en curso cuando pases cada obstáculo y barrera. Él te guiará en tus oraciones y te edificará y fortalecerá en los tiempos difíciles de prueba. Te ayudará a resistir al diablo y sus tentaciones, las cuales nos señalan una salida fácil, pero equivocada. Finalmente, el Espíritu Santo te dará el poder para presentar el reino de Dios y ayudar a que otros conozcan a Cristo.

El último elemento de la disciplina se llama "visualización", y es lo que hacen los atletas profesionales antes de cada partido. Ellos se imaginan a sí mismos alineándose para el inicio del partido de fútbol americano. Se pasa la pelota y el mariscal de campo se hace para atrás y lanza una espiral perfecta en las manos del receptor, quien vuela a través del aire y trae la pelota hacia su pecho. Aterriza en la zona de anotación y convierte los puntos con los cuales su equipo gana. En béisbol, un lanzador visualiza ganar la Serie Mundial con sus lanzamientos. Un jugador de baloncesto se ve anotando un tiro de tres puntos para ganar el partido. Un jugador de hockey mira su disparo de setenta y cinco kilómetros por hora pasar rugiendo al lado del portero para ganar la copa del Campeonato Stanley. Todos estos atletas tienen algo en común. Minutos, horas e incluso días antes de su evento, visualizan sus victorias y sueñan con todo lo que pueden llegar a ser.

Intenta verte a ti mismo(a) cumpliendo tu sueño. Imagina tu vida y cómo podría cambiar. Piensa en la cantidad de vidas que serán cambiadas para bien. Visualiza tu matrimonio, los niños y la familia. Intenta ver tu hogar, tu peso, tu salud, tu ropa, tu jardín y tu mobiliario. Mírate a ti mismo(a) viviendo el sueño, e imagínate siendo todo lo que Dios quiere que seas. Imagina la vida, la salud, la provisión y la bondad que Dios destinó para ti. Finalmente, pregúntate: "¿Qué me está deteniendo?" Entonces, ¡ve por ello!

Repasemos lo que aprendimos sobre la disciplina de Dios. En el capítulo anterior descubrimos que la disciplina divina nos da la fuerza necesaria para atravesar las barreras que nos impiden alcanzar todo lo Dios nos destinó a ser. Nuestra disciplina comienza con la paz de Dios, que nos ayuda a alejarnos del miedo y de la ansiedad. A partir de esto podemos empezar a incrementar los recursos emocionales y cambiar la "autoconversación" negativa por lo que Dios piensa de nosotros. En este capítulo estudiamos el paso siguiente: cómo redefinir nuestros placeres.

Todos estamos unidos a las cosas que nos producen placer. Cuanto más lo experimentemos, más quedaremos atados a su fuente; y con el tiempo, nuestra búsqueda de placer se convertirá en un hábito o una adicción. De la misma forma en que los atletas profesionales dominaron la habilidad de redefinir lo que era algo difícil y ahora lo consideran placer, nosotros también podemos reinterpretar los desafíos que enfrentamos. Podemos ver a las verduras, al ejercicio, al manejo del dinero y del tiempo, asociándolos con el resultado final de nuestras metas deseadas, como son la salud física, una cintura más delgada, la seguridad financiera y mucho tiempo en familia. Del mismo modo, podemos redefinir aquellas cosas perjudiciales, que históricamente nos trajeron placer, como algo repulsivo y dañino.

Incrementar nuestro rendimiento es vital para formar la disciplina de Dios. Hay cuatro maneras para hacerlo:

Primero, desarrolla un programa de ejercicio moderado para aumentar tu ritmo cardíaco por lo menos durante treinta minutos. Es importante sudar durante el tiempo de ejercicio. Este es un buen indicador de que tu sistema cardiovascular está ejercitándose a un nivel deseado.

Segundo, descansa lo suficiente. El reposo contribuirá a evitar muchas enfermedades potenciales que pueden afectar tu cuerpo como resultado del agotamiento. También te ayudará a batallar contra la depresión y la ansiedad.

Tercero, ten una dieta saludable. Para tener un buen rendimiento y superar las barreras, es indispensable darle al cuerpo el combustible apropiado. Tu organismo necesita estar equilibrado. El ejercicio adecuado, el descanso necesario y las comidas saludables te ayudarán a ser disciplinado(a) y romper las barreras.

Cuarto, prémiate periódicamente. Recompénsate con cosas que producen el placer de Dios. Busca aquello que sea edificante para ti y para tus seres amados.

Estos cuatro hábitos básicos producen un aumento significativo en tu rendimiento.

A fin de superar cualquier obstáculo, debemos depender de la fuerza y el poder del Espíritu Santo. A medida que desarrollamos la disciplina de Dios para romper las barreras, el Espíritu Santo nos apoya de cuatro modos:

Primero que todo, el Espíritu Santo nos guía en nuestras oraciones. Muchas veces, cuando no sabemos dónde comenzar, el Espíritu del Señor nos ayuda a enfocar nuestra atención en las áreas que Dios quiere.

Segundo, el Espíritu Santo nos edifica y nos fortalece a través de las pruebas. Ante el desaliento, el Espíritu Santo nos rejuvenece y nos edifica para que podamos superar la fatiga espiritual y la depresión.

Tercero, el Espíritu Santo nos ayuda a resistir al diablo y la tentación. Cuando enfrentamos una barrera, el diablo nos presenta una salida fácil. Satanás nunca nos permite ver las consecuencias de nuestras acciones, sino solo cuando es demasiado tarde. Sin embargo, la fuerza del Espíritu de Dios nos permitirá vivir conforme al corazón de Dios que el Señor creó en nosotros.

Cuarto, el Espíritu Santo nos da poder para ser testigos y ayudar a otros a encontrar a Cristo. Ayudar a otros a encontrar a Cristo puede ser una manera maravillosa de edificar la disciplina en nuestras vidas.

El último elemento para lograr la disciplina de Dios, es visualizar los sueños que Él puso en tu corazón. Imagínate a ti mismo(a) cumpliendo tu sueño. Visualízate completando la tarea. Imagínate llegar a ser todo lo que Dios quiere que seas. Entonces, todo estará listo para romper las barreras.

A medida que concluimos este capítulo, enfoquemos nuestros corazones una vez más en el Señor. A medida que haces esta oración conmigo, permítele al Señor que te invista de su Espíritu Santo. Permítele animarte y desarrollar en ti la disciplina divina a fin de romper cada barrera que te impidió llegar a ser todo lo que Dios destinó que seas.

"Señor, te agradezco por tu bondad y sabiduría. Reconozco que sin ti, estaría perdido(a) y agobiado(a) por el mundo que me rodea. Me vuelvo a ti en este momento y te pido tu ayuda. Lléname de tu Espíritu Santo y permíteme servirte con todo mi corazón, mente, alma y fuerzas. Dame la fuerza para vivir una vida disciplinada, que sea guiada por tu bondad y sabiduría. Guía mis pensamientos y dame la fuerza para controlar mis emociones. Ayúdame a enfrentar la tentación con tu fuerza. Ayúdeme a enfrentar mis miedos con tu poder. Ayúdame a vencer la depresión y el desaliento con tu esperanza y tu aliento. Ayúdeme a grabar de nuevo la cinta en mi cabeza para que mi autoconversación refleje la manera en que tú piensas de mí. Más que todo, ayúdame a tener la mente de Cristo.

Espíritu Santo, ayúdame a redefinir el placer para que pueda ver las cosas como tú las ves. Ayúdame a encontrar los placeres de Dios y a unirme a las personas y las cosas a las cuales me llamaste a acercarme. Quiero honrarte en todo lo que haga. Deseo servirte con todo mi corazón. Anhelo romper las barreras, superar la adversidad, alcanzar mi máximo potencial y glorificarte con mi vida. Te pido estas cosas en el nombre de Cristo, amén."

¡Tú puedes ser quien Dios quiere que seas!

A fin de evitar el húmedo clima centroamericano de cuarenta grados típico de las playas, nos dirigimos a San José -ubicada en el centro de Costa Rica- tarde por la noche. Disfrutamos de unas vacaciones realmente necesarias, después de tres años seguidos de ministerio. Luego de pasar tres noches en un hotel de playa, por fin íbamos camino a casa. Las niñas estaban dormidas, el cielo estaba claro y el tránsito era ligero. El viaje de cuatro horas fue fácil, hasta que entramos al área más deshabitada del trayecto. Como a ciento sesenta kilómetros al noroeste de San José ingresamos en una sector de selva centroamericana que cubre la ruta Interamericana, como las nubes cubren el bosque. Eran como las 23:30. La ruta no estaba iluminada.

Cuando llegamos a una curva oí lo que pensé era un disparo de arma de fuego que venía de los arbustos, al lado izquierdo de la ruta. En segundos, el paragolpes delantero izquierdo empezó a raspar la tierra. Me detuve al costado del camino, bajé del automóvil y miré el neumático izquierdo. Estaba completamente desinflado y la llanta tocaba el asfalto. El neumático se había hecho pedazos por completo y quedado reducido a unas cuantas tiras. Estaba perplejo, especialmente porque el neumático solo había rodado unos cuantos miles de kilómetros.

Mi esposa se asomó por la ventanilla y me preguntó cuál era el problema. Le expliqué: "Voy a tener que sacar el auxilio y cambiar el neumático". En cuanto abrí la parte de atrás del vehículo, oí a una motocicleta salir de los arbustos hacia la ruta, como a cien metros detrás de nosotros. Cuando la motocicleta se acercó al lugar exacto donde yo había escuchado el disparo, un camión de dieciocho ruedas apareció sobre la colina en dirección opuesta. La moto se detuvo. Los faros del camión iluminaron a dos individuos sobre una motocross.

Estos se quedaron sobre la moto con el motor encendido. El camión pasó y otro vehículo vino por detrás de los motociclistas y procedió a pasarnos. Finalmente, el motociclista que conducía apagó el motor y esperó como un león al acecho, con su socio sentado atrás.

Supe que estábamos en una situación muy peligrosa. Así que tomé el crique, lo coloqué al lado del paragolpes delantero, introduje mi cabeza por la ventanilla del conductor y dije a mi esposa en voz baja, sin despertar a nuestras hijas:

-Cindee, no quisiera asustarte, pero creo que tenemos compañía. Esos motoqueros causaron la pinchadura.

-¿Qué quieres decir? -me dijo.

-Los neumáticos son nuevos, y creí haber oído un disparo justo antes de que nuestra rueda estallara. Creo que están esperando el momento oportuno para atacarnos.

Ella inmediatamente salió del automóvil, se paró al lado del paragolpes delantero y comenzó a entonar canciones al Señor. Mientras tanto procedí a cambiar el neumático frenéticamente. Después de aflojar ligeramente los tornillos, fui a buscar el auxilio. Cada quince segundos pasaba un automóvil o un camión a nuestro lado. Los bandidos se quedaron en su puesto por el momento.

Sacar el auxilio de debajo del automóvil era la tarea más difícil de todas. Tuve que arrastrarme sobre manos y rodillas en la densa oscuridad e insertar una vara de metal de sesenta centímetros dentro de una cerradura. La vara servía como una llave que bajaba el auxilio. A medida que le daba vuelta en sentido contrario a las agujas del reloj, el neumático bajaba despacio. Cuando llegó al piso, empujé la rueda fuera del vehículo mientras estaba con mi estómago sobre el suelo.

Automóvil tras automóvil y camión tras camión, sabíamos que los presuntos delincuentes estaban mirándonos. Y ellos sabían que nosotros los estábamos observando. Las niñas todavía dormían y Cindee continuó cantando y orando.

Rodé el auxilio hacia el costado izquierdo delantero y comencé a subir el crique como "el hombre biónico". En pocos segundos el vehículo estaba lo suficientemente alto como para quitar la rueda pinchada. Después de quitar los tornillos, saqué la llanta -que no tenía más que unas tiras de caucho- e introduje el auxilio.

Fue sorprendente. Cada vez que necesitaba luz, un automóvil aparecía por el horizonte e iluminaba mi pequeña área de trabajo lo suficiente como para completar cada tarea. El paso de los vehículos fue tan oportuno, que los dos individuos no pudieron hacer ningún movimiento. Volví a colocar los tornillos y los ajusté a mano, mientras el crique sostenía la carrocería en el aire. Entonces, bajé el vehículo y saqué el crique. Iba a apretar las tuercas después de guardar el crique, pero en cuanto lo puse en el baúl, ellos encendieron la motocicleta y vinieron directo a nosotros. Era obvio que estábamos próximos a una confrontación.

Cindee volvió rápidamente al asiento delantero. Cerré de golpe el baúl y corrí a la puerta del conductor. Los tornillos todavía no estaban firmes, pero eso no importaba. Para cuando alcancé el asiento del conductor, ellos habían recorrido casi ochenta metros de distancia y estaban a veinte del vehículo. Torpemente pude encontrar la ignición y, en cuanto encendí el motor, ellos frenaron deslizándose un poco hasta llegar con su rueda delantera al frente de nuestro paragolpes.

Cuando miré por la ventanilla del conductor, estaban como a cuarenta centímetros de mi rostro. Ambos estaban vestidos de negro y portaban cascos negros desgastados. Me helé por un segundo, hasta que mi esposa gritó: "¡¡¡VAMOS!!!" Eso me sobresaltó más que los dos tipos montados sobre la moto. De hecho, cuando ella gritó, salté y mi pie resbaló del embrague, lo que causó que nuestro automóvil arremetiera hacia adelante y golpeara su rueda delantera. Antes de que pudieran sacar sus armas, estábamos ingresando a la autopista de nuevo.

Unos autos se acercaron en la dirección opuesta, y uno apareció detrás. Los ladrones nos siguieron por unos cientos de metros, pero repentinamente cortaron su persecución. Miré en mi espejo retrovisor cuando ellos dieron la vuelta y se dirigieron en la dirección opuesta. Tambaleamos con nuestro neumático delantero suelto hasta el siguiente pueblo, dieciséis kilómetros más tarde, donde terminé de ajustar los tornillos.

Hasta el momento, estoy eternamente agradecido con dos personas: el Señor y mi esposa. El Señor puso vacilación en los corazones de los dos posibles ladrones. Él envió un vehículo tras otro para impedirles acercarse a nosotros. Eso fue algo milagroso. No solo hizo que los automóviles pasaran justo a tiempo para mantenerlos alejados, sino que también esto proporcionó la luz que necesitaba para cambiar el neumático. Cuando Dios interviene como lo hizo esa noche, eso se llama "milagro". Cuando las cosas parecen ser imposibles y te encuentras arrinconado, no te rindas. Vuélvete al Señor y cree en el Dios de los milagros. Esta es una lección importante para romper las barreras.

Mi esposa es alguien que admiro desde el primer día que la conocí. Tiene un corazón lleno del carácter de Dios el Padre, una mente llena de la sabiduría de Cristo y la fuerza del Espíritu Santo. Esa noche, su primer impulso fue abrir las líneas de comunicación con Dios al orar. En lugar de correr, llorar o entrar en pánico, escogió volverse al Señor por ayuda. Fue una decisión muy sabia. Después de pasar diez minutos orando, demostró la fuerza del Espíritu. En lugar de "helarse" como lo hice yo, habló la palabra de Dios al decirme que nos fuéramos. En lugar de doblarse ante el temor, ayudó a toda nuestra familia a ser libre de dos extraños, cuyo deseo era robarnos y dañarnos. Mi esposa es quien Dios quiere que ella sea.

Aquella noche aprendí dos lecciones valiosas. Primero, no importa lo que enfrentemos, necesitamos tener el corazón, la sabiduría y la fuerza correctos. Uno sin los otros deja un gran agujero en nuestra búsqueda por romper las barreras y vencer la adversidad. Segundo, tarde o temprano, todos necesitaremos al Señor y su ayuda. Cuando estemos contra la pared, necesitamos depender del Dios de los milagros.

El propósito de esta conclusión es mostrarte cómo los tres pilares trabajan juntos para ayudarte a romper las barreras. Es la suma de todo lo que aprendimos a lo largo de este libro. Sin embargo, mi deseo es que no sea meramente teórico. Mi esperanza es que *"Rompiendo las barreras"* sea una ayuda práctica para enfrentar los desafíos de cada día.

Al comienzo del libro declaré que no estás aquí por error. Tu vida no es un accidente, ni existes debido a alguna oportunidad aleatoria de la evolución. Estás en este mundo por una razón: Dios ideó que tuvieras una vida llena de propósito y significado. Y es por eso que estás aquí.

Así que permíteme regresar a uno de los primeros grupos de preguntas que enfrentamos al inicio del libro. Si pudieras decirlo en una frase, ¿cuál sería el obstáculo más grande que enfrentas? ¿Es algo que desafía a tu familia? ¿Es algo que desafía tus finanzas? ¿Desafía tu salud? Cada barrera, no importa cuán grande o pequeña sea, requiere que tengamos el corazón, la sabiduría y la fuerza de Dios para superarla.

El corazón del Padre

Mi abuela, Afifi Frenn, nació en Zahlé, El Líbano, en 1907. Después de cumplir los dieciséis años fue enviada por sus padres a la ciudad francesa de París para casarse con un primo lejano que nunca había visto. Su nombre era Michael Frenn. Después de la ceremonia llegaron al pueblo costero de Cherbourg, donde abordaron un trasatlántico llamado "Aquitania". De allí se dirigieron a los Estados Unidos para empezar una nueva vida. El 19 de octubre de 1923 la nave llegó al puerto de Nueva York, donde la pareja pasó por la migración norteamericana en la isla Ellis.

Hablando un inglés pobre, los recién casados se mudaron a Okmulgee, Oklahoma, y abrieron un restaurante y cantina. En Oklahoma, mi abuela empezó a usar el nombre de Eva. Vivieron allí durante diecisiete años y criaron a siete niños en un pueblo pequeño de unas cuantas miles de personas. Vivieron la Gran Depresión y las famosas "tormentas de polvo" de "los grandes estados planos centrales" y soportaron muchas penurias, pruebas y tribulaciones. En 1940 se mudaron a San Fernando, California, donde abrieron otro restaurante. Allí tuvieron dos niños más, después de llegar al "Estado dorado".

En 1945 se mudaron a una casa de mil ochocientos metros cuadrados al norte de Hollywood. Tenía cinco dormitorios, tres baños, una habitación de servicio, y la casa descansaba sobre cuatro hectáreas de lo mejor del valle de San Fernando. Localizada a dieciséis kilómetros del restaurante, de los Estudios Universal, del aeropuerto Burbank de Hollywood y del centro de la ciudad de Los Ángeles, la casa era ideal para la familia libanesa de once personas. Los niños empezaron a adaptarse bien a la cultura del sur de California y el restaurante era próspero. Michael y Eva empezaron una nueva familia en una cultura extranjera, y alcanzaron a ver los frutos de vivir el "sueño americano".

Sin embargo, la tragedia golpeó a la familia en septiembre del año siguiente. Sin previo aviso, Michael murió de un ataque cardíaco, dejando a una esposa y nueve hijos. Tenía cuarenta y ocho años. La familia entera quedó devastada y cayó en el caos. Un hombre que fue amado y admirado profundamente, de repente, pasó a la eternidad. El hombre de quien todos dependían falleció inesperadamente. En unos pocos minutos, toda la carga de conducir un restaurante, así como la responsabilidad financiera de un negocio pequeño y los pagos de la hipoteca, recayeron sobre Eva. Ella quedó con la ardua tarea de criar sola a todos los niños, en una cultura extranjera. A los treinta y ocho años de edad, siendo una viuda joven, enfrentó una de las barreras más grandes que cualquiera podría imaginar.

Mi abuela me contó que poco después de la muerte de su marido, tuvo una experiencia que marcó su vida para siempre. En un momento de desesperación, buscó a Dios más que nunca y este respondió. Mientras estaba acostada en la cama, llena de angustia y desesperanza, de pronto, Jesús se le apareció. Estaba de pie, sobre la cama y con los brazos extendidos y le dijo que la ayudaría en medio de las dificultades que afrontaba. Ella no pudo pronunciar una sola palabra, simplemente lo miró fijamente y con lágrimas en sus ojos. Ese día ella hizo un compromiso de seguirlo, asistir a la iglesia y hacer del servicio a Él una prioridad en su vida.

De hecho, fue fiel a su compromiso. Desde ese día en adelante, ella se extendió hacia el Señor y comenzó a hacer del corazón de Dios el suyo propio: el primer pilar para romper las barreras.

La oración era una disciplina diaria en su vida. Todos los fines de semana mi papá me llevaba a su casa donde yo veía sus disciplinas espirituales en acción. Recuerdo cómo ella empezaba cada día. Inmediatamente después de despertarse, se arrodillaba al costado de la cama y dedicaba otro día más para servir al Señor. Todos los días le pedía a Dios protección para su casa, sus hijos y, eventualmente, sus nietos. Hizo de Dios su mejor amigo y anheló lograr que su corazón latiese con el de Él. Comprendió lo que la mayoría de personas en este mundo no logra ver... sin Dios estamos perdidos. Sin Él, no hay esperanza. Sin Dios, las barreras nos agobiarán y nos impedirán alcanzar nuestro máximo potencial. Ella, también, comprendió que con Dios podemos romper cada barrera y llegar al otro lado. Con Dios, todas las cosas son posibles.

Mi abuela hizo de la asistencia a la iglesia también una prioridad. No se quedó encerrada entre las cuatro paredes de su casa. No permitió que la depresión la destruyera. En cambio, se convirtió en uno de los miembros más activos en su iglesia. Por muchos años fue a cinco o seis reuniones a la semana. Estuvo involucrada en los ministerios de mujeres y en esfuerzos especiales para ayudar a los pobres, donde dedicó cientos de horas al año a la causa de Cristo. Me llevó a la iglesia todos los domingos, lloviera o brillara el Sol. Cuando el calendario señalaba el domingo, nos dirigíamos a la reunión de las 10:00. A veces, era en árabe y no entendía mucho. Pero aprendí a apreciar la necesidad de abrazar el corazón de Dios y sus atributos.

A lo largo de mi vida observé a las personas que abrazaron el corazón de Dios. Entre las muchas que me impresionaron, ella fue una que estaba llena de los atributos divinos. Abrazó su amor, gozo, paciencia, amabilidad, bondad, fidelidad, mansedumbre y dominio propio. Como resultado de su relación con Cristo, guió a la familia en medio de una de sus horas más oscuras y logró criar a nueve niños en el proceso. Mantuvo el restaurante otros diez años, después de la muerte de su marido. Luego de su venta, el 1 de enero de 1956, los seis hijos que permanecían en casa la ayudaron a afrontar los desafíos financieros.

M

En 1960 la mayoría de sus hijos había crecido y marchado fuera del hogar. Fue entonces, cuando abrió una casa de huéspedes para mujeres mayores. Alquiló los cuartos sobrantes y proveyó los servicios para cinco mujeres que necesitaban un lugar para vivir. Cocinaba para ellas, las bañaba, las vestía, caminaba con ellas y, a veces, las alimentaba. Algunas pasaron luego a una institución médica a medida que su edad y necesidades físicas les exigían que lo hicieran. No obstante, cada vez que había una vacante, alguien más alquilaba el cuarto disponible. Durante quince años dedicó su vida a ayudar a otras mujeres a encontrar un lugar especial al que podían llamar "hogar" y envejecer de manera digna.

Cada uno de nosotros entró al mundo con una falla, que causa que vivamos para nosotros mismos y que deseemos cosas que no son saludables. Nuestro carácter moral se torcería mucho sin la ayuda de Dios. Por esa razón necesitamos tener un corazón como el de Dios -uno que nos guía a ser todo lo que Él destinó que fuéramos-. Esto es indispensable porque todo lo que hacemos y decimos viene de nuestro corazón. Mateo 15:18 dice: *"Pero lo que sale de la boca, del corazón sale; y esto contamina al hombre"*. El primer paso para romper las barreras es estar en el punto de partida correcto. Ese es un corazón como el de Dios. Es ahí, de hecho, donde mi abuela comenzó.

Cuando ella enfrentó una barrera aplastante, buscó Dios y abrazó su corazón. Se volvió a Él diariamente con la oración y la lectura de su Palabra. Pero hay algo más para superar la adversidad que simplemente pedirle ayuda a Dios: necesitamos empezar a vivir los atributos de Dios en nuestras vidas, para que se conviertan en una parte permanente de esta.

Esto es algo que decidimos hacer. Elegimos amar, ser amables y pacientes. Pensamos de manera santa y virtuosa. Perdonamos a otros y vivimos una vida llena de gozo. Decide hacer estas cosas. ¡Vívelas! A medida que ponemos estos hábitos en acción, ellos se convierten en parte de quienes somos. Nos convertimos en aquello que anhelamos ser. Mi abuela vivió los atributos de Dios y se convirtió en quien Dios quería que fuera.

Antes de vender su casa en Hollywood en 1975, abrió un negocio que proporcionaba un excelente servicio a la comunidad y reflejaba el corazón de Dios el Padre hacia las personas mayores, las cuales muchas veces son menospreciadas por la sociedad. Las virtudes de su corazón la llevaron de dirigir un restaurante a servir a los ancianos. Murió como viuda, a la edad de noventa y cinco años, y vivió el doble de años que su marido. Además de sus nueve hijos, tuvo trece nietos y cinco bisnietos. Antes de dejar este mundo en 2002, conquistó muchas barreras y alcanzó lo que Dios la destinó a ser.

Según mi papá, siempre había comida en la mesa y un lugar que llamar "hogar". La corriente eléctrica nunca fue cortada, ni el restaurante ni la casa fueron reclamados por el banco. Todos los niños recibieron una gran educación. Eva Frenn se volvió a Dios para recibir su guía y Él se la proveyó. En resumen, permitió que el corazón de Dios se formara en su vida, lo que la guió a romper una de las barreras infranqueables que cualquiera podría enfrentar.

Muchas personas en este mundo son buenas. Pocas personas son buenas y sabias. Ser bueno, desgraciadamente, no es suficiente. ¿Por qué? La mayoría de las personas carece de sabiduría. Aunque pueden tener un corazón bueno y mostrar los atributos de Dios, les falta el discernimiento y la perspectiva divinos. Por esa razón es indispensable edificar el segundo pilar en nuestras vidas: la sabiduría de Cristo. La sabiduría divina nos da la seguridad de que no solo somos buenas personas, sino que, también, estamos tomando buenas decisiones que armonizan con nuestra misión. Con la sabiduría divina basada en la mente de Cristo, juzgamos cada decisión que tomamos a la luz de la misión que tenemos de Dios.

La sabiduría del Hijo

Recientemente tuve una conversación con un buen amigo, que tiene un trasfondo similar al de muchos. Conozco a Don por más de quince años. Cuando lo conocí él estaba sentado a la mesa enfrente a mí en una reunión que decidiría si su iglesia nos apoyaría a Cindee y mí como misioneros en América latina. Don hizo unos pocos comentarios breves aquel día. En una mesa llena de ministros, él era el único laico e, irónicamente, parecía ser el más sensato de todos. En ese momento no tenía idea de quién era. Poco sabía yo que era una de las personas más sabias que alguna vez conocería.

Sus padres se divorciaron cuando tenía cuatro años, y nunca tuvo una vida familiar estable. Creció sin una figura paterna consistente, ya que su madre se casó cinco veces. Cuando Don cumplió quince años, le entregó su vida al Señor Jesucristo. Después de graduarse en la escuela secundaria, ambos, él y la que llegaría a ser su esposa, asistieron por un año y medio a la misma universidad en el valle de San Joaquín, California. Los dos salieron de la pobreza. Ninguno de ellos tuvo un sano modelo a seguir. Don y Maxine sabían que se amaban el uno al otro y que querían pasar el resto de sus vidas juntos. Así que decidieron casarse. Don tenía diecinueve años.

Tres semanas después de la boda, Don fue despedido de su trabajo en un mercado local. Al siguiente día condujo hasta Bakersfield y se ofreció en otra cadena de supermercados como aprendiz de cajero. El salario inicial era de US$ 57 por semana. Lo contrataron en el acto. Financieramente, Don y su esposa enfrentaron muchos desafíos y muchas barreras. Por un tiempo su dieta se redujo a lo mínimo. Su presupuesto les permitió comprar latas baratas de atún para comer todos los días, durante varios meses. Cada lata puede costar veintinueve centavos. Según Don, Maxine aprendió muchas maneras imaginables de preparar el atún.

A medida que el tiempo pasó, Don ascendió en la organización. Su visión aguda para la dirección financiera y su buen sentido comercial le dio gracia a los ojos de aquellos para quienes trabajaba. Fue ascendido a gerente de departamento y, eventualmente, se le pidió ser el gerente de un local comercial, a la edad de veinticuatro años. El negocio de comestibles siempre era competitivo y los dueños constantemente buscaban el enfoque correcto para ser los mejores. Estaban obsesionados con la excelencia y la eficacia. La organización estaba en la búsqueda continua de calidad, y requería los servicios de expertos competentes y consultores externos para la gerencia.

La compañía continuó creciendo. El día en que el gerente de división se jubiló, el vicepresidente de operaciones le pidió a Don que tomara el lugar y este aceptó gustosamente. Bajo su liderazgo la división creció y la compañía continuó abriendo más locales comerciales. Su área de influencia fue en aumento durante los años siguientes. Un día el presidente y fundador de la compañía murió, y dejó el manejo de la organización a sus dos hijos.

La nueva gerencia contrató una compañía consultora externa para analizar la organización. El consultor principal logró que el hermano menor se volviera contra el mayor y, como resultado, el mayor fue despedido. Don, por otro lado, trabajó duro y continuó teniendo favor con el nuevo presidente. En una ocasión este le dijo al jefe de Don: "No te metas con Don. Solo déjalo solo". Entretanto, el equipo consultor continuó reemplazando gerentes de nivel medio. Paulatinamente cruzaron la línea ante los ojos del presidente y despidieron a personas que la organización debía mantener.

El 1 de abril de 1974 Don recibió una llamada de la secretaria de su jefe pidiéndole que estuviera en la oficina central en Los Ángeles el lunes siguiente. Ese día Don enfrentó otra barrera en su vida y fue a Dios por ayuda. El jefe de Don entró con otras cuatro personas del equipo consultor y le dijo:

-Eres demasiado independiente y difícil de controlar.

Entonces lo despidieron. Después de dieciocho años con la compañía, su liquidación vino de golpe. Don estaba sorprendido, pero no desesperado. Desplegó la sabiduría de Dios al no entrar en estado de pánico. En cambio, esperó hasta que terminaran el monólogo, y entonces dijo:

-Usted puede pensar que controla mi vida, pero lo no hace. Esto simplemente me dice que Dios tiene algo mejor para mí. Él solo lo usó para empujarme en su nueva dirección para mi vida y la de mi familia.

Entonces compartió su testimonio con ellos y, con gracia, dijo adiós a algunos amigos de la oficina. Luego hizo el viaje de dos horas en automóvil hasta Bakersfield. Cuando Maxine llegó a casa aquella tarde, se sorprendió al verlo y le preguntó:

-¿Qué estás haciendo en casa tan temprano?

-Fui despedido -contestó.

Don siempre tuvo interés en construir casas, pero no podía discernir el tiempo correcto. Y para complicar más las cosas, nunca había martillado una tabla de madera. Por otro lado, su padrastro sabía cómo construir casas. Así que Don le dijo:

-Necesito aprender a construir una casa. ¿Por qué no hacemos una juntos?

Su padrastro accedió. Esta fue una señal de la sabiduría de Dios... Don se humilló para aprender de alguien que sabía más sobre el tema que él. Se arremangó y adquirió conocimiento de su padrastro.

Dos semanas después del despido, Don había construido la mitad de una casa. Un especialista en productos, que fue despedido el mismo día que Don, vino a la obra con un mensaje del presidente decía: que quería hablar con él. Ya que cada supermercado tenía una línea directa a las oficinas centrales, Don condujo su automóvil hasta el local comercial más cercano y llamó al presidente. Este tomó la llamada y dijo:

-Quiero ir hasta Bakersfield y encontrarme contigo.

-Sé que usted está ocupado. No me importaría conducir hasta Los Ángeles para la reunión -contestó Don. El presidente apreció el gesto.

Se encontraron a la mañana siguiente. El presidente comenzó la reunión reiterando lo conversado por teléfono el día anterior:

-Para mí, ver que te despidieran fue una llamada de alerta. Me ayudó a ver todos los errores que el equipo consultor hizo contigo y con algunos de nuestros empleados. Como resultado, despedí al equipo consultor.

Entonces le pidió a Don que fuera su consultor para saber quién fue despedido injustamente. Además de preguntar quién necesitaba ser reincorporado, preguntó bajo qué condiciones estaría Don dispuesto a regresar a la compañía.

Don respondió con paciencia, calma y tres condiciones. Primero, insistió que volvieran a contratar al especialista en productos (el que le entregó el mensaje a Don en el sitio de la construcción). Segundo, había planeado unas vacaciones familiares y quería tiempo para escaparse con su esposa e hijos.

-Finalmente… -dijo-, necesito tiempo para orar por su oferta.

-Está bien. ¿Puedo saber tu respuesta la próxima semana? -respondió el presidente.

Don estuvo de acuerdo, condujo de vuelta a Bakersfield y continuó pidiéndole dirección a Dios todas las mañanas, pero nunca oyó una respuesta. Su único deseo era hacer la voluntad de Dios. El día que se había comprometido en dar su respuesta, sintió que el Señor le permitía aceptar el puesto. Don sintió que regresar al trabajo era lo indicado y que podía hacer lo correcto al traer sanidad a aquellos que estaban heridos por la reducción de personal en la compañía. Quiso ayudar a restaurar la organización y darle un giro a las actitudes negativas que la rodeaban.

Don supo desde el principio que se pasaría al negocio de la construcción a tiempo completo, pero quería hacer la transición en el momento apropiado. Así que trabajó durante dos años y con una transición planeada dio su preaviso de treinta días. Ambos, él y su esposa, empezaron su empresa constructora sin un gran capital. Lo que ellos tenían no era ni siquiera lo suficiente. Pero Dios les dio la confianza y fe, y les ayudó a conseguir lo que faltaba. Mientras trabajaba en la cadena de comestibles empezó a sacar préstamos para la construcción, y los convirtió en préstamos a largo plazo para edificar departamentos.

Aprendió que los márgenes en el negocio de comestibles eran muy estrechos. En un año exitoso, un supermercado esperaba ganar un uno por ciento en ganancias netas. Debido a la fuerte competencia, cada cadena de supermercados tenía que vender sus existencias inmediatamente para tener una ganancia. Don llevó ese principio a su nuevo emprendimiento. Aprendió a controlar su negocio y vender la existencia sin demora. Sabía que necesitaba vender o alquilar las nuevas casas inmediatamente después de construirlas. No podía darse el lujo de tener una casa recientemente construida en espera, con la ilusión de hacer una ganancia mejor en el futuro. Los dólares tenían que seguir moviéndose, de la misma forma que lo hacían en el negocio de comestibles.

Aunque su despido había llegado como una sorpresa, no fue sacudido. ¿Por qué? Su confianza estaba en el Señor. Tanto él como Maxine fueron fieles a Dios con sus vidas y sus finanzas. Don aprendió a vivir del noventa por ciento de lo que ganaba. Dios siempre era el dueño del otro diez por ciento, sin importar lo que fuera. Incluso cuando comieron atún todos los días durante meses, entregaron el diezmo de cada cheque que recibieron. Nunca se les ocurrió no "pagar" su diezmo. A medida que su ingreso aumentó, empezaron a dar a las misiones y apoyar proyectos alrededor del mundo.

Cuando Don fue despedido, dijo: "Dios, te fui fiel, y sé que cuidarás de mi familia". Sentía que el Señor iba a cuidar de los suyos, debido a que ellos fueron fieles. Nunca imaginó que Dios quitaría el equipo de consultores que lo despidió, y mucho menos que recontratarían a todos los que fueron despedidos injustamente. Esto le enseñó a Don el gran respeto y temor de Dios.

Don comenzó su negocio el 1 de abril de 1976, a la edad de treinta y nueve años. Treinta años después se estima que construyó más de tres mil casas, cincuenta y cuatro departamentos, varios edificios de oficina y unos cuantos complejos urbanos. Actualmente Don es uno de los "emprendedores" inmobiliarios más prominentes en el valle de San Joaquín. Es multimillonario y puso un techo encima de las cabezas de decenas de miles de familias. Él y su esposa salieron de la gran pobreza y de los recursos escasos, sobrevivieron con lo básico. Cuando abrazaron la sabiduría del Hijo, superaron barreras grandes. Hace varios años comenzaron una fundación caritativa familiar. Actualmente donan un millón de dólares al año. Si fueras a preguntarles cuál fue la lección más importante en la vida para su familia, te responderían: "Sé fiel a Dios y confía en Él".

Puedo ver la sabiduría de Dios en formas diferentes, enhebrada a lo largo del testimonio de Don. Al mostrar humildad, confiar y estar abierto a las ideas y paradigmas nuevos, superó muchas barreras financieras y alcanzó lo que hoy tiene. Don y Maxine son las personas que Dios quiso que fueran.

La sabiduría de Dios es un paso superior, sobre todo otro tipo de sentido común. Es la habilidad de tomar decisiones y tener un juicio sano basado en la perspectiva divina. A medida que nos asociamos con Cristo, también ganamos su discernimiento y aprendemos cómo superar las adversidades que enfrentamos. El Salmo 111 dice: *"El principio de la sabiduría es el temor de Jehová; buen entendimiento tienen todos los que practican sus mandamientos"*.

Obtenemos la sabiduría de Dios al rodearnos de personas que la tienen. Los valores de aquellos con quienes pasamos tiempo tienen un efecto en nuestras vidas. Si pasamos tiempo con quienes son sabios y pueden ver las cosas desde una perspectiva divina, entonces crecemos en la sabiduría de Dios que aprendieron. También ganamos sabiduría leyendo los Proverbios, con el programa que delineé en el capítulo 6. Los Proverbios te darán las herramientas necesarias para romper las barreras, superar la adversidad y alcanzar tu máximo potencial. Están llenos de la perspectiva y el discernimiento divinos para ayudarnos a alcanzar todo lo que Dios nos destinó a ser.

Cuando nos aproximamos a las barreras, necesitamos el punto de vista de Dios y un paradigma nuevo. Necesitamos abandonar nuestras perspectivas limitadas que nos impiden ver la opción obvia o la no tan evidente. Nuestra mentalidad determina mucho cómo reaccionamos ante el mundo que nos rodea. Por esa razón necesitamos ser plenamente libres, para pensar creativamente y más allá de los confines de "la caja" en donde nos encontramos.

A medida que te aproximas a tu barrera, empieza pidiéndole al Señor su guía. La oración es el punto de partida para tener la perspectiva de Dios ante cualquier obstáculo que enfrentamos. Así que reexamina la barrera, abraza cada solución posible, analiza tus opciones mejores y continúa consultando a personas sabias.

Muy a menudo, ser bueno y sabio no es suficiente. A muchas personas buenas y sabias les falta la disciplina para romper las barreras que enfrentan. La disciplina divina viene del Espíritu Santo, y es necesario poner en práctica las decisiones buenas basadas en el carácter de Dios. Las personas pueden ser buenas y pueden reconocer cuál es el curso de acción correcto. Sin embargo, pocas tienen la energía y la disciplina para llevarlo a cabo. Por esta razón, es indispensable edificar el tercer pilar en nuestras vidas: la disciplina del Espíritu. Al combinar los tres pilares, se tendrá el fundamento necesario para romper cualquier barrera que enfrentemos.

La disciplina del Espíritu

Estos principios me ayudaron a romper una de las barreras humanas más difíciles de la actualidad: el sobrepeso. En 1996 pesaba más de cien kilos y mi alimentación estaba fuera de control. No importaba lo que hiciera, continuaba sumando kilos. Lo que yo necesitaba era una misión de Dios.

Creo que Dios me ama y como cualquier buen padre quiere que me cuide. Mi creencia está basada en una perspectiva divina encontrada en La Biblia, en el libro de Lucas, capítulo 12. Allí Jesús dice en los versículos 6 y 7: *"¿No se venden cinco gorriones por dos moneditas? Sin embargo, Dios no se olvida de ninguno de ellos. Asimismo sucede con ustedes: aun los cabellos de su cabeza están contados. No tengan miedo; ustedes valen más que mucho gorriones.* Luego, en los versículos 27 y 28, continua: *"Fíjense cómo crecen los lirios. No trabajan ni hilan; sin embargo, les digo que ni siquiera Salomón, con todo su esplendor, se vestía como uno de ellos. Si así viste Dios a la hierba que hoy está en el campo y mañana es arrojada al horno, ¡cuánto más hará por ustedes, gente de poca fe!"*

Así que si tengo la dirección de Dios, sabiendo que desea que cuide de mí mismo, necesito encontrar los dos ingredientes que faltan: la sabiduría y la fortaleza. Solo entonces podré cumplir con lo que Dios me encomendó.

Allí estaba yo, sentado y con todos los ciento siete kilos que me acompañaban, mirando las Olimpiadas de 1996 en Atlanta. Durante dos semanas miré al equipo olímpico estadounidense coleccionar medallas. Vi a Michael Johnson ganar varias medallas de oro con sus famosas "Nikes de oro". Él tiene aproximadamente mi edad. Mientras devoraba bocadillos en mi cama y miraba las repeticiones de sus victorias en cámara lenta, pensé: "Si él puede convertirse en uno de los hombres más rápidos del mundo, entonces yo puedo ponerme en forma".

Nota que no dije: "Perder peso". Mi prioridad no era esa. El perder peso es uno de los muchos indicadores que nos dicen si nos estamos poniendo en forma. Además, estar delgado no significa estar en forma. Por esta razón, muchas personas delgadas no pueden subir dos sectores de gradas sin quedarse sin aire. El cambio comienza con la misión, el paradigma y el pensamiento correctos. Luego viene la sabiduría.

Así que comencé a buscar las herramientas necesarias para estar en forma. Leí libros escritos por especialistas sobre cómo cuidar el corazón, bajar la grasa corporal y empezar un régimen del ejercicio. Según los médicos, el mejor método para estar en forma es a través del ejercicio cardiovascular. Aunque la dieta es importante, ya quería comenzar de inmediato con el ejercicio. Y ese fue mi punto de partida. Después de un breve tiempo de investigación, descubrí que un excelente ejercicio cardiovascular es el denominado "correr/caminar". Es decir, combinar segmentos intermitentes de carrera con caminata. Esta era la sabiduría que me daba dirección para mi misión.

Así que me calcé un viejo par de zapatos de tenis malolientes -marca Nikes-, y me puse mi única camisa de entrenamiento. Decía: "¡Solo hazlo!" y tenía el notorio "swoosh" debajo de la frase.

A las 07:00 me ejercitaba por aproximadamente veinte minutos. Debo confesar que al principio fue doloroso. Durante las primeras dos semanas, creí que moriría de un ataque al corazón. Me resultaba casi imposible estar motivado. Me levantaba y me sentaba al borde de la cama. A veces me quedaba sentado durante diez minutos, escuchando a mi almohada invitarme a volver a la "Tierra del nunca jamás". Hasta ese momento yo tenía una misión de Dios, con dirección divina. Pero me faltaba algo. Necesitaba fortaleza y disciplina para lograr mi objetivo, pagar mi nuevo arriendo a la vida y ponerlo en acción hasta convertirlo en un hábito.

A fin de levantar mis niveles motivacionales, necesité hacer que las cosas parecieran más sencillas de lo que eran. Así que empecé a correr cuesta abajo y a caminar cuesta arriba. Eso mantenía mi ritmo cardiaco en forma estable. Psicológicamente, era una tarea más fácil. Pero la diferencia global entre las rutinas de entrenamiento era mínima. Con el tiempo aumenté los minutos de veinte a treinta cada día, hasta que alcancé una distancia total de tres kilómetros y medio.

De pronto tenía derechos para presumir. Este era un hito emocional. La mayoría de las personas no puede decir que corre tres kilómetros y medio cada día, pero yo lo hacía. Les dije a mis amigos que corría un par de kilómetros al día. Esto me hizo sentir bastante bien; casi como un aspirante a atleta. Ese sentimiento se convirtió en energía emocional, que me dio más fortaleza y disciplina para cuidar de mí mismo. Esto se convirtió en lo opuesto de un círculo vicioso. Se transformó en una secuencia positiva y repetitiva de renovación y vida saludable. Tenía fortaleza emocional para el próximo paso en el proceso de convertirme en una persona más saludable.

Empecé a reducir significativamente mi ingesta calórica. Pasé de consumir más de tres mil quinientos calorías diarias a dos mil, aproximadamente. Intentaba no comer después de las 18:00, ni consumir más de cuarenta gramos de grasa al día. Después de un mes noté que los kilos desaparecían y tenía energía para quemar.

Una semana antes del Día de Acción de Gracias, alcancé mi meta de ochenta y ocho kilos. Mis pantalones de mezclilla quedaban holgados. Me sentía muy bien. Estaba en mi mejor forma, como nunca antes lo había estado. Por primera vez podía sentarme en un avión sin tener que comprimir "mis caderas" en el asiento de la aerolínea. Esa misma semana volamos a la ciudad de México, donde probé mi rutina de ejercicio. El aeropuerto está a casi dos mil cuatrocientos metros sobre el nivel del mar. La casa en la que nos hospedábamos estaba aproximadamente a trescientos sesenta y seis metros más alto que el aeropuerto. Está demás decir que cuando salí a correr, sentía como si fuera la primera vez. Mi corazón latía a toda velocidad. Estaba pidiendo a bocanadas un poco de aire. Créeme, tú no querrás pedir aire a bocanadas en la ciudad de México. Rápidamente comprendí que tenía trabajo por delante.

Continué esforzándome hasta alcanzar el nivel que sería decente en cualquier país, en todo escenario, caliente o frío, húmedo o seco. Convertía cada hito emocional o victoria en más energía para alcanzar mi meta. A fines de enero, sin intentar perder mucho peso, había bajado a ochenta kilos. Antes de que lo supiera, en seis meses había bajado veintisiete kilos y pasado de un tamaño 104 a 86 de cintura.

Recuerda: mi meta no era perder peso -aunque la pérdida de peso puede ser un indicador de una mejor condición física-. Mi horizonte era llegar a estar en forma. Mi objetivo era ser saludable. Esa era una meta de Dios. Hay una gran diferencia entre aquellos que quieren ser saludables y estar en forma, y quienes quieren perder peso. Unos se concentran en lo interno, una solución más permanente y profunda. Los otros se focalizan en lo externo, una solución más temporal y superficial. Tener una misión de Dios combinada con la sabiduría y la disciplina de Dios provocaron el cambio fisiológico más importante en mi vida adulta. Ocho años después, peso lo mismo. Estoy en mejor condición física que cuando tenía diecisiete años. Corro y camino aproximadamente cinco kilómetros al día, y mi colesterol, presión sanguínea y niveles de azúcar son normales.

A través de todo esto le pedí el Espíritu Santo su fuerza. Dependía de Él para que me ayudara a convertir cada pequeña victoria en el combustible para ayudarme a superar mi barrera. Sin la ayuda de Dios, no habría roto esa barrera. Probablemente pesaría ciento trece kilos y tendría problemas cardiovasculares. Por causa de la disciplina de Dios, puedo disfrutar una vida que vale la pena vivir. Debido a la paz de Dios, que es esencial para la disciplina divina, puedo vivir la vida, no solo sobrevivirla.

La fuerza del Espíritu Santo me ayudó a alcanzar una pequeña victoria, la cual me dio confianza para alcanzar algo más alto. Dios fortalece nuestra confianza con el fin de romper barreras aun más grandes. Nos ayuda a incrementar nuestros recursos emocionales para que podamos llegar a ser personas disciplinadas.

Tener la disciplina de Dios es hacer lo que es correcto en medio de una tormenta emocional. Comienza con la paz de Dios. Nos ayuda a alejarnos del temor y la ansiedad. A través de los valles y por las montañas, en momentos altos y bajos, y ante el miedo y el pánico, la disciplina de Dios nos da la fuerza para implementar consistentemente lo que sabemos que es bueno y sabio.

Tú fuiste creado para un gran propósito. Dios te ama y tiene maravillosos planes para tu vida. Él te formó con talentos y dones. Nadie más fue hecho como tú. ¡Amigo(a), eres único! Fuiste creado por Dios para alcanzar tu máximo potencial y dar gloria a su nombre.

También, el cambio viene cuando el *status quo* llega a ser inaceptable. Cambiamos porque el dolor a quedarse igual es mayor al dolor del cambio mismo. Tienes una decisión que tomar. ¿Estás listo para el cambio? ¿Estás dispuesto a romper las barreras? ¿Estás preparado para quebrar las cadenas que te mantienen atado? ¿Estás resuelto a seguir adelante con el máximo potencial de tu vida? Confío en que tu respuesta sea un contundente: "¡Sí!" ¡Puedes ser quien Dios quiere que seas! Puedes romper las barreras, superar la adversidad y alcanzar tu máximo potencial.

En cada capítulo te pedí que eleves una oración específica con respecto a lo aprendido. Esta vez me gustaría orar por ti. A medida que concluimos juntos este libro, oro para que sea una gran guía y un gran recurso para ti. Deseo que te ayude a romper cada barrera que afrontes. Anhelo que logres vencer la adversidad y alcanzar tu máximo potencial. Esta es mi oración para ti:

"Señor, te agradezco por mi amigo(a). Oro para que él(ella) sea grandemente bendecido(a). Que tu mano guíe su desarrollo al romper cada barrera que enfrenta. Que pueda superar toda adversidad y alcanzar todo que tú lo(a) destinaste a ser. Que tu amor lo(a) rodee, lo(a) bendiga y haga resplandecer tu rostro sobre él(ella). Que en tiempos de oscuridad, pueda ver tu luz. Que en tiempos de soledad, pueda sentir tu presencia y calidez. Que en tiempos de tragedia, pueda sentir tu victoria y gran propósito.

Guíalo(a) a través de cada dificultad y crea en él(ella) un corazón limpio, que refleje cada atributo de Dios el Padre. Dale la perspectiva y la sabiduría del Hijo para que pueda ver a través y alrededor de cada obstáculo. Finalmente, dale la fuerza y la disciplina del Espíritu Santo, para poner en práctica cada cosa que sabe que es buena y sabia. Prospéralo(a), protéjelo(a) y bendícelo(a) con la bondad y las riquezas del Reino de los cielos. Oro estas cosas creyendo que es tu voluntad el bendecirlo(a) en el nombre de Cristo, amén".

Amiga de = Maria ta Marroqin BLv.
Jose
511 E. Harvard Bl. L.A.
Calif. 90004
Tel (323) 664-2523 home
" " 428-6435
David Marroquin.

Esperamos que este libro haya
sido de su agrado.
Para información o comentarios,
escríbanos a la dirección
que aparece debajo.
Muchas gracias.

Luz Maria = Valance Factor
Briceño
P.O. Box 1266 Rauch cucamunga, Ca.
91729
Tel. (1800) 927-0404

Peniel
Libros para siempre

info@peniel.com
www.editorialpeniel.com